CONTABILIDAD
DE COSTOS

Análisis para la toma
de decisiones

CONTABILIDAD DE COSTOS

Análisis para la toma de decisiones

Segunda edición

Aldo S. Torres Salinas
Instituto Tecnológico y de Estudios Superiores de Monterrey
Campus Monterrey

Revisión técnica
Mónica Escalante de la O
Instituto Tecnológico y de Estudios Superiores de Monterrey
Campus Ciudad de México

Héctor R. García R.
Instituto Tecnológico y de Estudios Superiores de Monterrey
Campus Estado de México

Alejandra Becerril Montes
Universidad Tecnológica de México
Campus Cuitláhuac

McGRAW-HILL

**MÉXICO • BUENOS AIRES • CARACAS • GUATEMALA • LISBOA • MADRID
NUEVA YORK • SAN JUAN • SANTAFÉ DE BOGOTÁ • SANTIAGO • SÃO PAULO**
AUCKLAND • LONDRES • MILÁN • MONTREAL • NUEVA DELHI
SAN FRANCISCO • SINGAPUR • ST. LOUIS • SIDNEY • TORONTO

Gerente de producto: Noé Islas López
Supervisor de edición: Arturo González Maya
Supervisor de producción: Zeferino García García

CONTABILIDAD DE COSTOS
Análisis para la toma de decisiones
Segunda edición

DERECHOS RESERVADOS © 2002, respecto a la segunda edición por
McGRAW-HILL/INTERAMERICANA EDITORES, S. A. de C. V.
*A Subsidiary of The **McGraw-Hill** Companies, Inc.*
   Cedro Núm. 512, Col. Atlampa
   Delegación Cuauhtémoc
   06450 México, D. F.
   Miembro de la Cámara Nacional de la Industria Editorial Mexicana, Reg. Núm. 736
 ISBN 10: 970-10-3051-6
 ISBN 13: 978-970-10-3051-6
 (ISBN 970-10-0817-0 primera edición)

1102345678   09876532104

Impreso en México   Printed in Mexico
Impreso por Programas Educativos S.A. de C.V.   Printed by Programas Educativos S.A. de C.V.

A mi esposa Oralia
A mis hijas Paulina, Lucía, Carla y Sofía
A mis padres Irma y Serafín
A mis hermanos Alán, Abiel y Azael

Contenido

Prefacio

Aunque los cambios tecnológicos han revolucionado los sistemas de información de manera admirable, ha surgido una paradoja de la información la cual consiste en falta de uso o atención a los reportes generados por los negocios. Pudiera decirse que a pesar de que la capacidad de los negocios para generar información ha aumentado, la capacidad o el tiempo que los usuarios de la información tienen para atender a estos reportes no ha aumentado en la misma proporción. Por ello, uno de los principales retos de los profesionistas dedicados a la generación de información como son los profesionales de la contabilidad y de la administración es generar reportes que cumplan con los requerimientos para cada público interesado en la información; es decir, estos reportes deben ser sintéticos, útiles y sencillos de entender.

Los reportes asociados a la contabilidad de costos cumplen con el propósito de generar información en apoyo a la contabilidad financiera, siendo los principales usuarios de dicha información los acreedores, inversionistas, clientes y proveedores. Sin embargo, la información de costos es aún más importante para los usuarios internos de los negocios como son los tomadores de decisiones, quienes soportan gran parte de sus decisiones en información relacionada con datos de costos.

Tal vez la información más relevante para los negocios no se encuentre en los reportes generados actualmente, pues la gran mayoría de ellos están basados en necesidades y limitaciones históricas. El reto para los generadores de información de costos será rediseñar y crear reportes para cumplir con las nuevas necesidades de información de los negocios.

Contenido de la obra

Algunos de los temas que serán comentados en el presente libro son los siguientes:

En el capítulo 1 se presentan definiciones de términos contables y de contabilidad de costos. Así como la relación que guarda la contabilidad de costos respecto a la contabilidad financiera y la contabilidad administrativa. Uno de los objetivos de este capítulo es mostrar al estudiante de contabilidad de costos la importancia que esta disciplina tiene en el proceso de generación de información y toma de decisiones.

En el capítulo 2 se definen con detalle los elementos del costo de producción, como son materia prima, mano de obra y costo indirecto. Se explica, además, la manera en que los costos se van acumulando en los inventarios de productos en proceso y productos terminados. En este capítulo se pretende ayudar a conformar el estado de costo de producción y ventas.

En el capítulo 3 se explica la mecánica de contabilización de costos para empresas que trabajan con base en órdenes especiales de producción, en cuyo caso resulta importante hacer un seguimiento específico de los recursos aplicados a cada orden de trabajo para poder realizar el cálculo de los inventarios y el costo de ventas. En este capítulo se hace énfasis en la explicación de controles administrativos para la correcta contabilización de los recursos invertidos a cada orden, así como en el tratamiento aplicable a desperdicios de materiales y producción en proceso en órdenes de trabajo.

En los capítulos 4, 5 y 6 se estudia la contabilización de los inventarios en empresas que trabajan en procesos de producción continua donde, a diferencia de los procesos de producción por órdenes de trabajo, se busca contabilizar el costo a asignar a las unidades que pasan por cada uno de los procesos, siendo el objetivo acumular el costo en los procesos para asignarlo a las unidades terminadas y no terminadas. Estos capítulos inician con el análisis de un proceso de producción de un artículo que sólo requiere una materia prima y que pasa por un solo proceso de producción en el que no hay desperdicios, y cuando en el proceso todas las unidades que se inician se terminan en el periodo a contabilizar. Después se explica cómo repartir el costo a los productos cuando no todos ellos son terminados en el proceso en el periodo. Posteriormente se explica cómo acumular el costo a los productos cuando éstos pasan por varios departamentos de producción y cuando tienen varias materias primas que son incluidas en la producción en diferentes etapas de los procesos productivos. Otro aspecto tratado en la contabilización de los procesos de producción en serie es el relacionado con los desperdicios de producción que se presentan al inicio, durante y al final del proceso de producción siendo éstos normales y anormales. Finalmente se explica el tratamiento contable a las corridas de producción que experimentan aumentos en el volumen de producción y el tratamiento contable en los procesos de producción conjunta en los que se busca asignar un costo común a los coproductos y subproductos.

En los capítulos 7 y 8 se explica la aplicación de sistemas de costos estándar, con base principalmente en el cálculo y análisis de variaciones de los tres elementos del costo; asimismo, para apoyar o facilitar el análisis de variaciones se sugiere el uso de hojas electrónicas.

El capítulo 9 es dedicado a analizar las formas en las que se puede repartir el costo indirecto, ya sea con fundamento en diferentes bases de aplicación, en base a tasas departamentales y contemplando los métodos de reasignación de costo indirecto de departamentos de apoyo a departamentos de producción.

En el capítulo 10 se definen y aplican conceptos de costeo por actividades, con lo que se busca complementar el conocimiento de costos con una herramienta que ayude a mejorar los dos objetivos principales de la contabilidad de costos, que son (1) ayudar a complementar los estados financieros con el cálculo del costo de ventas e inventarios y (2) generar información útil para la toma de decisiones de administradores y otros usuarios internos de los negocios.

Agradecimientos

Para la realización de esta obra intervinieron una gran cantidad de personas que con su consejo, colaboración, apoyo técnico y moral enriquecieron este texto. Sin hacer exclusivo mi agradecimiento a estas personas y amigos, profesores y colegas del departamento académico de contabilidad del ITESM Campus Monterrey, quisiera agradecer en especial al CP Daniel Moska Arreola y al CP Gerardo Luján Velázquez quienes con su consejo, apoyo y amistad han contribuido en la creación de esta obra y en mi desarrollo profesional. Algunos otros colegas me apoyaron de forma más cercana en la revisión del material de este libro, ellos son CP Edith Villasana, CP Juan Guasco, CP Emma Ransom por sus aportaciones y opinión, muchas gracias. Es muy importante para mí refrendar mi agradecimiento a mis alumnos y exalumnos, al equipo técnico editorial de McGraw-Hill, así como a los profesores que con su preferencia han hecho posible que lleguemos a compartir esta nueva edición.

CONTABILIDAD DE COSTOS

Análisis para la toma de decisiones

Necesidad de la contabilidad de costos

Capítulo

OBJETIVO GENERAL

Conocer las herramientas básicas utilizadas por la contabilidad de costos para generar la información a ser utilizada como base para la toma de decisiones, su función y su relación con la contabilidad financiera y la contabilidad administrativa.

OBJETIVOS ESPECÍFICOS

Al terminar de estudiar este capítulo, el alumno será capaz de:

- Conocer la relación de la contabilidad de costos y la contabilidad financiera.
- Conocer la relación de la contabilidad de costos y la contabilidad administrativa.
- Entender y definir el concepto de *contabilidad de costos*, su función y sus principales características.
- Mencionar los beneficios de la contabilidad de costos.
- Distinguir la diferencia entre *costo* y *gasto*.
- Comprender de manera general el proceso de acumulación de costos para una empresa manufacturera, una empresa comercial y una empresa de servicios.
- Mencionar y definir las diferentes clasificaciones de costos, los conceptos de *costos de oportunidad* y diferencial, estándar y absorbente, real o histórico.
- Conocer los puntos importantes a considerar al hacer el costeo de un producto.

Tanto en la vida diaria como en los negocios se toman una gran variedad de decisiones, muchas de las cuales se basan en experiencia, información económica o en algún otro tipo de información. Estas decisiones consisten en elegir, entre dos o más, la opción más conveniente; entre mejor sea la información utilizada para realizar la elección, mayor será la probabilidad de éxito; por otro lado, si dicha información es mala, muy probablemente la decisión que se tome también lo será. En este sentido, el análisis costo-beneficio es considerado un punto clave para la toma de decisiones. Este capítulo, como el resto del texto, se enfocará en definir y analizar las herramientas básicas utilizadas por la contabilidad de costos para generar información que sirva como base para la toma de decisiones.

El siglo xx se caracterizó por los cambios tecnológicos y avances en medios tanto de transporte como de comunicación. Con los procesos de producción en serie se revolucionó el mundo de los negocios, y fue posible crear mercados y fuentes de trabajo que no se habían contemplado en el pasado. Todo esto repercutió en la necesidad de financiamiento adicional para impulsar a los negocios, permitiendo el crecimiento de la banca mundial y de los mercados de valores. Asimismo, el crecimiento de la actividad financiera propició una necesidad de información financiera, dando paso a la generación de principios de contabilidad de aceptación generalizada y al desarrollo de la profesión contable.

Son muchas las críticas a la información contable, y esto se debe a la falta de conocimiento que los usuarios tienen de la misma. Si bien es cierto que la información financiera presentada de acuerdo a principios contables es elaborada con la finalidad de tomar decisiones, también es cierto que los usuarios de esta información son todas aquellas personas relacionadas con los negocios, como son algunos accionistas, proveedores, instituciones financieras y clientes, entre otros, todos ellos interesados en conocer el desempeño del negocio. La información que reciben los usuarios resume de manera general las operaciones de los negocios, mas no proporciona toda la información que los administradores utilizan para justificar su labor. De manera que, reconociendo el valor de la información, la contabilidad presenta en los estados financieros información básica general relacionada con el negocio. El proporcionar información con mucho detalle, puede dejar en evidencia los factores clave del éxito de un negocio, poniendo en riesgo la supervivencia de este mismo. El propósito de la contabilidad financiera es proporcionar información en un formato uniforme para todo tipo de negocios.

La información adicional requerida por los negocios para poder operar es preparada internamente en lo que conocemos como contabilidad administrativa. La contabilidad de costos juega un papel importante tanto dentro de los reportes de contabilidad financiera como en los reportes de contabilidad administrativa. La contabilidad de costos genera la información necesaria para la valuación de los inventarios y el cálculo del costo de ventas. Igualmente, proporciona la información que se requiere para elaborar reportes de uso interno, la cual no queda contenida en la valuación de los inventarios y el costo de ventas, tal y como se muestra en la ilustración 1.1.

Relación entre contabilidad de costos y contabilidad financiera

La situación financiera del negocio se presenta en el **balance general**. Este estado financiero muestra los activos (recursos) que posee el negocio a una fecha determinada y las fuentes de obtención de esos recursos (pasivo y capital contable). Una de las partidas incluidas en el capital contable es la **utilidad del ejercicio**, la cual representa el aumento en los recursos generados por la operación del negocio en un periodo determinado. El cálculo detallado de la utilidad se encuentra en el **estado de resultados**. Este estado resume los resultados de las operaciones del negocio realizadas dentro de un cierto periodo. La manera de hacerlo es calculando la diferencia entre los beneficios económicos obtenidos (ingresos) y los sacrificios económicos que fueron incurridos para generar los primeros (gastos).

Sin embargo, la información presentada en el estado de resultados es de poca utilidad si los elementos utilizados para su elaboración no son una buena aproximación de la realidad del negocio. Una información de costos equivoca-

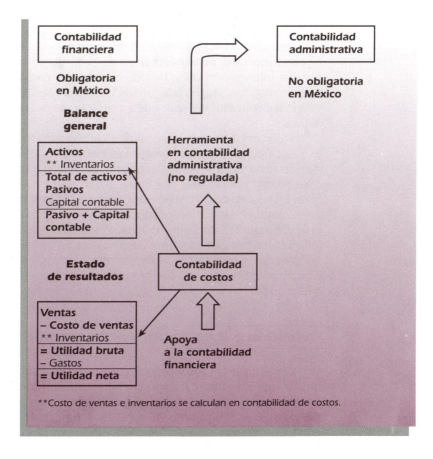

Ilustración 1.1
Papel de la contabilidad de costos.

da puede hacer que el contenido de los estados financieros, al no cumplir con las características de la información (utilidad y confiabilidad), sea de poco valor para la toma de decisiones.

En una compañía comercial, el costo de ventas está representado por el costo de los artículos que fueron vendidos. Por lo tanto, para obtenerlo no se requiere un cálculo detallado, pues la información de costos se encuentra resumida en las facturas de compra de mercancía y/o en cuentas por pagar. Sin embargo, son muchas las variables no contenidas en el costo de ventas, tales como costos de almacenamiento, financiamientos a clientes y de proveedores, niveles de inventarios, costos de mermas y seguro de mercancías, que afectan la rentabilidad de las líneas de productos. Aunque no son costos inventariables, todas estas variables afectan la rentabilidad del negocio y tienen una relación directa con los productos y clientes, por lo tanto son dignas de cuantificarse dentro de la contabilidad de costos.

El cálculo del costo de venta de una compañía dedicada a la fabricación de artículos requiere mayor grado de detalle, pues la información se tiene que resumir de distintas fuentes y por distintos medios. Al principio, la contabilidad de costos surgió como una respuesta a la problemática de calcular el costo de ventas para empresas dedicadas a la manufactura de productos.

Como herramienta de apoyo a la contabilidad administrativa, la contabilidad de costos no está regulada debido a que la práctica de llevar contabilidad administrativa no está sujeta a principios o normas, ni tampoco es obligatoria. La **contabilidad administrativa** es el conjunto de técnicas utilizadas para generar información útil a los administradores para la toma de decisiones. En su gran mayoría, las técnicas utilizadas en contabilidad administrativa generan información cuantitativa para determinar la mejor acción entre dos o más alternativas.

Si bien es cierto que el mundo de los negocios ha cambiado dramáticamente en las últimas décadas, también es cierto que la facilidad para generar información se ha incrementado notablemente. No en todos los casos la información o los reportes generados por los negocios han evolucionado de la misma manera. En la contabilidad financiera, como en la contabilidad de costos, existe un sin número de atajos enfocados a eliminar cálculos matemáticos, lo cual se justificaba por la falta de sumadoras, calculadoras, computadoras y sistemas de información computacionales. Pero hoy en día es deber de educadores y profesionales de la contabilidad eliminar estos atajos contables, ya que el uso de computadoras y sistemas de información hace posible mejorar la calidad de la información.

Definición y aportaciones de la contabilidad de costos

Uno de los aspectos principales en el estudio de cualquier disciplina es definir el objeto de la misma. Es por eso que antes de mencionar los beneficios que proporciona la contabilidad de costos es necesario definirla. La **contabilidad de costos** es el conjunto de técnicas y procedimientos que se utilizan para cuantificar el sacrificio económico incurrido por un negocio para generar ingresos o fabricar inventarios. Contablemente, un sacrificio económico está representado por el valor del recurso que se consume o se da a cambio para recibir un ingreso. En contabilidad de costos se cuantifican los sacrificios económicos con el fin de que los objetos de costo (siendo éstos tradicionalmente productos) generen ingresos.

Las formas en que la contabilidad de costos puede ayudar a los usuarios de la información financiera son muy variadas. Las siguientes son algunas de las aportaciones más comunes que esta disciplina proporciona al sistema de información contable:

- Ayuda a la contabilidad financiera en el proceso de valuación de inventarios para ser presentados en el balance general.
- En el estado de resultados, coadyuva al cálculo de utilidades al ocuparse para la determinación del costo de inventarios en proceso, productos terminados y, por ende, para la determinación del costo de ventas.
- Ayuda en la evaluación del desempeño del negocio, de sus áreas o de sus administradores, pues una de las medidas más usadas para evaluar estos últimos es con base en la utilidad que su negocio o división genera.
- Proporciona bases para la aplicación de herramientas utilizadas por la contabilidad administrativa, como por ejemplo el margen de contribución a ser utilizado para el cálculo del punto de equilibrio.
- Los datos de costos actuales por lo general son tomados como base para la preparación de estados financieros proyectados. Asimismo, sirven de apoyo para el cálculo de variaciones de costos estándar encaminados a la medición del desempeño de algunos departamentos de la empresa.

La contabilidad de costos se encarga de proporcionar la información necesaria para calcular correctamente la utilidad y valuar inventarios. También es una herramienta útil para la fijación de precios y el control de las operaciones a corto, mediano y largo plazos.

Uno de los errores más frecuentes en el vocabulario cotidiano es el utilizar las palabras costo y gasto como sinónimos. Según el Instituto Mexicano de Contadores Públicos (IMCP), **gasto** es el decremento bruto de activos o incremento de pasivos que experimenta una entidad como resultado de las operaciones que constituyen sus actividades normales encaminadas a la generación de ingresos. Un **costo** también representa un decremento de recursos, pero a diferencia de los gastos, estos recursos se consumen para fabricar un producto. El costo se convertirá en gasto al momento de la venta del producto terminado.

Aunque la mayoría de la bibliografía existente sobre contabilidad de costos se encuentra enfocada a empresas manufactureras, es necesario reconocer que la contabilidad de costos también es aplicable a empresas de servicios y comerciales. Las necesidades de información que posee un administrador manufacturero son esencialmente las mismas que tienen los administradores de empresas comerciales y de servicios, pero es importante adoptar la contabilidad de costos a las necesidades específicas del giro del negocio. Tradicionalmente se ha evitado la contabilidad de costos en empresas de servicios bajo el argumento de que no existen inventarios que costear. Pero cuando se aplica el concepto de objeto de costo a un servicio, es posible cuantificar el servicio y con base en ello generar una estrategia para maximizar utilidades. Toda la información generada para calcular el costo de los servicios que presta un negocio puede no estar reflejada en los estados financieros contables; sin embargo, puede ser parte de los reportes generados en contabilidad administrativa para mejorar la gestión de los negocios. En este texto se estudiarán las herramientas de costos tradicionales que se utilizan en empresas manufactureras y se analizarán algunas herramientas para apoyar la generación de información de costos en empresas comerciales y de servicios.

Clasificación de los costos

Dentro del lenguaje contable se mencionan diferentes clasificaciones de costos, las cuales es importante definir y diferenciar. La primera de ellas es la de **costos de manufactura** o **costos inventariables**, que se entiende son materia prima directa, mano de obra directa y costos indirectos de fabricación, a los que llamaremos simplemente **costos indirectos** o **CI**. Dentro de los costos de manufactura existen dos subclasificaciones de costos: costos primos y costos de conversión. Se entiende por **costos primos** la suma de los costos relacionados con la mano de obra directa y la materia prima directa, que son los costos directamente identificables con el producto, por lo que también se les llama **costos directos**. Los segundos, los **costos de conversión**, son los costos de transformación de la materia prima; se componen de mano de obra directa y costos indirectos. En la ilustración 1.2 se muestra de manera gráfica la descripción de los costos de manufactura.

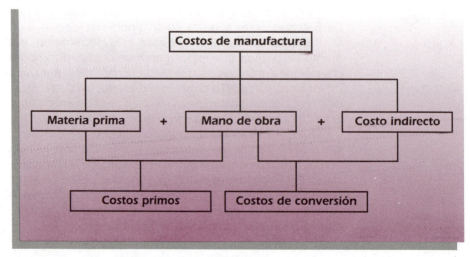

Ilustración 1.2
Costos de manufactura.

Existen otras clasificaciones de costos más específicas, las cuales se expondrán a continuación.

En relación al volumen de producción

Los costos pueden clasificarse de acuerdo con el volumen de producción al que trabaja el negocio en: costos fijos y costos variables. Los **costos fijos** son aquellos que si son cuantificados de manera global, no varían aunque hubieran variaciones en un rango en el volumen de producción de un periodo determinado. Por ejemplo, si un negocio renta un local por un periodo de un año para fabricar sus productos, el pago de la renta de este local representará un costo fijo en ese año, pues independientemente de la cantidad que se decida fabricar en cada mes, el pago de la renta será el mismo. Es importante señalar que el nivel de consumo de un costo fijo puede cambiar con el paso del tiempo; sin embargo, un costo se seguirá considerando fijo si los cambios no van en relación con el nivel de la producción. Por ejemplo, si la renta del local se fijara con base en una moneda distinta a la del país, entonces el pago de renta en moneda nacional pudiera variar de un periodo a otro según el tipo de cambio, pero este hecho no convierte el pago de renta en un gasto o costo variable, ya que no tiene relación con el nivel de producción.

Por otro lado, tenemos a los **costos variables**, que sí cambian en relación con el volumen de producción. Los costos variables son aquellos en los que puede observarse un ajuste directamente proporcional al nivel de producción. Entre otros costos variables, se puede mencionar la materia prima directa y algunos costos indirectos, como los combustibles utilizados para mantener la planta productiva funcionando.

Las definiciones de costos fijos y variables se hacen tomando en cuenta las cantidades totales consumidas en la producción y no las cantidades asignadas a los productos en lo individual, pues en tal caso las características de los costos se invierten. Cuando un costo fijo es asignado a los productos, la cantidad de costo fijo que recibe cada producto será menor si la cantidad de unidades producidas es mayor. En cambio, la cantidad de costo variable permanecerá constante por periodos y rangos de producción.

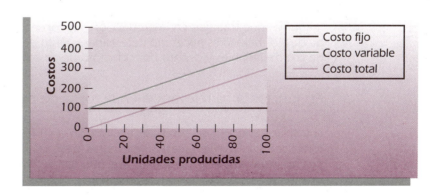

Ilustración 1.3
Comportamiento de los costos.

Suponga que en un negocio se identifica como costo variable el costo de material, de 5 pesos/unidad, y como único costo fijo la renta del local, de 10 000 pesos al mes. Suponga que en el mes pasado se fabricaron y vendieron 1 000 unidades. En tal caso el costo total hubiera sido igual a 15 000 pesos (10 000 de renta y 5 000 de materiales). El costo unitario sería de 15 pesos/unidad (15 000/1 000). Si en el presente mes se fabrican 2 000 unidades, el costo total será igual a 20 000 pesos (10 000 de renta y 10 000 de materiales). El costo unitario será de 10 pesos/unidad (20 000/2 000). El costo total sólo se vería incrementado por el aumento en el costo variable de los materiales de 1 000 unidades adicionales igual a $5 000. En ambos casos el costo variable sigue siendo de 5 pesos/unidad, mientras que el costo fijo en el primer mes fue de 10 pesos/unidad (10 000/1 000) y en el segundo mes fue de 5 pesos/unidad (10 000/2 000). Estas relaciones de costos se mantendrán sólo por un tiempo y por un rango determinado de producción, pues si el nivel de producción aumenta considerablemente, el costo de los materiales podría bajar por economías de escala, o aumentar si empezara a escasear. De igual forma, si el nivel de producción aumentara considerablemente, se tendría que evaluar el ocupar un local más grande, lo cual podría implicar una renta más alta.

	En relación al costo por unidad	En relación al costo total de producción
Costo variable	Es fijo por unidad	Es variable
Costo fijo	Es variable por unidad	Es fijo

Asimismo, existen también los costos **semifijos** o **semivariables**, que son aquellos que poseen características de las dos clasificaciones de costos anteriores. Un ejemplo de costo semifijo o semivariable es la energía eléctrica, pues parte de ella se consume independientemente del volumen de producción, como podría ser el caso de una planta de producción que, sin importar qué tanto produzca, de cualquier forma consume energía eléctrica en la iluminación. Por otro lado, también es posible consumir electricidad relacionada directamente con el volumen de producción al mantener funcionando algunas máquinas que trabajen en la producción. En consecuencia, al examinar el recibo de electricidad es necesario determinar cuánto de este total es por concepto de costos variables y cuánto por concepto de costos fijos.

En función a su relevancia en la toma de decisiones

Los costos también se clasifican en función a su relevancia en el proceso de toma de decisiones en: costos relevantes y costos no relevantes. En este caso **costos relevantes** son aquellos que pueden ser influenciados por la toma de una decisión. Los **costos no relevantes** o **costos sumergidos** son aquellos en los que, independientemente de la decisión que se tome, el resultado o comportamiento de ese costo será el mismo, de manera que en el momento de tomar o analizar la decisión da lo mismo considerarlos o no. En todo caso siempre es recomendable identificar los costos no relevantes, pues su eliminación ayuda a simplificar los modelos de toma de decisiones, haciéndolos más confiables y seguros.

Los costos no incurridos pero con relevancia en la toma de decisiones

El término **costo de oportunidad** se refiere a aquello que se renuncia por el hecho de elegir una alternativa. Es la base de comparación para evaluar dos o más alternativas. El costo de oportunidad no es un costo que aparezca en los registros contables, ya que al desecharse una alternativa el costo que implicaba ya no se realiza. Por ejemplo, la Compañía X ha llegado al límite de su capacidad productiva y tiene dos posibles clientes a surtir: cliente A y cliente B. Esta empresa sólo puede dar servicio a uno de ellos, de tal forma que tiene que elegir a quién dará su servicio o venderá su producto. Para el análisis de esta decisión es necesario tomar en cuenta el costo de oportunidad. El cliente A normalmente compra en la Compañía X y dejará de hacerlo si no se le da servicio. El cliente B es la primera vez que viene a la Compañía X y probablemente no vuelva si no se le da servicio. Para renunciar a uno de estos clientes la Compañía X debe de analizar el total de ventas que dejará de hacer a uno u otro cliente, siendo el importe de la venta del cliente no satisfecho el costo de oportunidad. Dicho costo es relevante al momento de analizar alternativas, sin embargo, una vez tomada la decisión el costo de oportunidad se convierte en un costo no relevante.

Por último, es importante considerar el término **costo estándar**, éste se refiere al costo que se asigna a la producción para ser utilizado en un sistema de costos estándar. Un *estándar* es un parámetro razonablemente alcanzable, que se fija con la finalidad de compararlo con el costo realmente incurrido y evaluar el desempeño.

Proceso de producción

En las empresas manufactureras el proceso de producción inicia con los requerimientos de materia prima de los departamentos de producción. Dentro de estos departamentos la materia prima es procesada utilizando mano de obra y otros recursos conocidos como costos indirectos hasta obtener al final del proceso un producto terminado.

Cuando las condiciones económicas del negocio o del mercado no son buenas, o bien cuando los costos están por arriba del precio de venta, la información de costos y la adecuada diferenciación de costos fijos y variables es esencial para generar estrategias o acciones que ayuden a aumentar las ventas y disminuir en lo posible las pérdidas. Cuando se tiene certeza de que las condiciones económicas desfavorables al negocio persistirán en el largo plazo, la empresa debe tomar decisiones sobre si debe seguir produciendo, cambiar de giro, diversificar los productos o en un caso extremo cerrar el negocio, siendo la información de costos pilar para tomar estas decisiones.

Bajo condiciones económicas favorables en las que los precios de mercado están por arriba del costo de producción, la información de costos puede ser utilizada para planear ofertas y otras tácticas para ganar mercado y aumentar utilidades. En la actualidad la información de costos se vuelve cada vez más crucial, pues los precios de los productos y servicios tienden a ser fijados por el mercado y no por los productores. Cada vez surgen nuevas tecnologías y productos sustitutos, por lo que las guerras de precios se convierten ahora en guerras de costos, en donde los negocios exitosos son aquellos que tienen la capacidad de mantener o reducir sus costos a una velocidad mayor que la de sus competidores, o bien aquellos negocios que logran diferenciar sus productos y servicios de manera tal que sus precios no son fijados por el mercado.

Sistemas de costeo

Además de las clasificaciones de costos es necesario conocer las diferentes formas de costear la producción. Como se ha mencionado, los costos pueden ser directos o indirectos. Los **costos directos** son todos aquellos identificables con el producto y los **costos indirectos** son aquellos que aunque no son identificables con el producto son necesarios para su fabricación. Uno de los principales problemas de los costos indirectos es que muchos de ellos no se consumen de manera proporcional a la producción de los artículos, o bien son costos fijos. Por lo que para hacer una adecuada asignación del costo es necesario decidir la manera en la que los costos indirectos deben ser asignados a los productos. La asignación de los costos indirectos, así como la de los demás elementos del costo, puede hacerse de diferentes formas, a las que clasificaremos como:

- Costeo real.
- Costeo normal.

Costeo real

En este sistema de costeo los tres elementos del costo son cargados a la producción cuando se conoce su valor real, es decir, cuando se conoce el valor de los materiales, mano de obra y costo indirecto consumidos en la producción. Esta información se tiene disponible sólo cuando el periodo contable ha terminado. Su principal ventaja es que no utiliza métodos de estimación para calcular el costo. Básicamente consiste en acumular los consumos de recursos en las cuentas de mayor de los tres elementos del costo y repartirlos entre las unidades producidas.

Su principal desventaja es que para la toma de decisiones sólo se cuenta con la información de costos del periodo inmediato anterior. Si se trabaja en un ambiente económico con bajos niveles de inflación, y niveles de producción y demanda estables, entonces la información presentada por este sistema de costeo puede ser útil para la toma de decisiones, pues es sencillo de calcular y la información del periodo inmediato anterior no cambia de manera significativa para el siguiente. Cuando las variables económicas de oferta y demanda, niveles de inflación, producción y sistemas de producción cambian constantemente, este sistema de costeo proporciona información útil exclusivamente para calcular el costo de ventas y valuar inventarios, mas no para la toma de decisiones.

Costeo normal

En el sistema de costeo normal se registra la materia prima y la mano de obra utilizando datos reales, y se calcula una tasa de asignación para repartir el costo indirecto a la producción. Esto implica hacer estimaciones de consumo de costo indirecto y también de la forma de repartirlo, o asignarlo a la producción. Este sistema presenta la ventaja de proporcionar dos de los tres elementos del costo a valores reales complementados por un valor de costo indirecto cercano a la realidad. En especial cuando el costo indirecto es pequeño en proporción a los tres elementos del costo, esta forma de calcular el costo de producción es útil para la toma de decisiones. A medida que el costo indirecto aumenta en proporción a los demás elementos del costo, es necesario repartir el costo indirecto con mayor grado de detalle. Los principios contables requieren que la información presentada en los estados financieros sea real e histórica, por lo que se hace necesario que al final de cada periodo contable se realice una conciliación entre la cantidad de costo indirecto aplicado a la producción y el costo indirecto realmente consumido. En los **asientos de cierre** se realiza el ajuste necesario para igualar el costo indirecto aplicado al costo indirecto real, reflejando dicha diferencia en el costo de ventas o en este costo y los inventarios finales de productos en proceso y terminados.

Costeo estándar

La utilización del costeo normal originó lo que hoy conocemos como **costeo estándar**. En el costeo normal es necesario hacer presupuestos de costo indirecto para calcular la tasa de asignación. Esto genera una expectativa respecto a la cantidad de costo indirecto a consumir, y cuando el consumo de recursos es distinto surge de manera natural la necesidad de investigar la diferencia. La investigación de diferencias entre lo real y lo esperado es en sí misma una medida de control administrativo. El costeo estándar extiende el beneficio de la investigación de diferencias entre lo estimado y lo real a los tres elementos del costo, lo cual implica la generación de estándares o parámetros predeterminados de desempeño a alcanzar en los tres elementos del costo. Esta herramienta está más enfocada a generar información en apoyo a la optimización de recursos que al cálculo de los costos. La utilización del costeo estándar es adecuada cuando se trabaja en ambientes de producción muy estables, en donde se busca la optimización de recursos por pequeños ahorros en consumo de materiales, tiempo de manufactura y disminución de desperdicios. Es muy recomendable para negocios que trabajan con productos y procesos con ciclos de vida muy largos. Normalmente se generan reportes de variaciones de costos estándar cada fin de mes, aunque es posible generar información a mitad del periodo que permita tomar acciones correctivas de manera más oportuna.

Costeo absorbente

El costeo absorbente, también llamado **costeo total**, considera que es importante incluir dentro del costo de producción tanto los costos fijos como los variables, pues ambos contribuyen a realizar la producción (éste es el criterio que más comúnmente se aplica en contabilidad financiera). En el costeo absorbente se reparte el costo fijo a la producción utilizando algún criterio de asignación, como por ejemplo, número de unidades producidas, horas de mano de obra, horas-máquina, etc. Al aplicar el costo fijo a la producción de forma unitaria, éste sigue el mismo destino que las unidades a las que fue asignado. Las unidades que no son vendidas permanecen en inventarios, mientras que las unidades que sí lo son se convierten en costo de ventas en el estado de resultados.

Costeo variable

El costeo variable, también llamado **costeo directo**, consiste en acumular en los inventarios solamente el costo variable, mientras que los costos fijos son enviados a resultados. Es decir, que los costos fijos de producción aparecen en el estado de resultados independientemente del destino de las unidades que fueron beneficiadas por ellos al pasar por los procesos de producción. Una ventaja del costeo variable es que no modifica el costo unitario como consecuencia de cambios en el nivel de producción, presentando datos de costos más útiles para la toma de decisiones. Por otro lado, la desventaja del costeo variable es que contiene información que no es deseable mostrar en los estados financieros, pues se puede observar de manera clara la estructura de costos del negocio.

Históricamente, los negocios han tenido que elegir entre costeo absorbente y costeo variable; sin embargo, los sistemas de información utilizados actualmente en muchos negocios permiten generar reportes considerando uno u otro criterio de acumulación de costos, por lo que es posible gozar de los beneficios de ambos sistemas de costeo.

Costeo por actividades

El costeo por actividades es una herramienta que ha crecido en popularidad en los últimos años. Esta herramienta está orientada a generar información para la toma de decisiones, aunque es posible acumular información de acuerdo con los principios contables para valuar inventarios. El costeo por actividades se encarga de hacer la asignación de recursos a productos, servicios y otros elementos sujetos a evaluación, sin importar el origen de las cuentas. Es decir, *aquí no se incluye a los productos exclusivamente en los tres elementos del costo, sino que se pueden incluir gastos de administración, gastos de ventas y/o gastos financieros. Todo esto con la finalidad de visualizar mejor cómo se genera la utilidad y las variables que intervienen en ella por cada producto, servicio, cliente o proveedor, entre otros.* El costeo por actividades busca la relación directa entre el consumo de recursos de cada producto u objeto de costo. Este razonamiento siempre tuvo como limitante la capacidad de los negocios de generar información de manera sencilla y económica. Los sistemas de información por computadora han disminuido o eliminado esta limitación en la generación de información, por lo que en el futuro esta herramienta crecerá en popularidad en los negocios. El costeo por actividades es recomendable para negocios que poseen productos muy distintos entre sí, con altos niveles de automatización y en donde el costo indirecto ocupa una proporción importante dentro de los tres elementos del costo.

En general puede decirse que el reto de los profesionistas en el área de costos será generar más y mejor información para la toma de decisiones en todo tipo de negocios, pues a medida que la globalización y la competencia crecen, aumenta también la necesidad de los negocios de adaptarse a cambios en el entorno. Esta necesidad se presenta en todo tipo de negocios, comerciales, de manufactura y servicios, por lo que además de estudiarse los aspectos tradicionales de costos será necesario buscar más y mejores herramientas administrativas de apoyo para la administración.

Teorías enfocadas a la reducción de costos

Con el paso de los años han surgido teorías encaminadas a la optimización de recursos u optimización de costos. Estas teorías no son aplicables a todas las industrias ni a todas las etapas de vida de los negocios, pero es un hecho que han cambiado la forma de pensar y trabajar de los hombres y mujeres de negocios. Algunas de ellas se enfocan a la logística de producción, al diseño de los productos o a la optimización de la producción y ventas. En seguida se mencionan las más importantes:

Just in time Es una teoría administrativa orientada a disminuir al máximo los niveles de inventarios y los costos asociados con éstos, tales como costos de almacenaje, costos de mantenimiento de inventarios y costos de custodia y merma de inventarios. Requiere llevar a cabo convenios con clientes y proveedores, así como una estricta programación de la producción.

Kaizen costing Es una teoría administrativa enfocada a la optimización de diseño de productos y líneas de producción en donde se inicia por detectar los atributos esenciales de los productos y se adapta el diseño para cumplir con atributos previamente establecidos. El proceso de aplicación de esta herramienta consta de varias fases en las que se va depurando el diseño hasta garantizar un excelente producto con un margen de utilidad garantizado sin afectar los atributos básicos requeridos por el mercado al que está enfocado. Con esta herramienta se busca obtener ahorros en costos antes de iniciar los procesos productivos y no después de que el producto ya está a la venta y en competencia con otros de mejor calidad o precio. En la mayoría de los casos, cuando se busca ahorrar en costos en productos ya diseñados y terminados se afecta alguno de los atributos básicos del producto, disminuyendo su calidad o funcionalidad y, por consecuencia, sus ventas.

Teoría de restricciones Es una teoría administrativa enfocada a la optimización de los recursos escasos en la producción para a su vez mejorar tanto la producción como la venta. En esta herramienta se inicia por identificar los "cuellos de botella", representados por aquellos recursos que impiden el aumento de la producción y venta. Se hace especial énfasis en un aumento conjunto de producción y venta, pues el solo aumento de la producción sin un respectivo aumento en las ventas genera inventarios innecesarios que decrementan la utilidad del negocio. Una vez identificados los cuellos de botella, se procede a hacer adecuaciones en el flujo de producción para aprovechar ese recurso lo más ampliamente posible. Cuando el cuello de botella ha sido eliminado o reducido al máximo, se procede a buscar otros posibles cuellos de botella. Para su identificación, estos últimos se dividen en internos y externos. Como ejemplos de cuellos de botella internos pueden mencionarse la capacidad de alguna maquinaria, del departamento de producción, la cantidad de materiales y la capacidad humana. Son cuellos de botella externos la demanda de los productos fabricados por el negocio, los precios de mercado y las cuotas de importación o exportación, entre otros.

Resumen conceptual

La necesidad de información en los negocios ha movido a los administradores y académicos a desarrollar sistemas de información que cumplan con las distintas necesidades de los diferentes usuarios. Se han desarrollado registros y controles que garanticen el funcionamiento administrativo de los negocios, siendo importante para todos los giros de negocios contestar a la pregunta: ¿cuánto cuesta el producto o servicio que se vende? La respuesta a esta pregunta es la pauta para tomar la decisión de promover un producto o dejar de producirlo o venderlo. Es también la pauta para decidir mejorar la oferta de un competidor, dar un descuento o evaluar a un proveedor. Según sea la dificultad para contestar a la pregunta anterior, será la complejidad de los procedimientos, métodos o herramientas para calcular el costo. Es tarea de cada negocio definir qué tipo de información y de herramientas necesita para asegurar el buen funcionamiento de su operación. Asimismo, es tarea de maestros y alumnos aprender y mejorar las herramientas existentes para aplicarlas en el momento adecuado en la vida profesional.

Cuestionario integral

C.1.1. ¿Cómo se relaciona la contabilidad de costos con la contabilidad financiera y la contabilidad administrativa?

C.1.2. ¿Qué información presenta el balance general?

C.1.3. ¿Qué información presenta el estado de resultados?

C.1.4. ¿Qué es la contabilidad de costos?

C.1.5. ¿Cuáles son algunas de las aportaciones de la contabilidad de costos al sistema de información contable?

C.1.6. ¿En qué se diferencia un costo de un gasto?

C.1.7. ¿Cuáles son algunas de las similitudes que hay entre las empresas de servicios, comerciales y manufactureras en relación con el proceso productivo del negocio?

C.1.8. ¿Cuál es la diferencia entre costos fijos y costos variables?

C.1.9. ¿Qué son los costos primos?

C.1.10. ¿Qué son los costos de conversión?

C.1.11. ¿Cuál es la diferencia entre sistemas de costeo real, normal y estándar?

Elementos del costo y su flujo

Capítulo

OBJETIVO GENERAL

Comprender y definir con detalle los elementos del costo de producción, la manera en que los costos se acumulan en el proceso de producción y los tipos de inventarios empleados en contabilidad de costos.

OBJETIVOS ESPECÍFICOS

Al terminar de estudiar este capítulo, el alumno será capaz de:

- Identificar y explicar los tipos de inventarios que manejan las compañías manufactureras.
- Identificar los elementos del costo de producción.
- Explicar e identificar los tipos de prorrateos que hay para cóstos estimados: directo, escalonado y algebraico.
- Identificar las bases que se utilizan para calcular las tasas predeterminadas de costos indirectos (CI).
- Comprender la diferencia entre CI reales y CI aplicados.
- Definir en qué consiste y para qué se emplea la cuenta control de CI.
- Calcular la sobre o subaplicación de CI al costo de ventas.
- Ajustar la sobre o subaplicación de CI al costo de ventas y al costo de ventas e inventarios.
- Identificar y elaborar el estado de costo de producción y ventas.

Necesidad de determinar el costo del periodo para calcular utilidades

Uno de los objetivos primordiales de la contabilidad financiera es preparar el estado de resultados para mostrar a los usuarios de la información los pasos necesarios para calcular la utilidad del periodo. Dentro del cálculo de la utilidad se incluye la partida del costo de ventas, la cual representa el costo directo en el que incurre el negocio para obtener ingresos.

Tratándose de un negocio comercial, el cálculo del costo de ventas no es más que la identificación o asignación de valores a las mercancías vendidas. En un negocio dedicado a la producción de artículos, es necesario calcular el costo de acuerdo con los insumos adquiridos y/o utilizados en la producción. Es entonces, cuando se hace necesario emplear técnicas y procedimientos específicos para costear los productos y valuar los inventarios, que surge la necesidad de llevar contabilidad de costos.

Diagrama de inventarios

Cuando los procesos de producción son de corta duración no llegan a acumularse inventarios de productos en proceso, es decir, no hay unidades a las que se les haya invertido recursos que no estén terminadas y almacenadas o que no hayan sido vendidas. Por ejemplo, productos en los que el tiempo total de fabricación no tarda más de un día. En estos casos, pueden existir inventarios de productos terminados y de materiales. Sin embargo, sigue existiendo una cuenta en la que se acumulan los tres elementos del costo para convertirse en productos terminados. Cuando los procesos de producción duran más de un día, es factible que en el momento de hacer el corte contable exista la necesidad de valuar los recursos invertidos en la producción de artículos que no han sido terminados: en este momento surge una cuenta de inventario de productos en proceso. Este esquema se representa gráficamente en la ilustración 2.1.

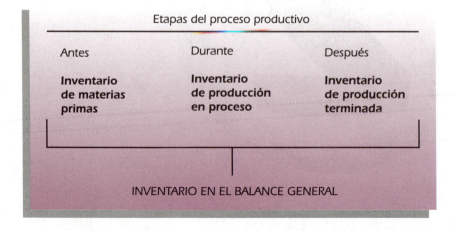

Ilustración 2.1
Diagrama de inventarios.

Diferentes tipos de inventarios

Dado que una compañía manufacturera adquiere materias primas para transformarlas en productos terminados, al final de un periodo las mismas mostrarán diferentes etapas de terminación, según el grado de avance que alcance el proceso productivo. En el balance general aparecerá la suma del valor de cada tipo de inventario. Por lo tanto, las compañías manufactureras manejan tres tipos de inventarios:

- Inventario de materias primas.
- Inventario de productos en proceso.
- Inventario de productos terminados.

Inventario de materias primas

El inventario de materias primas está compuesto por el costo de adquisición de los diferentes artículos que no han sido utilizados en la producción y que aún están disponibles para ocuparse durante el periodo. Esta cuenta aumenta por las compras de materiales y disminuye por las requisiciones de materiales a los departamentos productivos. En este tipo de inventario se incluyen todos los gastos adicionales llevados a cabo para colocarlos en el lugar donde serán procesados, entre otros, fletes, gastos aduanales, impuestos de importación, seguros y acarreos.

Inventario de materias primas:

Compras de materiales
+   Gastos incurridos para tener materiales disponibles para la producción
–   Descuentos en compras
–   Devoluciones en compras
–   Requisiciones de materiales de los departamentos productivos

Inventario de productos en proceso

Este tipo de inventario representa el costo de los artículos que aún no han sido terminados al final del periodo. Comprende los materiales directos, la mano de obra directa aplicada a la producción, así como los costos indirectos reales o asignados mediante el uso de tasas predeterminadas. Las cantidades antes mencionadas se aplican en función al avance del proceso productivo de los productos en el momento de hacer el corte de cierre de ejercicio. Esta cuenta aumenta por el inicio de unidades en el proceso con la consecuente adición de los elementos del costo y disminuye debido a desperdicios en la producción, así como por la terminación de unidades.

Inventarios de productos en proceso

Materiales recibidos del almacén de materiales
+   Mano de obra utilizada en la producción
+   Costos indirectos aplicados a la producción
–   Desperdicios que han sido terminados en el periodo

Inventario de productos terminados

Este inventario acumula el costo de los artículos que han sido terminados durante el presente periodo o en periodos anteriores del proceso productivo de la empresa. También puede estar compuesto por los artículos comprados para su reventa. El inventario de productos terminados está formado por el costo de los artículos terminados al final o al comienzo de un periodo e incluye todos los productos terminados en el negocio que aún no han sido vendidos.

Elementos del costo de producción

Todo proceso productivo empieza y termina en un orden determinado. A medida que el proceso productivo avanza, lo que fue materia prima se aproxima más a ser un producto terminado. La contabilidad de costos en empresas manufactureras se enfoca principalmente en la valuación de inventarios de productos en proceso y de productos terminados. Para ello es necesario determinar los elementos del costo de producción incurridos en el proceso productivo. Los elementos del costo son tres: materia prima, mano de obra y costos indirectos. A continuación se explica a detalle cada uno de ellos.

Elementos del costo

Materia prima
+   Mano de obra
+   Costos indirectos
=   Costo de producción

Materia prima

El primero de los elementos del costo de producción es la materia prima, es decir, los materiales físicos que componen el producto. Este elemento del costo se divide en dos: materia prima directa y materia prima indirecta. La **materia prima directa** incluye todos aquellos materiales utilizados en la elaboración de un producto que se pueden identificar fácilmente con el mismo. Para efectos de este texto sólo se llamará materia prima al concepto de materia prima directa. La **materia prima indirecta** incluye todos los materiales involucrados en la fabricación de un producto, que no son fácilmente identificables con el mismo o aquellos que aunque se identifican con facilidad, no tienen un valor relevante. Por ejemplo, si un producto específico necesita para su elaboración una determinada cantidad de tornillos, y este material tuviera un valor económico muy pequeño, no valdría la pena desarrollar alrededor de él un control contable para asegurar un seguimiento detallado por pieza, pues ello tal vez ocasionaría un costo administrativo mayor al ahorro generado por el control aplicado al material. Por ello, aunque identificable, debe ser considerado materia prima indirecta para ser incluida como un elemento más de los costos indirectos, concepto que se explicará con detalle más adelante.

Mano de obra

El segundo de los elementos del costo de producción es la mano de obra. Definiremos mano de obra como el costo del tiempo que los trabajadores invierten en el proceso productivo y que debe ser cargado a los productos. Al igual que la materia prima, la mano de obra se divide en dos rubros: **mano de obra directa** y **mano de obra indirecta**. A la mano de obra directa se le llamará mano de obra, la cual incluye todo el tiempo de trabajo que directamente se aplica a los productos. La mano de obra indirecta se refiere a todo el tiempo que se invierte para mantener en funcionamiento la planta productiva pero que no se relaciona directamente con los productos. Por lo tanto, este elemento del costo, al igual que la materia prima indirecta, se contabiliza dentro de los costos indirectos.

Costos indirectos

El costo indirecto (CI), a diferencia de los dos elementos anteriores, no puede ser cuantificado en forma individual en relación con el costo final de los productos, pues incluye todos aquellos gastos que se realizan para mantener en operación una planta productiva. En otras palabras, incluye todos los costos de manufactura que no son la materia prima (directa) y la mano de obra (directa).

En la contabilización de los costos indirectos existen dos aspectos a considerar: el primero se refiere al cálculo total por este concepto y el segundo se refiere a la repartición del total de CI a las unidades producidas.

Cálculo de las tasas predeterminadas de CI para estimar el costo de un producto

Como se mencionó anteriormente, los costos indirectos no son identificables con las unidades producidas. Por lo tanto, debe de utilizarse algún mecanismo para repartir estos gastos adecuadamente entre los productos. Es por eso que muchos negocios utilizan las tasas predeterminadas de costos indirectos para estimar el costo de sus productos.

Los costos indirectos cambian de un periodo a otro, lo cual se refleja en el costo total de los productos. Esto ocasiona que sea necesario hacer una estimación razonable de la cantidad de CI que se generará en el periodo para repartirlo entre los productos. El costo del producto calculado con base en la tasa predeterminada de CI es utilizado para tomar decisiones como fijación de precios, cotizaciones y valuación de inventarios. Para obtener las tasas predeterminadas de CI se aplica la siguiente fórmula:

$$\text{Tasa predeterminada de CI} = \frac{\text{Total de CI estimados}}{\text{Base de aplicación}}$$

Para poder calcular la tasa predeterminada de CI se requiere estimar los costos indirectos y elegir una base adecuada para ello. Para que la tasa predeterminada de CI sea útil, la base de aplicación debe tener una relación directa con el aumento o disminución de los mismos. Algunos ejemplos de bases utilizadas para calcular la tasa predeterminada de los costos indirectos comúnmente utilizados son:

- Horas-máquina.
- Horas de mano de obra directa.
- Costo de mano de obra directa.
- Costo de materiales directos.
- Número de empleados.
- m^2 de construcción.
- Unidades producidas.

Una de las bases de aplicación es la de unidades producidas, que se aplica cuando sólo se elabora un producto y la más utilizada es la de horas de mano de obra directa. La razón es que en el pasado la mayoría de los procesos de producción eran manuales, por lo cual los productos más complicados requerían mayor esfuerzo de producción y una cantidad mayor de mano de obra. Por ello, resultaba lógico y práctico asignar mayor costo indirecto a los productos que más recursos consumían en la planta.

Para ilustrar la mecánica de la forma en que se elabora una tasa predeterminada de CI, se tomarán como base los datos para el mes de junio de 20XX de la compañía Produfácil. Este negocio espera producir 200 000 unidades. Cada unidad producida requiere 3 horas de mano de obra directa, por lo que para la producción deseada se requerirá un total de 600 000 horas de mano de obra directa. Con base en ese nivel de producción, Produfácil ha presupuestado los siguientes costos indirectos para el mes de junio:

Materiales indirectos	$200 000
Mano de obra indirecta	300 000
Alquiler de fábrica	400 000
Depreciación de equipo de fábrica	150 000
Luz y agua de fábrica	100 000
Reparaciones de fábrica	50 000
Total de costos indirectos	**1 200 000**

Tomando en cuenta la fórmula para la tasa predeterminada de CI = Total de CI estimados/Base de aplicación, podemos utilizar los datos anteriores de la siguiente manera:

- Tasa predeterminada de CI = 1 200 000 pesos/60 000 horas MOD.
- Tasa predeterminada de CI = 2 pesos/hora MOD.

La tasa predeterminada de CI que Produfácil deberá utilizar en el mes de junio de 20XX es de 2 pesos por hora de mano de obra directa. Por lo tanto, a cada producto se le aplicará un total de 6 pesos de CI (3 horas * 2 pesos/hora MOD). Es necesario recordar que esta tasa de CI sólo será correcta si los costos indirectos reales son iguales a 1 200 000 pesos y se trabajan 600 000 horas. Si por alguna razón se trabaja una mayor o una menor cantidad de horas de mano de obra directa, se habrá aplicado más o menos CI del que se debió haber aplicado. Por lo tanto, al final del periodo, se deberá hacer un ajuste para mandar al estado de resultados la cantidad de costos indirectos que realmente se erogó.

La utilización de una tasa predeterminada de CI para costear los productos genera un costo estimado, el cual se utiliza día a día en la toma de decisiones. A la cantidad de CI calculado con base en tasas predeterminadas, que se carga a los productos, se le conoce como CI aplicado. Por otro lado, a los costos indirectos reales que se generan durante el periodo se les controla por medio de la cuenta **CI control**. El saldo de la cuenta de CI control se conoce sólo al final del periodo, por lo que difícilmente puede ser utilizado para tomar decisiones. Sin embargo, el CI real puede ser empleado para evaluar la razonabilidad de la tasa estimada de CI y para hacer un ajuste al costo de ventas o a los inventarios, con el propósito de mostrar en los estados financieros el costo real de los productos, tal como lo requieren los principios contables.

Costos indirectos reales y aplicados

Los costos indirectos reales se incurren durante el periodo contable y se cargan periódicamente en el libro de mayor, en la cuenta de CI control. Cada vez que se realiza un costo indirecto se carga a la cuenta de CI control y se abona aumentando un pasivo o restando a un activo.

Por otro lado, los costos indirectos se aplican a medida que la producción se desarrolla, cargando al inventario de productos en proceso y abonando a la cuenta de CI aplicado. La cantidad a ser utilizada en el cálculo del CI aplicado es la que se calcula con base en la tasa predeterminada de costos indirectos.

Flujo de costos a través de los inventarios

Una herramienta útil para entender el flujo de unidades y sus costos son las llamadas **cajas de acumulación de costos**, las cuales se basan en la siguiente fórmula:

$$\text{Saldo inicial} + \text{Entradas} - \text{Salidas} = \text{Saldo final}$$

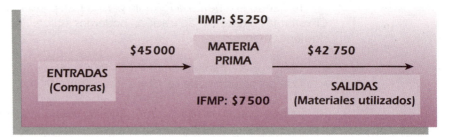

El proceso productivo se inicia con la requisición de materia prima al almacén de materiales. La primera caja de costos es la que explica el flujo de materiales o almacén de materiales. En primera instancia, en el almacén de materiales se puede tener un inventario inicial, el cual aumenta debido a las compras de materiales y disminuye luego del envío de éstos a los departamentos productivos. Cuando se usa el sistema de inventarios periódicos, no se contabiliza la salida de mercancías, sino que al final del periodo se hace un recuento del inventario (final) y por diferencia, se calculan las salidas de unidades del almacén. Por ello, la fórmula utilizada en las cajas de costos se presentará modificada de la siguiente manera:

> Inventario inicial de materia prima
> + Compras netas
> – inventario final de materia prima
> ─────────────────────────────────
> = Materia prima utilizada en producción

El mismo flujo de unidades y costos de materia prima que ocurre en el almacén se presenta en el inventario de productos en proceso. Al inventario inicial de productos en proceso se le añaden los costos de manufactura, tales como el costo de los materiales directos utilizado (que representan las salidas del almacén de materia prima), la mano de obra directa y se aplican los costos indirectos, con base en una tasa predeterminada. El siguiente paso ocurre al final del periodo: restar el saldo del inventario final de productos en proceso para obtener así el costo de los artículos manufacturados o terminados, que representa las salidas del almacén de productos en proceso.

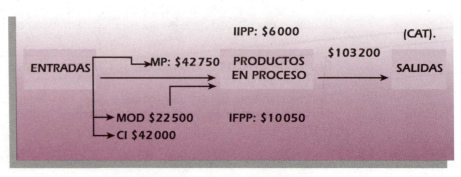

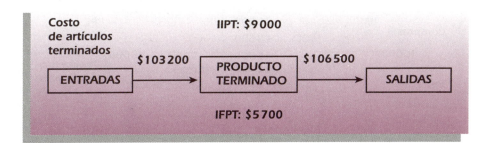

Ilustración 2.4
Determinación del
costo de ventas.

Las salidas del almacén de productos en proceso son las entradas que se suman al inventario inicial de productos terminados, para restar después el inventario final de artículos terminados y determinar el costo de ventas que será incluido en el estado de resultados.

Los cálculos realizados en las cajas de costos son elaborados en los negocios manufactureros en un formato conocido como estado de costo de producción y ventas, el cual se ejemplifica en la ilustración 2.5.

Para ilustrar el uso del estado de costos de producción y venta tomemos el ejemplo de Produfácil. Supongamos que no existen inventarios iniciales ni finales y que todas las unidades que se inician son terminadas en el proceso. En el mes de enero de 20X7, Produfácil inició 15 000 unidades que consumieron 30 000 pesos de materia prima (1 unidad de MP a 2 pesos c/u), a las cuales se invirtieron en el proceso 18 000 pesos de mano de obra directa (a 1.2 pesos/hora) y 45 000 pesos de costos indirectos (a 3 pesos/hora), de tal manera que se transfirieron esas 15 000 unidades (la relación es 1 unidad de MP = 1 unidad de producto terminado) con un costo de 93 000 pesos a producto terminado y de ahí se transfirieron a costo de ventas. El costo unitario del producto terminado es de 6.2 pesos (93 000 pesos/15 000).

    Inventario inicial de materia prima
+ Compras de materia prima
= Materia prima disponible para su uso
− Inventario final de materia prima
= Materia prima utilizada en producción
+ Mano de obra utilizada
+ Costos indirectos
= Total de costos de manufactura
+ Inventario inicial de productos en proceso
= Total de costos en proceso
− Inventario final de productos en proceso
= Costo de artículos terminados
+ Inventario inicial de productos terminados
= Costo de artículos disponibles para la venta
− Inventario final de productos terminados
= Costo de ventas

Ilustración 2.5
Estado de costos de
producción y ventas.

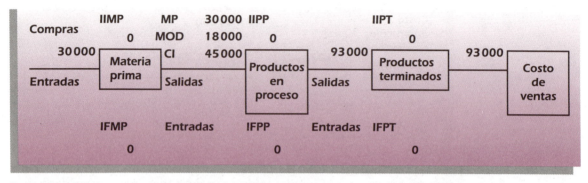

Ilustración 2.6
Determinación del
costo de ventas de
Produfácil (caso 1).

La información contenida en las cajas de costos se presenta en el estado de costo de producción y ventas, como se muestra en la ilustración 2.7.

En realidad, es poco probable que todo lo que se empiece en un periodo se termine, pues en el curso del proceso productivo se inician y terminan unidades todos los días. En el mes de febrero de 20X7, Produfácil inició nuevamente 15 000 unidades. Sin embargo, no todas las unidades que se iniciaron fueron terminadas y no todas las unidades que se terminaron fueron vendidas.

En este caso, el almacén de materia prima compró 22 500 unidades a 2 pesos cada una y surtió al departamento de producción 15 000 unidades valuadas a 30 000 pesos (2 pesos cada una) por lo que se iniciaron 15 000 unidades en producción y se agregaron 16 200 pesos de mano de obra directa (13 500 horas a 1.2 pesos cada hora) y 40 500 de CI (13 500 horas a 3 pesos cada hora). Debido a la cantidad de horas trabajadas, sólo fue posible terminar

Produfácil
Estado de costo de producción y ventas
al 31 de enero de 20X7

Inventario inicial de materia prima	$ 0
+ Compras de materia prima	30 000
= Materia prima disponible para su uso	30 000
− Inventario final de materia prima	0
= Material directo utilizado en producción	30 000
+ Mano de obra utilizada	18 000
+ Costos indirectos	45 000
= Total de costos de manufactura	93 000
+ Inventario inicial de productos en proceso	0
= Total de costos en proceso	93 000
− Inventario inicial de productos terminados	0
= Costo de artículos disponibles para la venta	93 000
− Inventario final de productos terminados	0
= **Costo de ventas**	**$ 93 000**

Ilustración 2.7
Estado de costos de
producción y ventas
(caso 1).

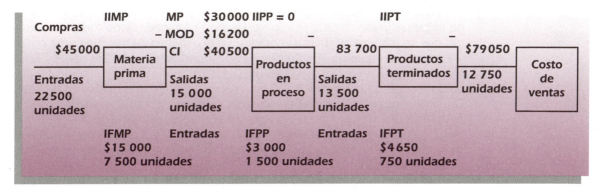

Ilustraciòn 2.8
Determinación del costo de ventas de Produfácil (caso 2).

13 500 unidades. Entonces son 13 500 unidades las que tienen materia prima, mano de obra y CI mientras que las 1 500 restantes sólo tienen materia prima, por lo que quedan en el inventario final de productos en proceso valuadas en 3 000 pesos (1 500 unidades * 2 pesos cada una). Las 13 500 unidades terminadas fueron valuadas en 83 700 y son transferidas al almacén de producto terminado a un costo unitario de 6.20 pesos.

En el inventario de producto terminado se da salida a 12 750 unidades valuadas en 79 050 pesos. Estas unidades pasan a formar parte del costo de ventas. El inventario final de producto terminado fue de 750 unidades valuadas en 4 650 pesos, es decir a 6.20 pesos cada una.

Si la información contenida en la ilustración 2.8 es colocada en el estado de costo de producción y ventas, quedaría como se muestra en la ilustración 2.9.

Produfácil
Estado de costos de producción y ventas
al 28 de febrero de 20X7

	Inventario inicial de materia prima	$ 0
+	Compras de materia prima	45 000
=	Materia prima disponible para su uso	45 000
−	Inventario final de materia prima	15 000
=	Material directo utilizado en producción	30 000
+	Mano de obra utilizada	16 200
+	Costos indirectos	40 500
=	Total de costos de manufactura	86 700
+	Inventario inicial de productos en proceso	0
=	Total de costos en proceso	86 700
−	Inventario final de productos en proceso	3 000
=	Costo de artículos producidos	83 700
+	Inventario inicial de productos terminados	0
=	Costo de artículos disponibles para la venta	83 700
−	Inventario final de productos terminados	4 650
=	**Costo de ventas**	**$ 79 050**

Ilustraciòn 2.9
Estado de costos de producción y ventas (caso 2).

En el mes de marzo de 20X7 ya existían inventarios iniciales y, una vez más, no todas las unidades que se iniciaron fueron terminadas y no todas las unidades que se terminaron fueron vendidas. En el almacén de materia prima existía un inventario inicial de 15 000 pesos correspondiente a 7 500 unidades. En el mes se compraron 8 250 unidades a 2 pesos cada una y se transfirieron 14 250 unidades con un costo de 28 500 pesos al inventario de productos en proceso. Durante este proceso existe un inventario inicial de 1 500 unidades con un costo de 3 000 pesos. Aquí se agregan 14 400 pesos de mano de obra y 36 000 de CI, y como cada unidad lleva 1.2 pesos de MOD y 3 de CI, con lo que sólo alcanzan a ser terminadas 12 000 unidades, en las restantes no se inicia su transformación.

Por lo tanto, sólo 12 000 unidades tienen materia prima, mano de obra directa y CI, mientras que en el inventario final de productos en proceso quedan 3 750 (14 250 u iniciales + inventario inicial de 1 500 – 12 000 terminadas) unidades que sólo contienen materia prima valuada en 7 500 (2 pesos cada una). De manera que son transferidas 12 000 unidades a 74 400 (12 00 u MPa 2.00 + 14 400 de MOD y 36 000 de CI) pesos a producto terminado, a un costo unitario de 6.20 pesos.

En el inventario de producto terminado existe un inventario inicial de 750 unidades, con un costo de 4 650 pesos más la transferencia de las 12 000 unidades a 74 400 pesos de producto en proceso. Al final del periodo, se determinó que el inventario final de producto terminado fue de 300 unidades a 1 860 pesos. Las unidades vendidas fueron transferidas al costo de ventas (12 450 unidades a 6.20 pesos con un costo de 77 190 pesos). En las cajas de acumulación de costos esta información quedaría reflejada como se muestra en la ilustración 2.10.

En el estado de costo de producción y ventas se reflejarían los datos de la ilustración 2.11.

Como se observa en el ejemplo de la ilustración 2.11, el costo de ventas en el mes de marzo es de 77 190 pesos. Para el cálculo del costo de ventas se tomaron como inventarios iniciales los inventarios finales del mes inmediato anterior. En este ejemplo, se considera que no ha habido cambios en los precios de los insumos utilizados en la producción. No se ha comparado el CI aplicado (36 000 pesos en este mes) con el CI real de la cuenta CI control que

Ilustración 2.10
Determinación del costos de ventas.

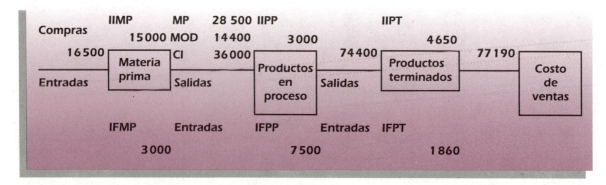

Produfácil
Estado de costo de producción y ventas
al 31 de marzo de 20X7

	Inventario inicial de materia prima	$ 15 000
+	Compras de materia prima	16 500
=	Materia prima disponible para su uso	31 500
–	Inventario final de materia prima	3 000
=	Material directo utilizado en producción	28 500
+	Mano de obra utilizada	14 400
+	Costos indirectos	36 000
=	Total de costos de manufactura	78 900
+	Inventario inicial de productos en proceso	3 000
=	Total de costos en proceso	81 900
–	Inventario final de productos en proceso	7 500
=	Costo de artículos producidos	74 400
–	Inventario inicial de productos terminados	4 650
=	Costo de artículos disponibles para la venta	79 050
–	Inventario final de productos terminados	1 860
=	**Costo de ventas**	**$ 77 190**

Ilustración 2.11
Estado de costos de producción y ventas.

fue de 42 000 pesos. Ante ello, existen dos opciones: mandar esta diferencia al costo de ventas o repartir proporcionalmente la diferencia entre las unidades de inventarios y costo de ventas.

Ajuste de la sub o sobreaplicación de CI al costo de ventas

Si se mandara la diferencia en CI de 6 000 pesos al costo de ventas, el saldo final o costo de ventas ajustado sería de 83 190 (77 190 + 6 000). En este caso existió una subaplicación de CI, pues se aplicaron 6 000 pesos menos de los que realmente fueron gastados. Si el total de CI real hubiera sido 30 000 pesos, el resultado sería una sobreaplicación de CI, en cuyo caso se hubieran aplicado 6 000 pesos más de la cantidad real y el total de costo de ventas ajustado sería de 71 190 pesos (77 190 – 6 000).

Ajuste de la sub o sobreaplicación de CI al costo de ventas y a los inventarios finales

En el caso de que la sub o sobreaplicación de CI sea significativamente grande, es conveniente buscar una forma de repartir esa diferencia entre las cuentas que han sido afectadas por la inadecuada asignación del costo indirecto. Estas cuentas son:

- Inventarios finales de productos en proceso.
- Inventario final de productos terminados.
- Costo de ventas.

Un criterio para repartir la sub o sobreaplicación del costo indirecto se basa en las unidades equivalentes de producción. Este criterio toma en consideración que las unidades que se encuentran en el inventario de productos en proceso no merecen el mismo tratamiento que las unidades que están en productos terminados o que pasaron a formar parte del costo de ventas, pues éstas son unidades totalmente terminadas. Este procedimiento para repartir la sub o sobreaplicación del costo indirecto será explicada más a detalle al tratar el tema de costos por procesos.

Cuando se utiliza una herramienta computacional al aplicar un sistema de costos, es posible hacer un seguimiento específico del error y ajustarlo adecuadamente a las cuentas de inventarios y al costo de ventas. Sin embargo, utilizar una aproximación puede darnos resultados muy cercanos al valor real obtenido mediante una identificación específica. Un criterio para repartir el valor de la sub o sobreaplicación del costo indirecto se basa en el tamaño del saldo de la cuenta de los inventarios y el costo de ventas. De esta forma, la cuenta que tenga un saldo mayor recibirá la mayor proporción de sub o sobreaplicación. Para efectos de ilustrar este método consideraremos los datos de Produfácil al final del mes de marzo:

	Saldo	Porcentaje
Inventario final de productos en proceso	$7 500	8.6655%
Inventario final de productos terminados	1 860	2.1490%
Costo de ventas	77 190	89.1855%
Total	**$86 550**	**100%**

La subaplicación ocurrida en el mes de marzo, se repartirá proporcionalmente a las cantidades finales de los inventarios de productos en proceso, productos terminados y costo de ventas

	Saldo	Porcentaje	Ajuste
Inventario final de productos en proceso	$7 500	8.6655%	$519.93
Inventario final de productos terminados	1 860	2.1490%	128.94
Costo de ventas	77 190	89.1855%	5 351.13
Total	**86 550**	**100%**	**6 000.00**

La cantidad a ajustar para la cuenta de inventarios de productos en proceso fue de 519.93 pesos y fue calculada al multiplicar el total de sub o sobreaplicación de CI de 6 000 pesos por el porcentaje calculado anteriormente (7 500/86 550). El mismo cálculo se hace con las demás cuentas y el total de la sub o sobreaplicación de CI debe ser igual a 100%. El ajuste hará que el saldo de las cuentas de inventario de productos en proceso, productos terminados y costo de ventas tengan un valor mayor al que mostraban originalmente. El saldo de la cuenta de inventario de productos en proceso será de 8 019.93 pesos (7 500 + 519.93), el saldo de la cuenta de inventario de productos terminados será de 1 988.94 (1 860 + 128.94) pesos y el saldo final del costo de ventas 82 541.13 pesos (77 190 + 5 351.13). Lo que se está corrigiendo es el saldo final, que debe aparecer en el balance general y en el estado de resultados, no es necesario hacer ajustes a las demás cuentas que integran el estado de costo de producción y ventas.

Resumen conceptual

En un negocio dedicado a la producción de artículos, es necesaria la aplicación de técnicas y herramientas que permitan calcular el costo de los productos de acuerdo con los insumos utilizados en el proceso productivo. En respuesta a esta necesidad surge la contabilidad de costos, en la cual se consideran como elementos del costo de un producto: la materia prima, la mano de obra y los costos indirectos. Los costos indirectos no se conocen al inicio del proceso productivo, por lo que se hace una estimación de ellos mediante una tasa predeterminada de CI. El CI que se aplica a los productos se le llama CI aplicado. Por otro lado, al costo indirecto en el que realmente se incurre a través del periodo se le reconoce en la cuenta llamada CI control. Al final del periodo es necesario comparar las cuentas de CI control y CI aplicado para ajustar la diferencia entre ellas al costo de ventas y/o a los inventarios de productos en proceso y productos terminados.

El costo se acumula a los productos a medida que avanzan en el proceso productivo. El costo empieza a acumularse con la materia prima y continúa haciéndolo al invertírsele mano de obra. La aplicación de la mano de obra no hubiera sido posible si no se tuvieran los elementos necesarios para trabajar, como lo es la misma planta y los accesorios indispensables. El costo indirecto engloba el total de recursos necesarios para mantener la planta en funcionamiento.

Para hacer más explícito el flujo de costos a través de los inventarios, se utilizan las cajas de acumulación de costos. La estructura de las cajas de acumulación de costos se basa en la siguiente fórmula:

$$\text{Saldo inicial} + \text{Entradas} - \text{Salidas} = \text{Saldo final}$$

El flujo de costos a través de los inventarios se resume en el estado de costo de producción y ventas, que es el reporte formal en el que se presenta la información de costos.

Apéndice de asientos contables

Contabilización de las diferencias entre CI real y estimado

La diferencia entre los saldos de las cuentas de CI control y de CI aplicado se registra como un CI subaplicado (débito) o sobreaplicado (crédito). Una sobreaplicación de CI significa que el CI aplicado a las unidades en ese periodo superan al CI control. Una subaplicación de CI significa que el CI aplicado a las unidades en el periodo es menor que el CI control. Cuando la subaplicación o sobreaplicación no son significativas, su saldo debe ser cargado directamente al costo de ventas. Cuando la subaplicación o sobreaplicación sean significativas, deberán ser cargadas a los inventarios de productos en proceso, productos terminados y costo de ventas.

Los costos indirectos reales se incurren durante el periodo contable y se cargan periódicamente en el libro de mayor en la cuenta de CI control. Cada vez que se realiza un gasto de fabricación se carga a la cuenta de CI control y se abona aumentando un pasivo o restando un activo.

Por otro lado, los costos indirectos se aplican a medida que la producción se desarrolla, cargando al inventario de productos en proceso y abonando a la cuenta de CI aplicado. La cantidad a ser utilizada en el cálculo del CI aplicado es la que se calcula con base en la tasa predeterminada de costos indirectos.

1. El asiento contable para registrar el CI real en la cuenta de CI control es el siguiente:

CI Control	XXXX	
Cuenta por pagar o efectivo		XXXX

2. El asiento contable para registrar el CI aplicado es el siguiente:

Inventario de productos en proceso	XXXX	
CI aplicado		XXXX

Ejemplo

En este capítulo se mostró el flujo de costos a través de los inventarios, el cual también aparece en asientos contables. A continuación se presenta el registro de las transacciones de Produfácil del mes de marzo de 20X7. Primero fue necesario registrar las compras de materia prima. En marzo se compraron 8 250 unidades de materiales a 2 pesos cada unidad. Si estas compras fueron hechas a crédito, el asiento contable necesario para registrar la compra es:

Inventario de materia prima	16 500	
Cuentas por pagar		16 500

Se compró material a Regia con condiciones 2/10 n/30 (8 250 unidades a 2 pesos c/u).

Cuando se enviaron materiales al departamento de producción se hizo el siguiente asiento para registrar la requisición de materiales.

Inventario de producto en proceso	28 500	
Inventario de materia prima		28 500

Se enviaron 14 250 unidades de materia prima al proceso productivo.

Para incluir el costo de la mano de obra a los productos se realizó el siguiente asiento contable:

———— • ————

| Inventario de producto en proceso | 14 400 | |
| Gasto por sueldo | | 14 400 |

Se reconoce el gasto de mano de obra utilizada en la producción.

———— • ————

| Inventario de producto en proceso | 36 000 | |
| CI aplicado | | 36 000 |

Para reconocer el CI aplicado a la producción

———— • ————

| Inventario de productos terminados | 74 400 | |
| Inventario de producto en proceso | | 74 400 |

Para reconocer la salida de los artículos que se terminaron en los departamentos de produccción y mostrarlos en el inventario de productos terminados.

Si en el negocio se lleva el método de registro de inventarios periódico se lleva a cabo un recuento físico y se debe realizar el siguiente asiento para registrar la venta de mercancías y actualizar la cantidad de inventario de productos terminados.

———— • ————

| Costo de ventas | 77 190 | |
| Inventario de producto terminado | | 77 190 |

Para actualizar el saldo del inventario de productos terminados y reconocer el costo de venta.

Si se utiliza el método de registro del inventario perpetuo, la cuenta de costo de ventas no será reconocida, sino que debe ser calculada en el estado de costo de producción y sólo se actualizarán los inventarios al realizar los asientos de cierre al final del periodo contable.

Cuestionario integral

C.2.1. El costo incurrido por una empresa comercial o de manufactura para obtener ingresos se conoce con el nombre de:

    a)   Costo de artículos terminados.
    b)   Costo de ventas.
    c)   Costo de producción.
    d)   Costo directo.

C.2.2. Si en una empresa el cálculo del costo de ventas no es más que la identificación o asignación de valores a las mercancías vendidas, estamos hablando de una empresa de:

a) Manufactura.
b) Comercial.
c) Servicios.
d) Extractiva.

C.2.3. La fábrica Tamasa tiene un inventario compuesto del costo de artículos que aún no han sido terminados al final del periodo. A este inventario puede llamársele:

a) Materia prima.
b) Productos en proceso.
c) Productos terminados.
d) Los incisos *a)* y *b)*.

C.2.4. ¿Cuáles son todos los elementos que componen al costo de producción?

a) Costos primos.
b) Costos de conversión.
c) Materia prima directa.
d) Los incisos *b)* y *c)*.

C.2.5. Para la elaboración de 1 000 cuadernos se necesitaron 800 pliegos de papel bond con un costo de 2.50 pesos cada uno y 3 litros de pegamento con un costo de 12 pesos la unidad. El pegamento, de acuerdo con sus características, debe ser considerado como:

a) Materia prima directa.
b) Materia prima indirecta.
c) Materia prima semidirecta.
d) Ninguna de las anteriores.

C.2.6. El costo de las horas que un supervisor dedica al monitoreo de la producción de línea de ensamble de una fábrica de automóviles debe ser considerado como:

a) Mano de obra directa.
b) Gasto administrativo.
c) Mano de obra indirecta.
d) Costo de la planta.

C.2.7. El gerente de producción de la empresa purificadora de agua Benedicta, no sabe cómo clasificar los costos que no pueden ser cuantificados en forma individual dentro de los productos, como la luz y el desgaste de la maquinaria. ¿Cuál es su clasificación?

a) Costo indirecto.
b) Costo directo.
c) Costo de materia prima.
d) Costo primo.

C.2.8. El inventario que se ve aumentado por las compras de materias y sus gastos de compra, y disminuido por el envío de éstos a los departamentos productivos es:

a) Inventario de productos en proceso.
b) Inventario de productos terminados.
c) Inventario de materia prima.
d) Los incisos a) y c).

C.2.9. La fábrica mueblera Sofá, que realizó compras en todo el año por 300 000 pesos, tenía un inventario inicial de 35 000 pesos, y utilizó 285 000 pesos de materiales para la producción de su línea *borsuf*. ¿Cuál es el costo del inventario final de materia prima?

a) 50 000 pesos.
b) 60 000 pesos.
c) 55 000 pesos.
d) 20 000 pesos.

C.2.10. Si al costo de ventas se suma el inventario final de productos terminados y se resta el inventario inicial de productos terminados se obtiene:

a) Costo de producción.
b) Costo de artículos terminados.
c) Inventario de productos en proceso.
d) Inventario de artículos terminados.

C.2.11. Cuando una empresa sólo elabora un producto, ¿qué base es la más recomendable para calcular la tasa predeterminada de CI y estimar el costo del mismo?

a) Horas-hombre.
b) Pesos de MOD.
c) Horas-máquina.
d) Unidades físicas terminadas.

C.2.12. En caso de que la sub o sobreaplicación de CI sea significativamente grande, ¿adónde se debe asignar esta diferencia?

a) Costo de ventas.
b) Inventarios finales de productos en proceso y productos terminados.
c) Costo de producción.
d) Los incisos a) y b).

C.2.13. ¿En qué reporte se resume mejor el flujo de costos a través de los inventarios?

a) Estado de resultados.
b) Estado de costo de producción y ventas.

c) Balance general.
d) Flujo de efectivo.

C.2.14. En el mes de mayo la fábrica Danfer vendió 25 000 carpetas. Tenía disponibles 40 000 carpetas y el inventario final de producto terminado de abril era de 10 000 unidades. ¿Cuántas carpetas se terminaron en este periodo?

a) 30 000
b) 50 000
c) 35 000
d) Ninguna cantidad.

C.2.15. Cartones de Hidalgo es una empresa que se dedica a la elaboración de cajas para computadora. En el mes de julio inició la producción de 10 000 cajas. Se sabe que cada caja requiere 1 peso de materia prima y 1.50 de costos de conversión. En el mes, la mano de obra que se agregó al proceso de producción fue de 6 000 pesos y el costo indirecto de 3 000 pesos. Si sólo existe un inventario final de productos en proceso valuado en 4 000 pesos, ¿cuál es la cantidad máxima de cajas que podrían terminarse?

a) 2 667
b) 6 000
c) 1 600
d) 4 400

C.2.16. Con referencia al problema anterior, ¿cuál es el costo de ventas de Cartones de Hidalgo si existe un inventario final de producto terminado de 1000 cajas?

a) 7 500 pesos.
b) 10 000 pesos.
c) 12 500 pesos.
d) 8 500 pesos.

C.2.17. Electrónicos, empresa manufacturera, presupuestó las siguientes ventas para los meses indicados:

	Junio 20X1	Julio 20X1	Agosto 20X1
Ventas a crédito	$1 500 000	$1 600 000	$1 700 000
Ventas al contado	200 000	210 000	220 000
Total de ventas	1 700 000	1 810 000	1 920 000

La razón de utilidad bruta a ventas es de 20%. Los inventarios iniciales de producto terminado de cualquier mes representan 30% del costo de ventas proyectado para dicho mes. La mano de obra directa representa 20% del costo de los artículos terminados, y la materia prima, 50%. No existen inventarios iniciales ni finales de productos en proceso. ¿Cuál es el costo de ventas estimado para el mes de junio 20X1?

a) 1 530 000 pesos.
b) 1 275 000 pesos.
c) 1 190 000 pesos.
d) 1 360 000 pesos.

C.2.18. Con referencia al problema 17, ¿cuál es el costo de los artículos terminados del mes de julio de 20X1?

a) 1 605 500 pesos.
b) 1 382 250 pesos.
c) 1 474 400 pesos.
d) 1 386 400 pesos.

C.2.19. Con referencia al problema 17, ¿cuál es el costo de la materia prima del mes de julio de 20X1?

a) 737 200 pesos.
b) 294 880 pesos.
c) 442 230 pesos.
d) 693 200 pesos.

C.2.20. A continuación se presenta un presupuesto de costos indirectos y una estimación del volumen de producción de Sofá, fabricante mueblero, para 20X2:

Costos indirectos de fabricación variables	$200 000
Costos indirectos de fabricación fijos	160 000
Horas de mano de obra directa	100 000
Horas-máquina	320 000

Suponga que la empresa aplica los costos indirectos fijos sobre la base de horas máquina y los costos indirectos variables sobre la base de horas de mano de obra directa. Al 31 de diciembre sólo faltaban de terminar 10 muebles, a los cuales se les había asignado materiales directos por 10 000 pesos y mano de obra directa por 15 000. Estos 10 muebles requieren 5 000 horas de mano de obra directa y 8 000 de horas-máquina. Determine el saldo de productos en proceso al 31 de diciembre de 20X2.

a) 39 000 pesos.
b) 42 500 pesos.
c) 36 000 pesos.
d) 38 000 pesos.

Problemas

P.2.1. Complete el estado de costo de producción y ventas que se presenta a continuación. El CI es igual a 2.25 veces la MOD. El inventario final de un periodo es el inicial del siguiente. El almacén de materias primas no incluye la materia prima indirecta.

Estado de costos de producción y ventas

	Enero	Febrero	Marzo	Abril	Mayo
Inventario inicial de materias primas	$300				$350
+ Compras netas	900		$780	$660	835
− Inventario final de materias primas		$320	275		
= Materia prima utilizada en producción	900				
+ Inventario inicial de productos en proceso	890		770		570
+ Mano de obra	500				
+ Costo indirecto		900			1 200
− Inventario final de productos en proceso	520		650		487
= Costo de artículos terminados			3 100	2 850	
+ Inventario inicial de productos terminados	780			490	1 620
= Artículos terminados disponibles para la venta		3 780	3 500		
− Inventario final de productos terminados	440				1 302
= Costo de ventas					**2 886**

P.2.2. Complete el siguiente estado de costo de producción y ventas. El costo indirecto se aplica a razón de 90 centavos por cada peso aplicado de mano de obra. El inventario final de un periodo es el inicial del siguiente.

Estado de costos de producción y ventas

	Enero	Febrero	Marzo	Abril	Mayo
Inventario inicial de materias primas			$1 030	$1 190	$1 274
+ Compras netas	$2 040		2 048	1 580	
− Inventario final de materias primas	920				1 120
= Materia prima utilizada en producción	1 960				
+ Inventario inicial de productos en proceso	1 692	1 668			
+ Mano de obra		1 260			1 140
+ Costo indirecto			1 312		
− Inventario final de productos en proceso		1 720	1 874	1 856	1 738
= Costo de artículos terminados		3 616	5 246	3 646	
+ Inventario inicial de productos terminados	2 860				2 564
= Artículos terminados disponibles para la venta	6 600	5 930			
− Inventario final de productos terminados		2 842	2 960		3 130
= Costo de ventas	**3 874**		**3 680**	**3 672**	**3 970**

P.2.3. Telas Originale se dedica a la fabricación de bordados. Durante el mes de agosto de 20X2 la compañía inició la producción de 30 000 bordados. Cada bordado lleva 8 pesos de materia prima, 12 de mano de obra directa y 4 de costo indirecto. En ese mes, la empresa no manejó inventarios iniciales ni finales. De acuerdo con lo anterior, indique cuál es el flujo de costos a través de los inventarios de materia prima, productos en proceso y productos terminados hasta llegar al costo de ventas. Utilice las cajas de acumulación de costos.

P.2.4. En octubre del mismo año, Telas Originale, que inició 20 000 unidades (la relación es I unidad de MP = I unidad de producto terminado), tenía inventarios iniciales de materiales por 45 000 pesos y al final contaba con un inventario de materiales de 4 000 unidades. El inventario inicial de productos en proceso de 10 000 unidades, valuadas en 240 000 pesos, contiene materiales valuados en 80 000 pesos, mano de obra por 90 000 y 30 000 de costo indirecto. El inventario final de productos terminados está valuado en 84 000 pesos. Suponga que los inventarios no mencionados no existen y que no hubo cambios en los costos de los recursos utilizados en la producción.

　　a) ¿Cuál sería el saldo final en pesos de inventarios de materiales y de inventarios de productos en proceso de octubre?
　　b) ¿Cuál es el costo de las compras realizadas en octubre?
　　c) ¿Cuál es el costo de los artículos terminados en octubre?
　　d) ¿Cuántas unidades fueron vendidas en octubre?

P.2.5. En noviembre del mismo año, Telas Originale inició 25 000 unidades, las mismas que termina. Se contaba con los materiales no utilizados en la producción del mes anterior. En este mes, la mano de obra es pagada a razón de 9 pesos por unidad y el nuevo precio del material es de 14 pesos, en tanto que la tasa de costo indirecto es la misma utilizada en periodos anteriores. El inventario final de productos terminados es de 1 000 unidades y el inventario final de materiales es de 2 000 unidades. Asuma que los inventarios no mencionados son cero.

　　a) Suponga que se utiliza PEPS para valuar inventarios. ¿Cuál sería el saldo final de inventarios de productos en proceso de noviembre?
　　b) Suponga que se utiliza PEPS para valuar inventarios. ¿Cuál sería el saldo final de inventarios de materiales en noviembre?
　　c) Suponga que se utiliza PEPS para valuar inventarios. ¿Cuál es el costo de los artículos terminados en noviembre?
　　d) Suponga que se utiliza PEPS para valuar inventarios. ¿Cuál es el costo de ventas en noviembre?
　　e) ¿Cuál es el costo de las compras de materiales en noviembre?
　　f) ¿Cuánto se aplicó de mano de obra en el mes?
　　g) ¿Cuál sería el costo de ventas en noviembre si se utiliza el método del costo promedio ponderado?

P.2.6. Especialidades Bravo utiliza un sistema de costeo normal. Los costos indirectos presupuestados para el departamento de ensamble en 20X2 consistían en las siguientes partidas:

Cuenta	Presupuesto 20X2
Salarios de supervisores	$15 000
Refacciones y materiales varios	13 000
Depreciación de equipo de fábrica	56 000
Renta de local de fábrica	6 000
Accesorios de máquinas	9 000
Reparaciones y mantenimiento	21 000

De acuerdo con el volumen presupuestado de producción, las horas presupuestadas de mano de obra directa para 20X2 son 40 000 con un costo estimado de 160 000 pesos. De acuerdo con la información presentada:

a) Calcule la tasa predeterminada de costos indirectos para 20X2, utilizando las horas de mano de obra directa como base de aplicación.
b) Calcule la tasa predeterminada de costos indirectos para 20X2, utilizando el costo de la MOD como base de aplicación.
c) Calcule una tasa predeterminada de costos indirectos para 20X2, utilizando horas-máquina como base de aplicación. Suponga que en la empresa hay capacidad para trabajar 15 000 horas-máquina.
d) ¿Cuál será el costo más alto asignado a la producción, el calculado utilizando la tasa con base en mano de obra o con base en horas-máquina? Suponga una producción de 3 000 unidades que llevan 10 horas de mano de obra y 5 horas-máquina.

P.2.7. La siguiente información fue recopilada de los registros contables de La Balata Plateada, para el año que termina el 31 de diciembre de 20X7:

Saldos al	1/1/X7	31/12/X7
Inventario de materias primas	$100 000	$ 84 000
Inventario de productos en proceso	76 000	96 000
Inventario de productos terminados	50 000	103 000
Gastos acumulados en el periodo		
Mano de obra directa	$350 000	
Impuestos sobre la renta	390 620	
Mano de obra indirecta	240 250	
Comisiones de ventas	260 750	
Compras de materiales	900 000	
Servicios públicos fábrica	147 000	
Gastos de publicidad	75 000	
Depreciación de la fábrica	505 300	
Mantenimiento de equipo fábrica	75 450	

La Balata Plateada utiliza un sistema de costeo normal. En el periodo actual, los CI se aplicaron a los productos a razón de 4 pesos por cada peso cargado de mano de obra directa. Los datos proporcionados arriba se presentan con la finalidad de calcular la siguiente información:

a) Estado de costo de producción y ventas para 20X7.
b) Diferencia entre los CI reales y los CI aplicados, determinando si existe una sub o sobreaplicación.

P.2.8. Con base en la información de La Balata Plateada en el ejercicio anterior, se pide:

a) Determine el costo de ventas ajustado si la sub o sobreaplicación es ajustada totalmente al costo de ventas.
b) Realice los asientos contables para reconocer el ajuste de la sub o sobreaplicación al costo de ventas.
c) Determine el valor de los inventarios finales si la sub o sobreaplicación es ajustada al costo de ventas y a los inventarios.
d) Realice los asientos contables para reconocer el ajuste de la sub o sobreaplicación al costo de ventas y a los inventarios.

P.2.9. La siguiente información es el resumen de las cuentas de mayor de Colosal.

Colosal
Balanza de comprobación ajustada
al 31 de marzo dE 20X6

	Debe	Haber
Efectivo	$ 8 800	
Cuentas por cobrar	11 200	
Inventario de materias primas (1/3/06)	5 000	
Inventario de productos en proceso (1/3/06)	3 600	
Inventario de productos terminados (1/3/06)	6 600	
Propiedad, planta y equipo	314 000	
Depreciación acumulada		$115 000
Crédito bancario		38 400
Capital social		140 000
Utilidades retenidas		54 600
Ventas		219 000
Compras de materiales	58 400	
Mano de obra directa	60 300	
Costos indirectos reales	38 200	
Gastos de ventas	19 900	
Gastos de administración	14 000	
Gastos financieros	3 000	
Impuesto	24 000	
Totales	**567 000**	**567 000**

La compañía fabrica zapatos deportivos. En el mes de marzo se vendieron 650 pares a 700 pesos cada uno. Al 31 de marzo quedaban 150 unidades en existencia en el inventario de productos terminados, 3 700 pesos en el inventario de productos en proceso y 20 000 pesos de inventario de materias primas. Colosal determina los costos unitarios de artículos terminados que quedaron al final.

Se pide:

a) El costo unitario de los artículos terminados.
b) El costo total asignado al inventario final de productos terminados.
c) El estado de costo de producción y ventas. Para la valuación de inventarios utilice el método de promedio ponderado.
d) El estado de resultados del 1 al 31 de marzo de 20X6.

P.2.10. La compañía MGG fabrica mostradores comerciales. Con base en la siguiente información, elabore un Estado de costo de producción y ventas para el año que termina el 31 de diciembre de 20X8:

a) Se posee la siguiente información relacionada con inventarios:

	1/1/X8	**31/12/X8**
Inventario de materias primas	$26 918	$43 440
Inventario de productos en proceso	33 585	15 511
Inventario de producto terminado	59 506	64 397

b) Los saldos acumulados en el año fueron los siguientes:

Compras de materias primas	$150 932
Ventas netas	350 250
Mano de obra directa	97 420
Mano de obra indirecta	80 029
Materiales indirectos	12 865
Seguro de incendio, fábrica	32 895
Devoluciones y rebajas sobre compras	4 560
Descuentos sobre compras	1 400
Depreciación maquinaria	4 195
Depreciación local fábrica	7 350
Cuentas por pagar, 31 de diciembre de 20X8	2 500

P.2.11. ABS se dedica a la venta de componentes electrónicos para microcomputadoras y utiliza un sistema de costeo normal aplicando el costo indirecto a una tasa de 2 pesos la hora de mano de obra. Para efectos de calcular el costo de ventas del año de 20X1 se reunió la siguiente información:

Inventarios	1/1/X3	31/12/X3
Materiales	$28 000	$12 000
Productos en proceso	10 000	52 000
Productos terminados	23 000	9 000
Compra de materiales	$98 000	
Mano de obra directa	$132 000 (26 400 horas)	

Costos indirectos incurridos durante 20X3

Materiales indirectos	$ 38 000
Mano de obra indirecta	90 000
Servicios públicos de fábrica	40 000
Depreciación de planta y equipo	36 000
Otros costos indirectos	62 000
Total de costos indirectos	**266 000**

Como encargado del departamento de costos se le pide calcular:

a) Costo indirecto aplicado.
b) Flujo de costos a través de los inventarios, para explicar a los nuevos empleados del departamento. Utilice cajas de costos.
c) Estado de costo de producción y venta.
d) Costos primos incurridos en el periodo.
e) Costos de conversión incurridos en el periodo.
f) Sub o sobreaplicación, y determinar si ésta debe ajustarse al costo de ventas o al costo de ventas y a los inventarios.

P.2.12. Los siguientes datos fueron recopilados de los registros contables de Fluidos A-1 para el año que terminó el 31 de diciembre de 20X1.

Inventarios	**31/diciembre/20X1**	**31/diciembre20X0**
Materiales y abastecimientos	$38 700	$42 500
Productos en proceso	23 000	21 000
Productos terminados	62 750	58 000

Se incluyó la siguiente información adicional respecto del año 20X1:

	Presupuesto	Real
Materiales y abastecimientos comprados	$265 000	$285 000
Requisiciones de materiales directos	$250 000	$248 500
Mano de obra directa	$268 000	$255 000
Mano de obra indirecta	$67 250	$72 250
Sueldos al personal de ventas	$118 400	$127 500
Energía de fábrica	$65 600	$63 750
Gastos de publicidad	$46 750	$42 900
Depreciación de la fábrica	$69 600	$68 250
Horas de mano de obra directa	60 000	61 500
Horas de mano de obra indirecta	25 000	23 500
Horas-máquina	40 000	42 000

Fluidos A-1 utiliza costos estimados y aplicó el costo indirecto con base en horas de mano de obra. Con la información presentada es necesario determinar:

a) Tasa de costo indirecto con base en horas de mano de obra.
b) Costo de producción para el año 20X1.
c) Sub o sobreaplicación de costo indirecto.
d) Tasa de costo indirecto con base en horas-máquina.
e) Sub o sobreaplicación de costo indirecto utilizando la tasa con base en horas-máquina.
f) Sub o sobreaplicación de costo indirecto.

Costeo
por órdenes

Capítulo

OBJETIVO GENERAL

Comprender en forma integral el funcionamiento del sistema de costos por órdenes y conocer las formas de trabajo aplicadas en este sistema para el control de costos de cada orden específica de trabajo, con el objeto de utilizar su información para calcular el costo de producción, y de ventas, así como para evaluar la base de cotización de precios.

OBJETIVOS ESPECÍFICOS

Al terminar de estudiar este capítulo, el alumno será capaz de:

- Comprender la necesidad en determinado tipo de negocios de llevar un sistema de costos por órdenes contable.
- Mencionar algunos ejemplos de empresas que pueden utilizar el sistema de costos por órdenes.
- Calcular el costo por unidad de los productos bajo el sistema de costos por órdenes, con tasas predeterminadas de costos indirectos, usando el costeo normal.
- Mencionar los aspectos que deben contabilizarse en el sistema de costos por órdenes con respecto a la materia prima.
- Explicar cada uno de los documentos que se utilizan para contabilizar el consumo de la materia prima, la mano de obra y los costos indirectos de fábrica.
- Explicar los diferentes tipos de desperdicio que existen.
- Definir en qué momentos se puede reconocer el desperdicio y qué tratamiento recibe en cada uno de ellos.
- Explicar los controles administrativos para contabilizar la materia prima, las tarjetas y boletas de tiempo, así como el contenido de la hoja de costos.

Necesidad del costeo por órdenes en determinado tipo de negocios

A principios del siglo xx surgió en la industria del automóvil el concepto de producción en serie. Bajo este concepto se fabrica a la vez un mismo producto en grandes cantidades. Por ello, no existe la opción de producir al gusto del cliente sino al gusto del mercado total. Este sistema de producción en serie revolucionó la industria y permitió a muchas compañías crecer hasta alcanzar grandes dimensiones y generar utilidades extraordinarias.

Sin embargo, aún existen algunos giros de negocios en los que el concepto de producción en serie no es aplicable debido a su bajo volumen de producción. Por ejemplo, el dueño de un automóvil antiguo tendría problemas en encontrar piezas para su auto si éste no fue muy comercial en su época. Si esta persona quiere conservar su automóvil funcionando tendrá que conseguir algunas piezas usadas y algunas otras las tendrá que acoplar de otros modelos, o bien, tendrá que buscar algún taller para que le fabriquen una pieza especial. Esta pieza especial tendrá un costo mayor que el de una pieza similar fabricada en serie para un modelo comercial. Aun así, el dueño del vehículo estará dispuesto a pagar el precio. En casos como éste, la pieza cumple con una necesidad específica pero no existe demanda para ella, por lo que no es necesario fabricar más de una pieza.

Dos factores que pueden justificar la fabricación de una orden especial de trabajo son la falta de disponibilidad en el mercado y/o cumplimiento de necesidad específica. Estas dos características hacen que algunos negocios puedan cargar un precio superior al del mercado y, aun sin las ventajas de la producción en serie, obtener utilidades. Los negocios que trabajan con base en pedidos especiales de producción necesitan un sistema de costos que se adapte a su sistema de producción. Su necesidad básica es distinguir de entre sus procesos el flujo de producción de cada orden de trabajo mediante el seguimiento del flujo de unidades de cada orden para hacer una acumulación de costos adecuada.

La forma más sencilla de hacer este seguimiento de órdenes de producción es llenar una hoja de costos al empezar cada orden de trabajo y nombrar un responsable de la misma. Esta hoja de costos debe acumular el total de materia prima, mano de obra y costos indirectos invertidos en cada orden. Aunque los formatos de las hojas de costos pueden cambiar de un negocio a otro, éstas deben contener esencialmente los datos que muestra la ilustración 3.1.

Para ilustrar el trabajo administrativo que tiene que realizarse bajo un sistema de costos por órdenes se utilizará el ejemplo de una orden de trabajo realizada por Laminados Carreón, empresa que se dedica a la producción de artículos de lámina con base en las especificaciones de sus clientes.

El 26 de septiembre de 20XX la compañía Lácteos Camp, solicitó una cotización para fabricar 75 contenedores de lámina con medidas de 1.57 metros de circunferencia y 0.8 metros de altura. Laminados Carreón entregó la cotización y ésta fue aceptada, por lo que se acordó entregar la orden a más tardar el 15 de octubre de 20XX. A este trabajo se le asignó el número de orden 7001 y se nombró a Sergio Carreón como encargado de supervisarlo. En la cotización de la orden se presupuestaron los siguientes recursos:

Nombre del cliente
Número de orden
Supervisor o encargado
Fecha de inicio
Fecha de terminación
Fecha esperada por el cliente

Requerimientos de materia prima
Identificación de materiales
Costo de los materiales
Cantidad de materiales invertidos a la orden
Costo total de los materiales

Requerimientos de mano de obra
Horas de mano de obra
Costo por hora de mano de obra
Costo total de mano de obra

Costos indirectos aplicados a la orden
Tasa o tasas de gastos de fabricación aplicables
Base de aplicación de las tasas
Total de costos indirectos aplicados

Costo total de la orden

Ilustración 3.1
Datos de identificación
de la orden.

- Materia prima requerida: 35 láminas de 1.6 metros × 2.10 metros, las cuales tienen un costo de 22.50 pesos cada una.
- Mano de obra directa: 80 horas con un costo de 4.5 pesos cada hora.
- Costos indirectos de fabricación: el CI se aplica en razón de 60% del costo de la mano de obra directa (4.5 pesos/hora × 0.6 = 2.7 pesos/hora).

El 2 de octubre de 20XX, para que la lámina pudiera salir del almacén de materiales, Sergio Carreón tuvo que llenar la requisición de materiales que se muestra en la ilustración 3.2.

Requisición de materiales núm.:				
Fecha de pedido: 27/09/20XX Departamento solicitante: Producción Requisición núm. 15498			Fecha de entrega: 27/09/20XX Aprobado por: Sr. González Entrega a: Sr. Carreón	
CANTIDAD	DESCRIPCIÓN	NÚMERO DE ORDEN DE TRABAJO	COSTO UNITARIO	COSTO TOTAL
35	Láminas	#7001	$22.50	$787.50
				SUBTOTAL: 787.50
Entregado por:_____		Recibido por: _____		TOTAL: $787.50

Ilustración 3.2
Formato de requisición
de materiales.

Boleta de trabajo

Orden de trabajo núm.: 7001   Depto.: Corte
Fecha: 27/09/20XX   Empleado: Gumersindo Martínez
Comienza: 8:00 am   Tasa sal: $4.50/hr
Termina: 1:00 pm   Total: $22.50
Total: 5 horas

Ilustración 3.3
Formato de boleta de trabajo.

Una vez hecha la requisición de materiales, éstos fueron enviados al proceso de corte, en donde se cortaron las láminas con las medidas necesarias para fabricar los contenedores. A medida que se cortaban las láminas se enviaban al proceso de ensamble en donde fueron dobladas y pegadas para formar los contenedores. Cada vez que un empleado trabajaba en la orden número 7001 llenaba una *boleta de trabajo* como la que se muestra en la ilustración 3.3.

El empleado llena la boleta de trabajo que sirve para controlar las horas que dedica el trabajador a una orden específica. El total de horas contenidas en las boletas de trabajo es el total de horas que se vacía a la hoja de costos de cada orden. Para el registro de la mano de obra existe otro documento llamado *tarjeta de tiempo*. Esta tarjeta sirve para registrar las horas de entrada y salida de cada trabajador con el fin de determinar el número de horas trabajadas semanalmente. La ilustración 3.4 es un ejemplo de una tarjeta de tiempo.

En la tarjeta de tiempo se indican las horas trabajadas semanalmente en la empresa. En la boleta se indican las horas dedicadas a una orden específica. Si el

Tarjeta de tiempo

Nombre de empleado: Gumersindo Martínez
Código del empleado: 254
Semana de: 27/09/XX al 1/10/XX

Dom.	Lun.	Mar.	Mie.	Jue.	Vie.	Sáb.
	8:00 a.m.	8:00 a.m.	8:00 a.m.	8:00 am	8:00 a.m.	
	1:00 p.m.	1:00 p.m.	1:00 p.m.	1:00 p.m.	1:00 p.m.	
	2:00 p.m.	2:00 p.m.	2:00 p.m.	2:00 p.m.	2:00 p.m.	
	5:00 p.m.	5:00 p.m.	5:00 p.m.	5:00 p.m.	5:00 p.m.	
	8	8	8	8	8	

Horas normales: 40
Horas extra: 0
Total: 40 horas

Ilustración 3.4
Formato de tarjeta de tiempo.

trabajador dedica todo su tiempo a trabajar en las órdenes, el número de horas de la tarjeta y la boleta de tiempo será el mismo. La diferencia entre las horas registradas entre ellas es registrada como horas de mano de obra indirecta.

El costo total incurrido en mano de obra fue de 360 pesos (80 horas con un costo de 4.50 pesos cada hora), según el total de horas sumadas de las boletas de trabajo. Una vez que se calculó el total de horas de mano de obra directa utilizadas en esta orden, se procedió a calcular la cantidad de costos indirectos que se debía aplicar a la orden de trabajo número 7001. El CI se aplicó a razón de 60% del costo de la mano de obra directa. La orden de trabajo fue terminada el 12 de octubre de 20XX y transferida al inventario de productos terminados para su entrega al cliente. En la ilustración 3.5 se muestra la hoja de costos utilizada para calcular el costo total de esta orden.

Hoja de costos

Orden número   7001
Cliente: Lácteos Camp
Supervisor: Sergio Carreón

Fecha de entrega esperada: 15/10/20XX
Fecha de inicio: 27/09/20XX
Fecha de terminación: 14/10/20XX

Materiales p.m.

Fecha	Núm. req.	Tipo	Cantidad	Costo unitario	Total
27/9/XX	498	169	10	$22.50	$225.00
30/9/XX	503	169	10	22.50	225.00
3/10/XX	518	169	5	22.50	112.50
					562.50

Mano de obra

Fecha	Horas	Tasa salarial	Total
1/10/XX	40	$4.50	$180
8/10/XX	30	4.50	135
15/10/XX	10	4.50	45
			360

Costo indirecto

Fecha	Horas	Tasa CI	Total
15/10/XX	10	$4.50	$108
1/10/XX	40	2.70	81
8/10/XX	30	2.70	27
15/10/XX	10	2.70	216
Costo total			**$1 138.50**

Ilustración 3.5
Formato de hoja de costos.

El 15 de octubre la orden número 7001 fue entregada a Lácteos Camp, la cual pagó el monto estipulado. Es importante recalcar que las hojas de trabajo son para uso interno, con la finalidad de ayudar al sistema de información contable y apoyar al control administrativo del negocio. En ningún momento se permite utilizar la información contenida en la hoja de costos a los clientes o a algún otro usuario. Los datos que contienen las hojas de trabajo se utilizan para la elaboración del estado de costo de producción y ventas en donde se obtiene el costo de ventas que se incluye en el estado de resultados.

Los asientos contables para registrar la acumulación de costos en un sistema de costos por procesos serán explicados posteriormente en el apéndice de asientos contables que se encuentra al final del capítulo.

Negocios de servicios

En los negocios de servicios se mantiene la necesidad de controlar el costo o consumo de recursos que se aplica a cada orden. Aunque no hay inventarios, en algunos casos se consumen materiales, mano de obra y costo indirecto. En algunos otros casos sólo mano de obra y costo indirecto o solamente costo indirecto. En estos negocios es necesario tener un control de los recursos asignados, por razones de control administrativo más que para asignar el costo. La falta de seguimiento provoca consumo innecesario de recursos y la insatisfacción del cliente, lo cual, finalmente, reduce las ventas.

Restaurantes

Normalmente se considera a los restaurantes como negocios de servicios. Sin embargo, utilizan los tres elementos del costo y entregan un producto tangible, al igual que en los negocios de manufactura. Por lo tanto, no son conceptualizados como negocios de manufactura por las siguientes razones:

- Su rápido proceso de producción no permite la existencia de inventarios de productos en proceso.
- Sus materiales son perecederos, por lo que la cantidad de inventarios de materiales es relativamente pequeño. En algunos casos, se opta por enviar a gastos el costo de la compra de los alimentos.

Sin embargo, se mantiene la necesidad de utilizar un sistema de control que permita evaluar el desempeño del personal del negocio. De acuerdo con el tamaño del restaurante y de su sistema de trabajo, se llevan a cabo asignaciones de órdenes de trabajo por meseros y por cocineros.

Aunque las órdenes llegan aleatoriamente, el proceso para realizar cada una de ellas es conocido, pues si no todas, la mayor cantidad de ellas se encuentran en el menú y no es necesario estimar para cada una de ellas la cantidad de tiempo o material requerido. La identificación de la orden empieza cuando los clientes entran al restaurante y eligen una mesa. Todo lo que ellos elijan será asignado a la mesa. Por lo general, los meseros tienen asignada una cantidad de mesas que deben atender, por lo que ellos son los responsables de dar seguimiento a las órdenes.

Asimismo, las órdenes de las mesas pueden ser asignadas a medida que llegan a los cocineros. Si cada cocinero marca cada una de las órdenes que trabajó, es posible evaluar el desempeño de cada uno de ellos. El desempeño de los meseros puede ser medido en función de la cantidad de mesas atendidas y de los comentarios de los clientes acerca del servicio y la comida.

Consultores

En otros negocios de servicios, como por ejemplo las firmas de consultoría, el proceso de costeo de una orden puede ser más parecido al de un negocio de manufactura. Por lo general, en este tipo de empresas el cliente acude con una necesidad específica de características distintas. Luego se hace una identificación del responsable del proyecto y las personas que lo llevarán a cabo. Es factible identificar los gastos relacionados con cada proyecto, como los viáticos y sueldo del personal directamente relacionado con cada uno de ellos. Al igual que en el caso de la empresa de manufactura, debe quedar claro qué es lo que el proyecto incluye y las responsabilidades de la firma. En los negocios de consultoría, el factor clave para maximizar utilidades es el estricto seguimiento del presupuesto del proyecto.

Por ejemplo, suponga que el administrador de un negocio de consultoría presupuesta invertir en uno de los proyectos a su cargo 300 horas, las que son acordadas con el cliente al inicio del proyecto. Suponga que el proyecto fue pactado a 450 pesos por hora y que la tasa de asignación de costo indirecto de la oficina sea de 225 pesos por hora. El sueldo promedio por hora de los profesionales involucrados en el proyecto es de 75 pesos por hora. Por lo tanto, se estima que el proyecto generará al despacho una utilidad de 45 000 pesos [(450 – 225 – 75) × 300]. Si para terminar el proyecto se invierten 375 horas, la utilidad será cercana a los 22 500 pesos. Cuando el despacho tenga exceso de capacidad, la utilidad real seguirá siendo 45 000 pesos, pues las 75 horas adicionales de ineficiencia serán tomadas del tiempo libre de los empleados. Cuando el despacho trabaja a un nivel de trabajo cercano al máximo, puede generarse el pago de sueldo por concepto de horas extra o de personal adicional, lo cual ocasionará desembolsos adicionales que disminuyen la utilidad. Adicionalmente, se pierde la oportunidad de tomar otros proyectos que contribuirían a aumentar la utilidad. En estos negocios es importante utilizar hojas de trabajo y boletas de tiempo para dar seguimiento y supervisar los proyectos.

Contabilización de los desperdicios

En el proceso de producción pueden generarse desperdicios de materias primas, de unidades en proceso o terminadas. Estos desperdicios pueden surgir como parte normal del proceso productivo, por problemas de producción, por problemas relacionados con la calidad de las materias primas o por descuidos del personal que labora en el negocio. Estos desperdicios pueden ser cargados al cliente o ser incluidos como parte de los gastos del negocio y disminuir utilidades. Como los desperdicios pueden llegar a formar cantidades importantes, es necesario definir criterios para el tratamiento y contabilización de los desperdicios de producción.

Desperdicios normales

Cuando el desperdicio es inevitable, se le conoce como desperdicio normal. En este caso los costos de estas unidades o material desperdiciado se consideran como costos de producción y se incluyen en el costo de las unidades producidas en buen estado, ya que de no generarse los desperdicios no habría unidades terminadas. Para ejemplificar este tipo de desperdicios retomemos el ejemplo de Laminados Carreón.

En el caso de la orden 7001 que realizó Laminados Carreón, debido a las medidas de los contenedores y al tamaño de las láminas, existió un desperdicio normal, o inevitable, de lámina, ya que cada contenedor mide 1.4523 m^2 y para realizar 75 contenedores se requieren de 108.9225 m^2 (1.4523 × 75). Las láminas miden 3.36 m^2 cada una y si se pretenden utilizar 35 láminas para la orden se debe contar con 117.60 m^2 para la producción de contenedores. Por lo tanto, si se dispone de 117.60 m^2 para la orden y se utilizan sólo 108.9225 m^2, los 8.6775 m^2 restantes se consideran desperdicio normal. El desperdicio normal debe de ser sumado al costo de las unidades en buen estado.

En el ejemplo de la orden 7001 de Laminados Carreón, este desperdicio ya ha sido incluido en el costo de las unidades buenas, pues se cargó en el material las 35 hojas de lámina para hacer los contenedores y no la cantidad exacta de lámina que lleva cada contenedor multiplicado esto por el número de contenedores (108.9225 m^2). En empresas como Laminados Carreón, determinar el desperdicio normal será distinto en cada orden. En este tipo de negocios el material desperdiciado en una orden se puede utilizar en otros trabajos, por lo que se genera un ahorro en materiales o un subproducto, pues la pedacería de lámina puede ser vendida a un precio mínimo.

Desperdicios anormales

Cuando el desperdicio es evitable, se le conoce como desperdicio anormal. En este caso, los costos de las unidades o material desperdiciado no se consideran como costos de producción ni tampoco deben incluirse en el costo de las unidades producidas en buen estado. Los desperdicios anormales no son parte esencial del proceso, sino causa de un error técnico o humano en la producción, en donde existe un área de oportunidad o mejora que debe ser contabilizada e investigada. Para ejemplificar este tipo de desperdicios, retomemos el ejemplo de Laminados Carreón.

Supongamos que en la orden número 7001 de Laminados Carreón, en lugar de utilizarse 38 láminas, se utilizaron 41. El aumento del número de hojas se debió a que hubo 3 láminas que se arruinaron en el proceso de corte. En este caso, las tres láminas de 1.6 metros × 2.1 metros (10.08 m²) son desperdicio anormal, ya que el mismo pudo ser evitado y no estaba contemplado en el cálculo del material necesario para la producción. El desperdicio tiene un costo de 67.50 pesos (22.50 pesos × 3 láminas). Contabilizar este tipo de desperdicios y ofrecer una solución o propuesta de mejora ayuda a su eliminación. El costo del desperdicio anormal no debe estar incluido dentro del costo de la orden de trabajo, debe ser considerado como una pérdida extraordinaria y presentarse en el estado de resultados dentro de partidas extraordinarias.

Generación de reportes financieros en costeo por órdenes

Todo sistema de costos debe ayudar, entre otras cosas, a generar reportes financieros para cumplir con la contabilidad financiera. La información de las hojas de costos es la base para calcular los inventarios finales de productos en proceso, el costo de ventas y, en su defecto, el inventario de productos terminados. Es posible generar un estado de costo de producción y venta por columnas en donde se muestren los recursos invertidos en cada orden y su estatus al final del periodo. Este reporte es útil para el control administrativo. Así, la columna de totales que muestra el saldo de los inventarios y el costo de ventas será igual a los saldos que aparecen en el estado de resultados y el balance general.

En el ejemplo de Laminados Carreón se ilustró el flujo de costos de una orden de trabajo. Sin embargo, en la realidad, negocios como Laminados Carreón trabajan más de una orden simultáneamente. Laminados Carreón tendría al final de cada periodo como inventario final de productos en proceso el total de costos que aparecen en sus hojas de costos de las órdenes no terminadas. El inventario de productos terminados sería el total de órdenes de trabajo terminadas pero no entregadas aún y el costo de ventas el total de costo de las órdenes terminadas y entregadas a los clientes.

A continuación se presenta información de Laminados Carreón, del mes de junio de 20XX, en el cual solamente se trabajaron cuatro órdenes. La siguiente información se obtuvo de las hojas de trabajo y de las cuentas de mayor relacionadas con las órdenes 234, 235, 236 y 237:

Órdenes	234	235	236	237
Total de mano de obra directa	$1 350	$ 900	$1 500	$1 500
Inv. inicial productos en proceso	2 250	3 450	1 500	1 050
Inv. inicial productos terminados	405	870	–	1 005
Materia prima enviada a órdenes	750	900	300	1 500

Durante el mes, el almacén de materias primas realizó compras de materiales por la cantidad de 4 395 pesos. Al final del mes de junio el recuento de inventario de materia prima mostró un saldo de 9 420 pesos. A finales de mayo el inventario final de materia prima tenía un saldo de 8 475 pesos.

Laminados Carreón
Estado de costo de producción y ventas

	Orden 234	Orden 235	Orden 236	Orden 237	Total
Inventario inicial materia prima					$8 475
+ Compras de materia prima					4 395
= Materia prima disponible					12 870
– Inventario final materia prima					9 420
= Materia prima usada	$750	$900	$300	$1 500	3 450
+ Mano de obra	2 250	3 450	1 500	1 050	8 250
+ CI	1 350	900	1 500	1 500	5 250
+ Inventario inicial producción en proceso	810	540	900	900	3 150
– Inventario final producción en proceso	–	–	3 450	–	3 450
= Costo de artículos terminados	5 160	5 790	750	4 950	16 650
+ Inventario inicial de producto terminado	405	870	–	1 005	2 280
= Artículos terminados disponibles para la venta	5 565	6 660	750	5 955	18 930
– Inventario final producto terminado	1 200	1 050	750	0	3 000
= Costo ventas	**4 365**	**5 610**	**0**	**5 955**	**$15 930**

Ilustración 3.6
Estado de costos de producción y ventas de Laminados Carreón.

También al final del periodo, el inventario de productos en proceso ascendía a sólo 3 450 pesos correspondientes a la orden 236. El inventario final de productos terminados contenía 1 200 pesos, 750 de artículos correspondientes a las órdenes 234 y 236, respectivamente. Laminados Carreón ha calculado que sus costos indirectos son equivalentes a 60% del costo total de la mano de obra, por lo que se aplica el CI a razón de 60% del costo de la mano de obra directa. Utilizando la información anterior, Laminados Carreón elaboró el estado de costo de producción y venta del mes de junio de 20XX y registró contablemente los movimientos realizados.

Para realizar el estado de costo de producción y ventas, Laminados Carreón acumuló la información contenida en sus hojas de trabajo y la acomodó en el formato del estado. Mediante el estado de costo de producción y ventas, Laminados Carreón obtiene cuál es el costo de ventas de cada una de las órdenes que trabaja, a la vez que el costo de ventas total del mes de junio que será incluido en el estado de resultados, y realiza una acumulación de inventarios para incluirlos en su balance general.

Los asientos contables realizados por Laminados Carreón relacionados con la orden 236 se muestran en el apéndice de asientos contables al final del presente capítulo.

Resumen conceptual

El sistema de costeo por órdenes resulta ser una herramienta útil para preparar la información financiera de negocios que trabajan con base en necesidades específicas. Existen dos características que debe presentar un producto para que justifique su producción por orden especial:

- Falta de disponibilidad en el mercado y/o
- Cumplimiento de una necesidad específica.

Las empresas que fabrican por medio de órdenes deben aplicar un sistema de costeo acorde con la forma de producir. Estas empresas deben costear por medio del sistema de costos por órdenes de trabajo. El elemento base de este sistema es la identificación de las órdenes de trabajo y los costos relacionados con las mismas.

Para poder dar seguimiento a cada orden de trabajo se utilizan las hojas de costos, las cuales contienen información relacionada con materia prima, mano de obra y costos indirectos utilizados en la orden.

Durante el proceso de producción se pueden presentar desperdicios de materia prima, de producto en proceso y producto terminado. Es deber de la administración identificar la causa de estos desperdicios para su control y reducción. Los dos tipos de desperdicios que se pueden presentar son los siguientes:

- **Desperdicio normal.** Representa el desperdicio inevitable o programado. Este desperdicio se considera costo de producción, pues sin él no es posible elaborar el producto.
- **Desperdicio anormal.** Desperdicio que pudo ser evitado y no estaba contemplado.

Apéndice: Asientos contables

En la ilustración A.3.1 se presenta una gráfica que muestra la relación entre los documentos fuente utilizados en un sistema de costeo por órdenes.

Como se muestra en la gráfica, el proceso se inicia con la autorización de la orden. En este punto se inicia el proceso de producción y se generan los reportes relacionados con la orden, es decir, la hoja de trabajo, las requisiciones de materiales y las boletas de tiempo. Además, cuando el costo indirecto es asignado con base en dos o más tasas de asignación, puede generarse una tarjeta de costo indirecto en donde se registra el consumo de cada base de asignación o actividad para ser multiplicada por su tasa de asignación correspondiente. Los totales obtenidos a partir de estos documentos son la base para el llenado de mayores auxiliares y de los mayores generales. Debe elaborarse una cuenta de mayor auxiliar para cada una de las órdenes que se trabajen durante el periodo contable. La suma de los saldos de los mayores auxiliares se refleja en los movimientos de las cuentas de mayor general de inventario de productos en proce-

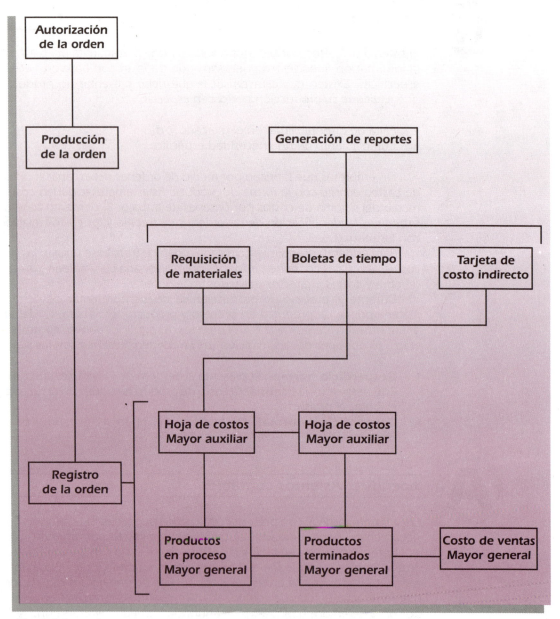

Ilustración A.3.1
Relación documental
en los sistemas de
costeo por órdenes.

so, inventario de productos terminados y finalmente en el costo de ventas. A continuación se procederá a mostrar los registros necesarios para la compra de materiales, consumo de materiales, asignación de la mano de obra y del costo indirecto, así como la terminación y venta de una orden de trabajo.

Contabilización de la materia prima

Compra de materiales

Bajo el supuesto de la utilización del método de registro de inventarios perpetuo, el asiento de la compra de materiales es el siguiente:

Inventario de materiales	$$$
Cuentas por pagar (o efectivo)	$$$
Para registrar la compra de materiales.	

Consumo de materiales

La materia prima utilizada en producción es requerida del inventario de materiales. Cada vez que salen materiales del almacén para entrar a los procesos productivos se realiza el siguiente asiento:

Productos en proceso	$$$
Inventario de materiales	$$$
Para registrar los materiales que se envían a la producción.	

Sin embargo, no hay que olvidar que la materia prima se clasifica en directa e indirecta. La primera se incluye dentro del costo del producto, mientras que la segunda dentro de la cuenta de CI control de la siguiente manera:

CI control	$$$
Inventario de materiales	$$$
Para registrar la materia prima indirecta en la cuenta de CI control.	

Contabilización de la mano de obra

Los gastos reales por concepto de sueldos se acumulan en la cuenta de nómina de fábrica. Esta cuenta debe quedar con saldo cero al final del periodo, pues se abona contra productos en proceso para reconocer la mano de obra directa. El resto del saldo de nómina se abona contra la cuenta de CI control para reconocer la mano de obra indirecta como un costo indirecto. Una vez recopilados los datos relacionados con la mano de obra de las boletas de tiempo se realizan los siguientes asientos de diario:

— • —

| Producto en proceso (Orden X) | $$$ | |
| Nómina de fábrica | $$$ | |

Para reconocer la mano de obra directa aplicada a las órdenes de trabajo.

Contabilización de los costos indirectos

El concepto de costos indirectos es registrado por separado en dos cuentas. Por un lado se registra en la cuenta de CI control, la cual acumula los costos indirectos realmente incurridos a lo largo del periodo. Por otro lado, la cantidad de CI que se aplica a los productos con base en la tasa predeterminada de CI se reconoce en la cuenta de CI aplicado.

— • —

CI control	$$$	
Depreciación acumulada		$$$
Almacén de materiales		$$$
Cuentas por pagar		$$$

Para reconocer todos los costos indirectos realmente incurridos en el periodo contable.

— • —

| CI control | $$$ | |
| Nómina fábrica | | $$$ |

Para reconocer dentro de los costos indirectos el costo de la mano de obra indirecta.

Por otro lado, el costo indirecto que se aplica a la producción es el que se calcula con base en la tasa predeterminada de CI, lo cual se muestra en el siguiente asiento contable:

— • —

Producto en proceso	$$$
Orden XX	$$$
CI aplicado	$$$

Para registrar el CI aplicado a la producción.

Contabilización de los inventarios de productos en proceso y productos terminados

Inventario de productos en proceso

Una vez que los departamentos de producción han procesado y terminado los artículos de cada orden, éstos se tienen que cargar al inventario de productos terminados de la siguiente manera:

Inventario de productos terminados $$$
   Inventario de productos en proceso
(Orden XX) $$$
Para registrar la salida de los productos que fueron terminados en el proceso y reconocer el aumento en productos terminados.

Inventario de productos terminados

Este inventario aumenta al recibir las unidades terminadas del proceso de producción una vez terminado el trabajo de la orden. Para calcular el costo por unidad del producto terminado se dividen los costos incurridos en esa orden de trabajo entre el número de unidades en buen estado de dicha orden.

El inventario de productos terminados entregados a los clientes se transfiere al costo de ventas de la siguiente manera:

Costo de ventas $$$
Inventario de productos terminados $$$
Para registrar la salida de los productos terminados que fueron entregados a los clientes y reconocer su costo en resultados.

El asiento para registrar las pérdidas anormales es el siguiente:

Inventario de producto terminado. $$$
   Pérdidas anormales de unidades. $$$
   Inventario de productos en proceso
(Orden XX) $$$
Para registrar el total de costo asignado a unidades terminadas en buen estado, reconocer la pérdida por desperdicio anormal y disminuir el inventario de productos en proceso.

Cuestionario integral

C.3.1. Cuando un producto no está disponible en el mercado, porque se requiere el cumplimiento de una necesidad específica, es factible utilizar para el control de su costo el sistema de costos por:

a) Procesos.
b) Automatizado.
c) Órdenes.
d) Los incisos *a)* y *b)*.

C.3.2. Es llamada también la hoja viajera, porque da seguimiento a las órdenes de producción en su camino por todos los departamentos productivos:

a) Hoja de gastos.
b) Hoja de mano de obra.
c) Hoja de costos.
d) Requisición de materiales.

C.3.3. El documento de control administrativo que es llenado por el empleado y que sirve para tener un control sobre las horas que dedica a una orden específica es conocido con el nombre de:

a) Tarjeta tiempo.
b) Hoja de costos.
c) Nómina.
d) Boleta de trabajo.

C.3.4. El costo de los desperdicios que son generados por el proceso productivo normal, y que por tanto son inevitables, se considera como:

a) Costos de producción.
b) Partidas extraordinarias.
c) Gastos de operación.
d) Otros gastos.

C.3.5. En Industrias Rojas se contabilizó un desperdicio normal al final del proceso productivo. ¿Qué elemento del estado de costo de producción y ventas absorbe su costo?

a) Inventario final de productos en proceso.
b) Costo de los artículos terminados.
c) Inventario final de productos terminados.
d) Costo de producción.

C.3.6. En el mes anterior Cementera del Bajío mostró un desperdicio mucho más grande de lo que se esperaba. Este costo debe afectar al costo de:

a) Unidades en buen estado.
b) Unidades del inventario final.
c) Costos de producción.
d) Ninguno de los anteriores.

C.3.7. ¿Qué elementos de información contienen las hojas de costos?

a) Costos primos.
b) Costos de conversión.
c) Materia prima directa.
d) Los incisos *b)* y *c)*.

C.3.8. En la fábrica de caramelos de Santiago Leaños no saben cuánto se consume de cada material para las distintas órdenes que producen. ¿Qué documento de control administrativo le recomienda?

a) Factura de compra.
b) Requisición de materiales.

c) Orden de compra.

d) Solicitud de cotización.

C.3.9. Para efectos de poder tomar una mejor decisión en cuanto al precio que se debe fijar al producto, ¿qué forma de costeo es la más apropiada?

a) Normal.

b) Real.

c) Es indiferente.

d) Estándar.

C.3.10. ¿Cuál es el documento base para el sistema de costos por órdenes?

a) Hoja de costos.

b) Requisición de mantenimiento.

c) Boleta de trabajo.

d) Las cotizaciones a los clientes.

C.3.11. La fábrica Carma produce bocinas especiales para conjuntos musicales, por lo que cada pedido es elaborado con base en características muy específicas. Durante el mes de junio de 20X8 se inició la producción de las órdenes 6-A, 6-B y 6-C. Para el desarrollo de sus operaciones realizadas en este mes se contó con la siguiente información:

• Las requisiciones de materia prima fueron de 24 000 pesos, de los cuales 500 fueron de materia prima indirecta.

• Al inicio del mes sólo la orden 5-D estaba sin terminar. A la misma se le invirtió 500 horas de mano de obra y 10 000 pesos de materiales directos en el mes de junio. Al inicio de mes, esta orden tenía un saldo de 20 500 pesos.

• Durante el mes, la única orden que no fue terminada fue la 6-C.

• Para la producción de las órdenes 6-A, 6-B y 6-C fueron requeridos materiales por 5 000, 6 500 y 3 000 pesos, respectivamente, así como la utilización de 300, 500 y 600 horas de mano de obra directa. La mano de obra se paga a razón de 5 pesos la hora y la tasa de aplicación de costos indirectos a 1.5 sobre el costo de la mano de obra directa aplicada a la orden.

• Las órdenes que son terminadas son vendidas de manera inmediata.

¿A cuánto asciende el costo de ventas?

a) 58 250 pesos.

b) 10 500 pesos.

c) 58 750 pesos.

d) 68 750 pesos.

C.3.12. Con referencia en la pregunta 11, ¿a cuánto ascienden los saldos finales del inventario de productos en proceso y del inventario de productos terminados, respectivamente?

a) 0 y 10 500 pesos.
b) 10 500 y 0 pesos.
c) 0 y 11 000 pesos.
d) 11 000 y 0 pesos.

C.3.13. Con referencia en la pregunta 11, si los costos indirectos reales son de 12 500 pesos, ¿cuál es el ajuste proporcional a los inventarios y al costo de ventas con motivo de la sub o sobreaplicación del CI?

a) 0 y (1 750) pesos.
b) 267 y (1 483) pesos.
c) (267) y (1 483) pesos.
d) 0 y 1 750 pesos.

Problemas

P.3.1. Avanti utiliza el método de inventarios periódicos para registrar sus operaciones. Los costos indirectos de fábrica se aplican a las diversas órdenes a razón de 200% de los cargos de la mano de obra directa. El inventario inicial de materiales es de 5 200 pesos, mientras que al final tenía un saldo de 6 300 pesos. Las compras en el periodo fueron de 4 300 pesos.

El saldo de la cuenta de inventario de productos en proceso, al 1 de noviembre de 20X8, constaba del siguiente análisis de órdenes:

Órdenes	Materiales directos	Mano de obra directa	Costos indirectos	Total
B-743	$430	$207	$414	$ 1 051
P-418	125	150	300	545
Total	**555**	**357**	**714**	**1 626**

Durante el mes de noviembre comenzaron a elaborarse las órdenes Z-001 y A-415. Un resumen de las requisiciones de materiales y de las boletas de tiempo reveló los siguientes costos para diferentes órdenes:

Requisición	Orden	Costos de materiales	Boleta de tiempo	Orden	Costo de mano de obra
1101	B-743	$120	2001	B-743	$770
1102	Z-001	770	2002	P-418	650
1103	P-418	470	2003	Z-001	350
1104	A-415	540	2004	A-415	230
Total		**1 900**	**Total**		**2 000**

Al 30 de noviembre las órdenes Z-001 y A-415 aún no se habían terminado. Sólo la orden P-418 fue entregada al cliente a un precio con un margen de utilidad de 15%, ya que únicamente este cliente liquidó el monto de la factura, y es política de la empresa no entregar el producto terminado hasta el momento del cobro total. Los costos indirectos reales del mes ascendieron a 11 500 pesos, sin incluir la materia prima indirecta. Con esta información se pide contestar las preguntas 14 a 18.

¿Cuál es el costo de los artículos terminados?

a) 3 050 pesos.
b) 7 776 pesos.
c) 6 476 pesos.
d) 1 820 pesos.

P.3.2. ¿Cuál será la venta de la empresa Avanti en este periodo?

a) 3 444.25 pesos.
b) 2 995 pesos.
c) 6 476 pesos.
d) 3 523.53 pesos.

P.3.3. ¿A cuánto ascenderá el inventario de productos en proceso y el de productos terminados de Avanti, al final de este mes?

a) 3 050 y 0 pesos.
b) 1 820 y 6 476 pesos.
c) 3 050 y 3 481 pesos.
d) 3 481 y 3 050 pesos.

P.3.4. Si el ajuste por sub o sobreaplicación se realiza de manera proporcional entre los inventarios y el costo de ventas, ¿qué cantidad le corresponde al inventario de productos terminados?

a) 3 215.70 pesos.
b) 2 766.74 pesos.
c) 3 481 pesos.
d) 2 817.55 pesos.

P.3.5. Si el ajuste por sub o sobreaplicación se realiza sólo con respecto al costo de ventas, ¿qué cantidad le corresponde al inventario de productos en proceso y al costo de ventas, respectivamente?

a) 2 817.55 y 2 766.74 pesos.
b) 0 y 8 800 pesos.
c) 3 215.7 y 2 817.55 pesos.
d) 2 766.74 y 8 800 pesos.

P.3.6. La fábrica Tradiciones manufactura vestidos a la medida para un reducido número de clientes. Durante el mes de abril ocurrieron los siguientes movimientos:

- Un trabajo en proceso fue empezado en marzo y se terminó en abril. Los costos incurridos hasta fin de marzo en este lote totalizaron 13 000 pesos, de los cuales 5 000 son de materiales, 6 400 de mano de obra y el resto de costo indirecto. Para poder terminar el trabajo se requirieron 960 pesos de mano de obra y su parte correspondiente de costo indirecto.
- Otro lote de producción fue empezado y terminado en abril. A este lote se le asignaron 14 900 pesos de materiales, 19 200 de mano de obra y costo indirecto de 4 800 pesos.
- Otro lote de producción fue iniciado en abril, pero no ha sido terminado. Se requirieron y utilizaron en este lote materiales por 5 840 pesos y mano de obra por 3 000, así como y su costo indirecto correspondiente. Tradiciones aplica el costo indirecto con base en los costos de mano de obra directa. El costo indirecto real en abril ascendió a 5 500 pesos.

Se pide:

a) ¿Cuál es el porcentaje de costo indirecto utilizado por Tradiciones?
b) Calcule el costo de artículos terminados.
c) Determine el saldo final del inventario de productos en proceso.
d) Calcule la sub o sobreaplicación de costo indirecto.
e) Prepare una cuenta T para registrar la producción anterior y use subcuentas para cada lote. Registre las transacciones del mes de abril.

P.3.7. Galvanizados México (GALMEX), que utiliza el método de inventarios periódicos para registrar sus operaciones, fabrica rejas, tanques y láminas de acuerdo con las necesidades específicas de sus clientes. GALMEX cobra todos sus trabajos por adelantado, por lo que el costo de las órdenes terminadas de inmediato se traslada al costo de ventas. GALMEX aplica los costos indirectos a razón de 145% de los cargos de mano de obra directa. El saldo de la cuenta de inventario de productos en proceso, al 1o. de febrero de 20X6, incluía las siguientes órdenes:

Orden	Costo	Costo de MO	C.I. aplicados	Inventario final en proceso
A044	$ 510	$ 240	$ 348	$ 1 098
A045	699	276	400	1 375
A046	324	280	406	1 010
A025	406	320	464	1 190
A011	249	180	261	690
Total	**2 188**	**1 296**	**1 879**	**5 363**

Durante el mes de febrero, un resumen de las requisiciones de materiales y de las boletas de tiempo reveló los siguientes costos para diferentes órdenes:

Requisición de materiales	Orden	Costo materiales	Boleta de trabajo	Orden	Costo mano de obra
110	A045	$120	141	A011	$ 140
111	A025	190	142	A025	260
112	A011	580	143	A045	120
113	A044	280	144	A044	160
114	A060	710	145	A060	540
115	A070	800	146	A070	620
116	A080	940	147	A080	900
117	A046	240	148	A046	250
Totales		**3 860**			**2 990**

Al final de febrero, las órdenes A011, A060 y A080 aún no se habían terminado. El resto de las órdenes fueron terminadas y entregadas a los clientes. Los CI reales para el mes ascendieron a 4 200 pesos.

Se pide:

a) Calcule el costo del inventario de productos en proceso al 28 de febrero.

b) Calcule el costo de ventas del mes.

c) Calcule el total de costo asignado a la orden A080.

d) Calcule el total de costo asignado a la orden A060.

e) Calcule el total de costo asignado a la orden A011.

f) Calcule la sub o sobreaplicación de los CI y aplíquela al costo de ventas y a los inventarios finales.

P.3.8. Creaciones Bosse se dedica a la fabricación de muebles al gusto de sus clientes. A continuación se presenta información relacionada con las operaciones realizadas en el mes de septiembre de 20X2:

- Las requisiciones al almacén de materias primas fueron por 65 950 pesos, de los cuales 1212 fueron de materiales indirectos.

- Al inicio del mes de septiembre estaban sin terminar la orden 21 y la 22; durante este mes se invirtieron 65 horas de mano de obra y 5 820 pesos de materiales a la orden 21; a la orden 22 se le invirtieron 16 horas de mano de obra y 2 425 pesos de materiales.

- Además de terminarse las órdenes 21 y 22, se terminaron las órdenes 23 y 24; la orden 25 quedó sin terminar. Se invirtieron materiales para las órdenes 23, 24 y 25 por 21 925, 19 400 y 14 550 pesos, así como 95, 115 y 136 horas de mano de obra, respectivamente.

- El inventario inicial de productos en proceso tenía un saldo de 17 460 pesos de la orden 21 y 30 050 pesos de la orden 22.

- La mano de obra se paga a razón de 18 pesos la hora y la tasa de aplicación de CI es de 75 pesos la hora de mano de obra.

- Las órdenes 22 y 23 fueron facturadas y entregadas; el resto de las órdenes se encuentra en el inventario de productos terminados.

Con base en la información proporcionada, conteste las siguientes preguntas:

a) ¿A cuánto asciende el costo de ventas?
b) ¿A cuánto asciende el saldo final del inventario de productos en proceso?
c) ¿A cuánto asciende el saldo final del inventario de productos terminados?
d) Calcule el costo indirecto aplicado total.
e) ¿Cuánto se asignó de costo indirecto a la orden 21?
f) Si la cuenta CI control tiene un saldo al final del mes de 34 000 pesos, ¿cual sería el costo de ventas ajustado?

1. Suponiendo que se registra la subaplicación o sobreaplicación al costo de ventas.
2. Suponiendo que se registra la subaplicación o sobreaplicación proporcionalmente a los inventarios y al costo de ventas.

P.3.9. Vidriosa utiliza un sistema de costos por órdenes de trabajo y posee dos departamentos productivos: Diseño y Taller. Este negocio acostumbra fijar su precio de venta a razón de 200% del costo total de cada orden. En el año de 20X9 se presupuestaron los siguientes datos de costos:

	Diseño	**Taller**	**Total**
Materiales directos	$ 562 500	$ 1 500 000	$ 2 062 500
Mano de obra directa	1 100 000	600 000	1 700 000
Costo indirecto	3 250 000	425 000	3 675 000

Durante 20X9 se trabajaron las órdenes 111 y 222, entre otras. Los datos reales de costos de estas órdenes fueron los siguientes.

Orden	111	222
Material directo	$ 18 750	$ 28 500
Mano de obra directa		
Diseño	6 000	185 000
Taller	9 500	72 000
Total MOD	**$ 15 500**	**$ 257 000**

Se pide:

a) ¿Cuál es la tasa predeterminada de costo indirecto a utilizar en 20X9 si ésta es calculada con base en el total de mano de obra directa?

b) ¿Cuál es el total de costo indirecto aplicado a cada orden?

c) ¿Cuál es el costo de artículos terminados de las órdenes 111 y 222 en 20X9?

d) ¿Cuál sería el costo de las órdenes 111 y 222 si en lugar de utilizar una sola tasa de costo indirecto basada en el total de horas de mano de obra se utilizara una tasa de costo indirecto para cada departamento calculada con base en las horas de mano de obra?

e) Si el total de costo indirecto realmente incurrido en la orden 111 fue de 63 750 pesos y en la orden 222 fue de 652 500:

1. ¿Cuál es la sub o sobreaplicación de CI en cada orden si se utiliza una tasa y si se utilizan tasas departamentales?

2. ¿Cuál es la sub o sobreaplicación total si se utiliza una tasa y si se utilizan tasas departamentales?

P.3.10. Milenio reconstruye instumentos musicales. A continuación se presenta información relacionada con la orden de trabajo 990, que consiste en la reparación de un piano antiguo:

- Se compraron dos tablones de roble con un costo total de 9 100 pesos, así como un cubre teclado imitación marfil por 300 pesos. También se compró un juego de cuerdas para piano en 1 200 pesos.

- En la reparación de este instrumento se pagaron 55 horas de mano de obra directa a razón de 9.75 pesos la hora al carpintero. Se pagaron 5 horas a 13.40 pesos la hora al pintor y 2 horas a 10.50 cada una a la persona que afinó el piano al finalizar la reparación.

- Milenio acostumbra asignar los costos indirectos a las órdenes de trabajo a razón de 140% del costo de la mano de obra.

- El precio a pagar por los clientes de Milenio es igual a 150% del costo total cargado a cada orden.

Se pide:

a) Calcule el costo total de esta orden.

b) ¿Qué precio debe cargarse a esta orden?

c) ¿Cuál sería la utilidad real obtenida por la reparación si los costos indirectos realmente incurridos en esta orden fueran de 1 170 pesos?

d) ¿Es la mano de obra la mejor opción para repartir el costo indirecto?

P.3.11. Romano utiliza un sistema de costeo por órdenes y necesita ayuda para calcular su estado de costo de producción y ventas de 20X3, por lo que se proporciona la siguiente información:

- El total de materiales directos que salieron del almacén de materiales fue de 450 680 pesos. El total de materiales indirectos fue de 178 309 pesos. Del total de materiales directos, 30% se asignó a la orden 435, 40% a la orden 436, 20% a la orden 437 y el resto a la 438.

- La nómina total en 20X3 fue de 1 874 280 pesos, de los cuales 1 577 342 fue asignado a las órdenes de trabajo. Del total asignado a las órdenes de trabajo, 25% fue asignado a la orden 435, 35% a la orden 436, 25% a la 437 y el resto a la 438.
- Romano aplica 1.8 pesos de costo indirecto por cada peso cargado de mano de obra directa.
- Las órdenes 437 y 438 no fueron terminadas; el resto pasó al almacén de productos terminados. Al inicio del mes estaban en el inventario inicial de productos en proceso las órdenes 435 y 436 con un saldo de 1 689 250 pesos; de este total, 675 700 pesos pertenecían a la orden 435 y el resto a la orden 436.
- En el almacén de productos terminados existía al inicio del periodo un saldo de 2 470 000 pesos correspondientes a la orden 434 que fue terminada, pero se entregó y registró como vendida en el presente periodo.
- La orden 435 fue entregada y la 436 permaneció en el inventario de productos terminados.

Se pide:

a) Calcule la sub o sobreaplicación de CI considerando que la cuenta de CI control tenía un saldo de 3 143 221 pesos.
b) Elabore un estado de costo de producción y ventas.
c) Aplique la sub o sobreaplicación a los inventarios y al costo de ventas.
d) Elabore asientos de ajuste para reconocer la asignación de la sub o sobreaplicación a los inventarios y al costo de ventas.
e) ¿Cuál fue el costo total asignado a las órdenes 436 y 437 en el presente periodo?
f) ¿A cuánto asciende el costo de conversión asignado en este periodo?

P.3.12. Veleros fabrica y repara pequeños barcos y yates al gusto de sus clientes. En el mes de abril de 20X5 trabajó en 4 botes correspondientes a las órdenes 150, 151, 152 y 153. Las órdenes 150 y 151 fueron empezadas en enero y sólo la orden 150 fue terminada en abril. Las órdenes 152 y 153 se empezaron en abril, terminándose la orden 152. Veleros entrega los botes a los clientes tan pronto como éstos son terminados. La información de costos es la siguiente:

- En el mes de marzo se aplicó el costo indirecto a razón de 18 pesos por hora de mano de obra. Al final de ese mes las cantidades aplicadas a las órdenes 150 y 151 eran las siguientes:

Orden	MP	MOD	Horas
150	$161 000	$194 000	7 500
151	133 000	126 000	5 218

- Las requisiciones de materiales en abril fueron:

Requisición	Orden	Costo del material	Boleta de trabajo	Orden	Horas aplicadas
210	151	$ 28 000	115	150	200
211	152	47 000	116	151	525
212	152	40 000	117	152	380
213	153	11 000	118	153	150
215	153	25 000	119	150	160
218	153	34 000	120	152	300
214	150	14 000	121	153	150

- En abril la MOD se pagó a razón de 28 pesos la hora y el CI se aplica a razón de 20 pesos la hora de MOD.

Se pide:

a) Elabore el estado de costo de producción y ventas del mes de abril.
b) ¿A cuánto asciende el inventario final de productos en proceso, el inventario final de productos terminados y el costo de ventas?
c) En el supuesto de que la cuenta de CI control tuviera un saldo final de 35 500 pesos, calcule la sub o sobreaplicación y ajústela al costo de ventas e inventarios.
d) Registre el cierre de las cuentas de CI control y aplíquelo de acuerdo con el punto anterior.

P.3.13. Azules manufactura muebles de baño a la medida para un pequeño número de clientes, esta empresa aplica el costo indirecto a razón de 40% del costo de mano de obra directa. Durante el mes de mayo, se registraron los siguientes hechos:

- La orden de trabajo A77 fue empezada en abril y se terminó en mayo. Los costos incurridos al 30 de abril en esta orden totalizaron 43 650 pesos, de los cuales 15 650 pesos son de materiales, 20 000 de mano de obra y 8 000 de costo indirecto. Para poder terminar el trabajo, se invirtieron 3 000 pesos en mano de obra y su parte correspondiente de costo indirecto.
- La orden de trabajo B66 fue empezada y terminada en mayo. A esta orden se asignaron 46 500 pesos de materiales y 60 000 pesos de mano de obra directa y su parte correspondiente de costo indirecto.

- La orden de trabajo C66 fue iniciada en mayo, pero no ha sido terminada. Se utilizaron en esta orden materiales por 18 250 pesos y mano de obra por 9 000 pesos, y su parte correspondiente de costo indirecto.

Se pide:

a) Calcule el costo de artículos terminados.
b) ¿Cuál es el saldo final del inventario de productos en proceso?
c) ¿Cambiaría alguna de las respuestas del punto 1 y 2 si los CI del periodo fueran de 28 200 pesos?

P.3.14. La fábrica Victoria produce zapatos especiales de acuerdo con las especificaciones proporcionadas por clientes y fija sus precios con base en un porcentaje sobre el costo total del producto. En el mes de noviembre se dedicó a tres órdenes de trabajo. A continuación se presentan los saldos de las cuentas de inventarios.

	1/nov./20X3	30/nov./20X3
Almacén de materiales	$ 55 000	$ 45 000
Orden	231	233
Inventario de productos en proceso:		
Materiales directos		30 250
Mano de obra directa		8 500
Costos indirectos aplicados		16 000
Total inventario de productos proceso	$64 000	54 750
Orden	**230**	**232**
Inventario de productos terminados	$9 100	99 000

Se presenta información relevante de las operaciones realizadas en el mes de noviembre:

- La mano de obra directa aplicada a las órdenes de trabajo totalizó 6 300 horas, de las cuales se aplicaron 300 horas para la orden 231, 4 000 horas para la orden 232 y el resto a la orden 233.
- La cuenta de costo indirecto control tenía a finales de noviembre un saldo de 49 000 pesos.
- La tasa de costos indirectos utilizada en noviembre fue de 4.25 pesos la hora MOD y la tarifa de mano de obra fue de 8 pesos la hora.
- Se compraron materiales por 91 250 pesos. Se aplicó a la producción de la orden 231 la suma de 21 000 pesos de materiales directos.

Se pide:

a) Prepare un estado de costo de producción y venta del mes de noviembre.

    b) Calcule el costo de conversión aplicado en el periodo.
    c) ¿Cuál es el total de requisiciones de materiales en el periodo?
    d) ¿Cuánto se aplicó de materiales a la orden 232?
    e) ¿A cuánto asciende la sub o sobreaplicación de costo indirecto?
    f) Si Victoria carga a sus clientes 45% sobre el costo de producción, ¿cuál debió haber sido el total de ventas en noviembre?

P.3.15. Automotriz JPD pinta y repara automóviles. En el mes de julio de 20X6 trabajó en cinco órdenes (701, 702, 703, 704, 705). Las órdenes 701 y 702 fueron comenzadas en junio; la primera fue terminada en julio. Las órdenes 703, 704 y 705 se empezaron en julio, terminándose la orden 703. La orden 704 consistió en reparar dos modelos similares de automóviles: uno de ellos fue terminado y entregado en julio, y del otro sólo se reparó el 50%. El resto de las órdenes fueron terminadas en agosto. La información de costos fue la siguiente:

- En el mes de junio se aplicó el costo indirecto a una razón de 9 pesos la hora MOD. Al inicio del mes de julio se tenían los siguientes saldos en inventario de productos en proceso:

Orden	MP	MOD	Horas-MOD
701	$25 000	$ 600	200
702	$17 000	$1 900	500

- Los costos indirectos se aplican en base a las horas de mano de obra directa. Las horas presupuestadas para julio fueron 5 000 y la capacidad de horas-máquina en dicho mes se presupuestó en 770 horas. Algunas cuentas estimadas para julio fueron: gasto por publicidad 8 000 pesos, mano de obra indirecta 3 000 pesos, depreciación de la maquinaria y taller 1 500 pesos, sueldos y comisiones administrativas 8 300 pesos, materia prima indirecta 16 000 pesos, depreciación del edificio administrativo 2 500 pesos, seguro de incendio del taller 4 000 pesos, sueldo del contralor 1 300 pesos y servicios públicos del taller 23 000 pesos.
- Las requisiciones de materiales directos en julio fueron:

Número de requisición	Número de orden	Costo
004	702	$35 000
005	704	50 300
006	701	25 200
007	705	44 800
008	703	3 000

- Se invirtieron 550 horas-máquina en la orden 702, 544 en la 704, 750 en la 701 y 250 horas en la 703. En julio se pagó a razón de 5 pesos la hora de mano de obra directa. Las boletas de tiempo de los trabajadores revelaron que se invirtieron 1 480 horas en la 704, 1 600 en la orden 702, 800 horas en la orden 701, y 740 en la 703.
- A fines de junio el inventario de materia prima mostraba un saldo de 1 040 pesos que, al inicio de agosto, había aumentado a 1 895.
- Las compras de materiales sumaron 179 155 pesos. Se sabe que además de la materia prima indirecta, los gastos de publicidad fueron de 25 000 pesos, más los de depreciación de maquinaria y taller, 1 500, seguro contra incendios 8 000, MOI por 4 200, depreciación de las instalaciones administrativas 2 500, y 10 000 pesos de sueldos y comisiones administrativas.
- La nómina total pagada a los trabajadores del taller fue de 29 800 pesos, y la factura de servicios públicos ascendió a 25 000 pesos.

Se pide:

a) Prepare el estado de costo de producción y ventas del mes de julio; asimismo, señale el saldo de los inventarios finales y el costo de ventas.
b) ¿Cuál es el costo primo y el costo de conversión incurridos en la orden 701?
c) Calcule la sub o sobreaplicación del CI y ajústelas al costo de ventas.

P.3.16. En un negocio de herraje, donde se fabrican puertas, rejas y ventanas sobre pedido, se incurre aproximadamente en los siguientes gastos mensuales:

Presupuesto:

Sueldos	10 trabajadores ($1 200 – 160 horas por mes cada una)	$12 000
	1 supervisor de producción	3 500
	1 contador	5 500
	1 mozo*	900
	1 secretaria	1 300
Arrendamiento del local*		6 300
Arrendamiento del equipo de transporte		8 000
Servicios públicos*		6 000
Teléfono*		1 800
Publicidad		2 500
Seguro contra incendio*		2 250

* 2/3 partes de dicho gasto corresponden a la fábrica.

Durante el mes de julio se trabajó en las órdenes P35 (iniciada en el mes de mayo), R40 (iniciada en junio), V50 y P36 (ambas iniciadas en julio). Al final del mes, la única orden que no se había terminado fue la V50. El inventario inicial de producción en proceso en julio se presenta a continuación:

	P35	**R40**
MOD	$ 4 800	$ 2 600
CI	7 920	14 400
MP	13 200	24 000

Las boletas de tiempo de julio reflejaron lo siguiente:

Boleta de trabajo	**Orden**	**Monto**
01	P36	$3 840
02	P35	1 920
03	V50	2 560
04	R40	1 664
05	R40	896
06	P36	1 280
07	V50	640

Requisiciones de MP:

Núm. req.	**Orden**	**Importe**
01	P35	$1 800
02	R40	700
03	V50	11 400
04	V50	600
05	R40	1 300
06	P36	15 500
07	P36	4 800

Se pide:

a) Si se tenía planeado incurrir en material directo con un total de 30 000 pesos, calcule la tasa de costo indirecto con base en la materia prima utilizada.

b) Aplique la tasa de costo indirecto a la producción con base en lo anterior.

c) Prepare el estado de costos de producción y ventas. Presente el costo de ventas ajustado considerando un costo indirecto real 20% por arriba del presupuestado.

d) ¿Qué ventajas considera que tiene estimar y aplicar el costo indirecto con base en la materia prima *vs.* la mano de obra o cualquier otra base en este caso?

P.3.17. Industria Salmex calculó una tasa de costo indirecto utilizando como base de aplicación 27 000 horas-máquina presupuestadas. Los siguientes son algunos de los gastos del año 20X1:

Concepto	Presupuesto para el año 20X1	Real para enero de 20X1
Gasto por sueldos administrativos	$ 27 000	$ 2 600
Gasto por depreciación de equipo de oficina	60 000	6 200
Gasto por depreciación de equipo de cómputo	45 000	4 000
Gasto por depreciación de maquinaria	38 000	2 000
Gasto por depreciación de edificio	40 000	3 700
Gasto por mano de obra indirecta	100 000	5 500
Gasto por comisión a vendedores	28 000	2 600
Gasto por publicidad	150 000	11 200
Gasto por mantenimiento a maquinaria	27 000	1 400
Gasto por transporte	200 000	15 300
Gasto por electricidad	150 000	8 000
Gasto por teléfono	30 000	2 000
Gasto por materiales indirectos	230 000	7 000
Gasto por sueldos de supervisores	50 000	4 000

- Los gastos de instalaciones, aquellos relacionados con servicios como la electricidad y el teléfono, son asignados 10% a oficinas administrativas y 90% a la fábrica.
- La fábrica ocupa el 75% del total del edificio y el resto, de las oficinas administrativas.

La compañía fabrica sus productos de acuerdo con las necesidades de sus clientes, por lo que utiliza un costeo por órdenes. A continuación se presentan los recursos invertidos en las órdenes 223, 224 y 225, que fueron trabajadas durante los meses de diciembre de 20X0 y enero de 20X1:

Inventario MP	Al 31 de diciembre de 20X0 $250 000			Al 31 de enero de 20X1 $180 000		
Orden	223	224	225	223	224	225
Materiales ($)	120 500	50 000	0	0	140 000	245 500
Mano de obra ($)	140 000	32 500	0	92 000	76 500	210 000
Horas-máquina	2 200	640	0	750	1 200	1 950
Terminada	No	No	0	Sí	No	Sí
Entregada a cliente				No		Sí
Tasa de CI aplicada en 20X0 $25/hora-máquina						

Conteste las siguientes preguntas:

a) ¿Que sistema de costeo utiliza Industria?
b) ¿Cuál es el saldo de la cuenta de compras de materiales?
c) ¿Cuál es la tasa de asignación de costo indirecto a utilizarse en el 20X1?
d) ¿Cuál es el costo de conversión de la orden 223?
e) ¿Cuál es el saldo de la cuenta de inventario de productos terminados?
f) ¿Cuál es el saldo de la cuenta de costo de ventas?
g) ¿Cuál es el saldo de la sub o sobreaplicación de costo indirecto?
h) ¿Cuál es el saldo de la cuenta de inventario de productos en proceso?

Costeo por procesos

Capítulo

OBJETIVO GENERAL

Comprender en forma integral el funcionamiento del sistema de costos por procesos y conocer la función y utilidad de las cédulas de costos aplicadas en este sistema para el control de costos, con el objeto de utilizar su información para calcular el costo de ventas, valuar inventarios y evaluar la situación de la empresa respecto de los precios del mercado.

OBJETIVOS ESPECÍFICOS

Al terminar de estudiar este capítulo, el alumno será capaz de:

- Definir en qué tipos de empresas se aplica el sistema de costos por procesos.
- Mencionar algunas características de un sistema de costos por proceso.
- Definir el concepto de costos de conversión.
- Calcular la producción equivalente.
- Comprender los métodos que existen para el cálculo de la producción equivalente.
- Explicar los métodos que existen para valuar el inventario de productos en proceso y las unidades transferidas.
- Explicar la función de las cédulas que se utilizan para costear las unidades producidas.

Costeo por procesos

En el presente capítulo se explica cómo se acumulan los costos en empresas que manejan sistemas de producción en serie. De acuerdo con este esquema no es necesario identificar los costos con las órdenes de trabajo, sino las unidades que entran y salen a cada departamento de producción con sus respectivos costos. Las empresas que comúnmente trabajan bajo sistemas de producción en serie producen materias primas para otros negocios o venden sus productos en grandes volúmenes, como por ejemplo productoras de papel, acero, textiles, empresas que fabrican productos líquidos como pinturas, aceites, lácteos, jugos, refrescos, productos químicos, entre otras. El sistema de costos por procesos, a diferencia del sistema de costos por órdenes, presenta las siguientes características:

- La acumulación de costos es departamental, independientemente del destino de las unidades que se terminan, las cuales pueden ser enviadas a órdenes específicas de clientes o ser almacenadas en cuentas de inventarios de productos en proceso o productos terminados.
- En los sistemas de costos por procesos se lleva una subcuenta de inventario de productos en proceso por cada departamento; por su parte, cuando se aplica un sistema de costos por órdenes se lleva una subcuenta por cada orden de trabajo.
- En cada departamento se realiza un control del costo unitario de las unidades producidas para valuar inventarios y transferir el costo al siguiente departamento de producción o al almacén de productos terminados.

Cuando se aplica un sistema de producción en serie, la producción puede iniciarse y terminar cada día o bien puede fluir constantemente día tras día. Ello depende de la duración de los procesos de producción y de la facilidad con la que se pueda restablecer el mismo. Pensemos, por ejemplo, en un proceso de fundición que requiere días para alcanzar la temperatura adecuada, por lo cual siempre se tratará de tener el horno en operación continua el mayor tiempo posible. En estos casos, un paro productivo implica un alto costo de arranque de operación y una pérdida de capacidad de producción. En otros casos, el proceso requiere mucho tiempo, por lo que dejar de fabricar hoy, implica una pérdida de producción futura. Imaginemos ahora un proceso que requiere la fermentación o el reposo de un material. Aunque se realicen operaciones simultáneas, procesos de este tipo ocasionan que siempre exista un inventario de productos en proceso al final de cada periodo contable. Con el objeto de ilustrar los puntos más importantes dentro de un sistema de costeo por procesos, tomaremos en cuenta ciertos supuestos, que iremos eliminando a medida que avancemos en el conocimiento del costeo de los procesos. De manera que, para efectos de este capítulo, considere que los procesos que se ilustran son:

- Procesos únicos para la elaboración de un producto terminado.
- Procesos que requieren una sola materia prima.

- No existen desperdicios de materiales ni de unidades terminadas o semi-terminadas.
- El volumen físico de unidades permanece constante o no aumenta durante el proceso.
- Al final del proceso se obtiene un solo tipo de unidades uniformes entre sí.

Costeo de procesos de producción con periodos cortos

Cuando los procesos productivos son cortos y no se requiere una producción continua, el proceso de costeo es relativamente sencillo. Empresas como éstas se verán en la necesidad de acumular los costos del periodo y distribuirlos entre las unidades que produjeron en el mismo. Esto ayudará a obtener el costo de las unidades terminadas y a valuar los inventarios de productos en proceso, pues si bien es cierto que los procesos son cortos, en ocasiones no es posible terminar todos los procesos necesarios para que los productos lleguen a ser artículos terminados. Por lo tanto, todas las unidades terminadas en cada departamento serán unidades terminadas para el mismo, pero estarán reflejadas como inventario de productos en proceso y no saldrán del último proceso productivo.

Por ejemplo, supongamos que Zelts fabrica un producto que pasa por un solo proceso que tarda un total de dos horas. Por lo tanto, el trabajo se planea de manera que todo lo que se inicie en un día se termine. Aunque es fácil determinar el costo real de la materia prima y la mano de obra, el costo indirecto real se obtiene hasta al final del periodo contable. Los costos indirectos reales al final del mes de junio de 20X8 que incluyen renta, materiales diversos y servicios públicos ascendieron a 620 000 pesos. El total de requisiciones de materiales directos fue de 480 000 pesos. La nómina pagada a los trabajadores fue de 400 000 pesos. Las unidades terminadas fueron 150 000. Por lo tanto, el costo de artículos terminados fue de 1 500 000 y el costo unitario de los artículos terminados fue de 10 pesos. En procesos como éste el costeo es muy simple. Si el costo indirecto fuera difícil de obtener en relación con los otros dos elementos del costo, el costeo normal sería una muy buena manera de costear la producción y de obtener información para la toma de decisiones.

Procesos de producción en periodos largos

Cuando los periodos requeridos por los procesos productivos son mayores a un día y hay cambios en los niveles de producción, es necesario valuar ésta en función de las unidades terminadas. Por lo tanto, para llevar a cabo el costeo es necesario acumular los costos del periodo contable y distribuirlos en función de las unidades que pudieron haber sido terminadas y no en función de las unidades terminadas como se hizo en el caso de Zelts. Aunque sigue siendo necesario saber cuántas unidades físicas pasaron por el departamento de producción, también lo será hacer una estimación de unidades no terminadas en relación a las unidades terminadas para poder asignar el costo de producción.

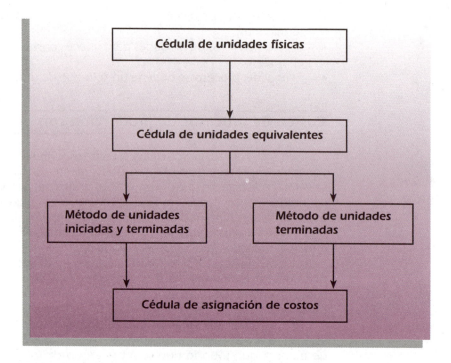

Ilustración 4.1
Cédulas de donde se
obtiene la información
para elaborar un
reporte de costos por
proceso.

Para el costeo puede seguirse el siguiente orden:

1. Determinar el número de unidades que fueron trabajadas en el periodo.
2. Calcular el número de unidades que pudieron ser terminadas con los recursos consumidos.
3. Asignar el costo del periodo a las unidades terminadas y no terminadas.

La información antes mencionada se obtiene mediante las cédulas de costos que se presentan en la ilustración 4.1.

Cédula de unidades físicas

Esta cédula cumple con la primera necesidad del sistema de costos por procesos, ya que en ella se toman en cuenta por igual unidades terminadas y no terminadas. El objetivo es calcular la cantidad de unidades que fueron terminadas en un periodo contable. Esta cédula utiliza el mecanismo de la caja de costos explicada en el capítulo 2, en donde el saldo inicial + las entradas − el saldo final es igual a las salidas. El inventario inicial de productos en proceso representa el saldo inicial, las unidades iniciadas en el periodo representan las entradas a la producción, el inventario final es el saldo final y las salidas están representadas por las unidades transferidas al siguiente departamento de producción o de productos terminados. Para el cálculo de las unidades físicas podemos utilizar el formato da la ilustración 4.2.

Unidades iniciadas en el periodo
+ Inventario inicial de producto en proceso
= Unidades disponibles
– Inventario final de productos en proceso
= Unidades transferidas al siguiente departamento

Ilustración 4.2
Formato de cédula de
unidades físicas.

Las unidades iniciales para el cálculo de las unidades físicas se pueden obtener mediante la determinación de las salidas de materiales del almacén de materiales hacia el proceso de producción. De igual manera, el saldo de unidades terminadas puede ser obtenido al revisar el total de entradas a la cuenta de almacén de productos terminados o al costo de ventas en el caso de que las unidades que fueran terminadas se vendieran inmediatamente. Es necesario recordar que el inventario de productos en proceso puede ser calculado por conteo físico al final de cada periodo contable y que el saldo final de un periodo es el inicial en el siguiente.

Cédula de unidades equivalentes

Una de las reglas básicas de la adición es que para poder sumar se deben utilizar unidades similares. En el caso de la cédula de unidades físicas esta regla no se rompe, pues se suman unidades sin importar si son diferentes o no. Sin embargo, si el objetivo es asignar costos, es importante considerar el grado de avance que las unidades tienen en el proceso de producción, pues sería injusto asignar el mismo costo a unidades que apenas entran al proceso como materia prima, que a unidades que están casi o totalmente terminadas. Para poder repartir el costo a las unidades que pasan por un proceso productivo es necesario calcular un tipo de cambio al que llamaremos **grado de avance**, el cual representa el porcentaje de terminación que tienen las unidades que permanecen en inventarios al inicio o al final del periodo contable.

Para poder asignar el costo adecuadamente y cumplir con la regla de la adición, se empleará el término **unidad equivalente**. Una unidad equivalente es una unidad imaginaria que nos indica cuántas unidades pudieron haber sido terminadas con los recursos invertidos, y es usada para valuar los inventarios de productos en proceso. El concepto de unidades equivalentes se emplea en contabilidad financiera para valuar en una sola unidad de medida el total de los recursos que existen en una cuenta específica. Tomemos como ejemplo la cuenta de efectivo que aparece en el balance general de una empresa que vende sus productos o servicios en el extranjero. Por la necesidad de trabajar con distintas monedas, este negocio debe tener en caja y bancos efectivo en diferentes divisas. Sin embargo, los principios contables nos exigen valuar las cuentas que aparecen en los estados financieros en moneda nacional. Esto obliga al negocio a convertir el efectivo en moneda extranjera a moneda nacional utilizando el tipo de cambio vigente a la fecha de cierre de los estados financieros. Aunque en los estados financieros aparece un total de efectivo expresado en moneda nacional, la realidad es que el negocio tiene distintas divisas. Si un negocio tiene 1 000 dólares en efectivo y el tipo de cambio a la fecha de cierre es 9 pesos por dólar, el negocio tiene registrados 9 000 pesos. La realidad es que no tiene 9 000 pesos, sino 1 000 dólares que a la fecha de cierre equivalen o pudieran haber sido cambiados por 9 000 pesos.

En el caso de la valuación de inventarios, es necesario expresar las unidades que pasan por los procesos como si fueran terminadas. El tipo de cambio a utilizar marca el grado de avance vigente a la fecha de cierre. Multiplicaremos el total de unidades físicas que no han salido del proceso productivo por el grado de avance, que al igual que el tipo de cambio entre dos divisas es una estimación de cambio. El cálculo del grado de avance debe ser realizado de manera objetiva, medible y cuantificable. Un grado de avance puede ser calculado tomando en cuenta los siguientes criterios:

- El total de operaciones requeridas para terminar el proceso.
- El tiempo invertido en el proceso en relación con el tiempo total del mismo.
- El total de procesos completos por los que ha pasado un producto antes de completar el último de los procesos requeridos para su terminación.

El grado de avance a aplicar para calcular las unidades equivalentes que se utilizarán para repartir el costo a la producción debe ser medido en cada elemento del costo. En el caso de productos que requieran una sola materia prima, el grado de avance para este elemento del costo será 100%. Esto hará que las unidades físicas sean similares a las unidades equivalentes. Los otros dos elementos del costo, "la mano de obra y el costo indirecto", a los cuales podemos referirnos como costos de conversión cuando los consideramos en conjunto, pueden tener grados de avance distintos a 100% y también distintos grados de avance entre sí. En este caso no sería práctico referirnos a ellos como costo de conversión sino considerarlos independientemente para la asignación del costo indirecto.

Cuando se costean procesos en los que el factor preponderante de cambio en la producción es la mano de obra y se aplica el costo indirecto con base en el tiempo o costo de la mano de obra, es conveniente agrupar mano de obra y costo indirecto como un solo elemento, **costo de conversión (CoCo)**. En estos casos el grado de avance que presenten las unidades en proceso será igual para ambos elementos del costo, por lo que no sería práctico calcularlos por separado. Supóngase el caso de una carpintería en donde el trabajo es realizado completamente por los carpinteros utilizando herramientas manuales. Es fácil observar que aquellos productos que consuman más tiempo deberán recibir una proporción mayor de costos indirectos en comparación con aquellos que reciben poco tiempo de trabajo.

Supóngase ahora que los mismos productos son elaborados en procesos automatizados y que los trabajadores operan y alimentan materiales a las máquinas. En un ambiente de trabajo como éste, probablemente el tiempo de las máquinas podría ser un mejor *cost driver* o indicador de cómo distribuir el costo indirecto entre los productos. Si el costo indirecto fuera distribuido de acuerdo con las horas-máquina o en algún otro indicador distinto a la mano de obra, entonces se tendrían grados de avance distintos de la mano de obra y del costo indirecto, por lo que no sería conveniente agrupar estos rubros como costos de conversión.

Los métodos para calcular la producción equivalente consisten básicamente en multiplicar unidades físicas por grados de avance y obtener un resultado de producción equivalente que se relaciona con un método de valuación de inventarios para distribuir el costo. En este capítulo propondremos dos metodologías útiles para el cálculo de unidades equivalentes: el método de unidades iniciadas y terminadas (UIT) y el método de unidades terminadas (UT).

Método de unidades iniciadas y terminadas

En este método se utiliza la lógica del flujo de producción en donde las primeras unidades que entran al proceso son las primeras que salen del mismo y en donde se hace una clara identificación de los recursos que se invirtieron en cada grupo de unidades que pasaron por el proceso. Para ello identificamos tres tipos de unidades:

- Las que fueron terminadas sin haber sido iniciadas en el periodo a costear. Aunque éstas pasan al inventario de productos terminados, no todo su costo corresponde a este periodo, pues al haber sido iniciadas en uno anterior, ya les fue asignado costo. En estas unidades es necesario cuantificar la cantidad de recursos que fueron aplicados en este periodo para terminarlas. Estas unidades corresponden a las que aparecían como inventario inicial y que en el periodo anterior fueron inventario final.
- Las unidades que fueron iniciadas y terminadas en el periodo, pues a éstas se les aplicó 100% de cada uno de los tres elementos del costo. Estas unidades pueden obtenerse al restar del total de unidades terminadas aquellas que no fueron iniciadas en el periodo actual (inventario inicial de proceso).
- Las unidades que fueron iniciadas pero que no han sido terminadas a la fecha de cierre. Estas unidades tienen toda la materia prima cuando ésta es la única que requiere el producto, pero sólo una parte de los otros dos elementos del costo. Estas unidades corresponden a las que se muestran como inventario final de productos en proceso, las que serán inventario inicial en el siguiente periodo.

En resumen, bajo esa metodología, podemos calcular "la producción equivalente" para asignar el costo de producción de la siguiente manera:

1. Se calcula la proporción de trabajo que se aplicó al inventario inicial al restarle al 100% el grado de avance que tenía éste al iniciar el periodo.
2. Se suma a la cantidad anterior el total de las unidades que fueron iniciadas y terminadas en el periodo.
3. Se calcula el grado de avance del inventario final, y se suma a las cantidades anteriores para obtener las unidades equivalentes producidas.

Cálculo de producción equivalente.

Inventario inicial en proceso × (1 – grado de avance al inicio del periodo)
+   Unidades iniciadas y terminadas en el periodo
+   Inventario final en proceso x (grado de avance al final del periodo)
=   Total de unidades equivalentes producidas

Ilustración 4.3
Método de unidades
iniciadas y terminadas.

Ejemplo

La compañía EXSA tiene un proceso productivo que consta de un solo departamento de producción y utiliza una sola materia prima. En mayo del 20X3 se iniciaron en el proceso productivo 30 600 unidades. El 1o. de mayo del 20X3 se contaba con un inventario de productos en proceso de 6 200 unidades, las cuales tienen un grado de avance de 70% de costo de conversión. El 31 de mayo del mismo año el inventario de productos en proceso tenía 8 800 unidades, con un grado de avance estimado de 60% en costo de conversión.

En este caso, durante su proceso productivo, EXSA agrega la materia prima al iniciar el proceso, por lo que todas las unidades tienen toda la materia prima o un 100% de grado de avance en este elemento del costo. En la ilustración 4.4, se muestra el cálculo del método de unidades iniciadas y terminadas utilizando los datos de la compañía EXSA. Las unidades iniciadas y terminadas en el periodo fueron 21 800, las cuales se calculan restando a las unidades terminadas en el periodo las unidades del inventario inicial, pues éstas fueron termi-

Ilustración 4.4
Representación gráfica
del método de
unidades iniciadas y
terminadas.

Inventario inicial proceso Periodo anterior	Unidades iniciadas y terminadas Periodo a contabilizar			Inventario final proceso
6 200 unidades 100% MP = 6 200	21 800 unidades 0% MP = 0		100% MP = 8 800	8 800 unidades 0% MP = 0
70% CoCo 4 340	30% CoCo 1 860	100% MP y CoCo 21 800	60% CoCo 5 280	40% 3 520
		28 940 CoCo		
Costo agregado en el periodo anterior	Unidades equivalentes producidas en el periodo			Costo a agregar en el próximo periodo

Cédula de unidades físicas

Unidades iniciadas	$30 600
+ Inventario inicial en proceso	6 200
= Unidades disponibles	36 800
− Inventario final en proceso	8 800
= Unidades terminadas	28 000
− Inventario inicial	6 200
= Unidades iniciadas y terminadas	21 800

Ilustración 4.5
Cálculo de unidades
iniciadas y terminadas

nadas mas no fueron iniciadas en el mes de mayo (28 000 − 6 200). Las unidades terminadas se calculan: 30 600 unidades iniciadas + 6 200 unidades de inventario inicial − 8 800 unidades de inventario final.

La cédula de producción equivalente que utiliza el método de unidades iniciadas y terminadas muestra la misma información que la ilustración 4.4. En esta cédula se muestra de manera resumida el cálculo de las unidades equivalentes producidas. Para elaborar la cédula de producción equivalente es necesario llevar a cabo la cédula de unidades físicas, pues de esa manera es posible determinar el total de unidades terminadas y las unidades iniciadas y terminadas (UIT). Este cálculo puede hacerse restando a las unidades terminadas el inventario inicial o restando a las unidades iniciadas el inventario final.

En la cédula de unidades equivalentes se muestra un valor de cero en el inventario inicial de productos en proceso, en la columna correspondiente a la materia prima. Esto es porque sólo se toman en cuenta los elementos faltantes para trabajar en el actual periodo y la materia prima se agregó en el anterior; también puede resultar de restar el grado de avance que se muestra en este rubro a [(1 − 100% de grado de avance)* 6 200]. Por otro lado, al inventario inicial de costos de conversión se asigna un valor de 1 860 que se calculó al multiplicar a 6 200 unidades el 30% (100% − 70%). En el inventario final, la materia prima tiene un valor de 8 800 que representa 100% de grado de avance; el inventario final de los costos de conversión tiene un valor de 5 280, que

Cédula de producción equivalente:
Método de unidades iniciadas y terminadas

	Unidades equivalentes materiales	CoCo
Inventario inicial en proceso	—	1 860
+ Unidades iniciadas y terminadas	21 800	21 800
+ Inventario final en proceso	8 800	5 280
= Unidades equivalentes producidas	30 600	28 940

Ilustración 4.6
Producción de
unidades equivalentes.

se calculó al multiplicar 8 800 por 60% de grado de avance. Las unidades equivalentes producidas de 30 600 de materiales y 28 940 de costo de conversión representan a las unidades que pudieron haberse terminado en el mes de mayo, por lo que les corresponde la asignación del costo acumulado en producción en ese mes.

Método de unidades terminadas

Este método es esencialmente igual que el método de unidades iniciadas y terminadas, en el cual se clasifican tres tipos de unidades que pasan por la producción y se les multiplica por el grado de avance trabajado en el periodo que se contabiliza. En este método partimos de la cédula de unidades físicas, por lo cual no es necesario hacer una identificación de unidades, sólo multiplicar los inventarios iniciales y finales de proceso por sus grados de avance respectivos; a las unidades terminadas se les multiplica por 100% de grado de avance. En el caso de la materia prima todas las unidades contienen 100% de avance por haber sido agregadas al inicio, por lo que los valores numéricos de la cédula de unidades físicas y de la cédula de unidades equivalentes serán iguales para la primera materia prima. En los otros dos elementos del costo los inventarios iniciales o finales pueden tener un grado de avance distinto. La cédula de unidades equivalentes utiliza el formato de saldo inicial + entradas – saldo final = salidas. En este caso sabemos que las unidades terminadas tienen 100% de avance, por lo que los inventarios pueden convertirse en unidades equivalentes al multiplicarlos por su grado de avance. Por su parte, las entradas, a las que encontraremos por diferencia, serán las unidades equivalentes producidas. A continuación se presenta una comparación de las cédulas de producción equivalente. Como puede observarse, de alguna forma en ambos métodos se inicia a partir de las unidades terminadas y en ambos métodos se suma el inventario inicial por su grado de avance. La diferencia entre ambos es el enfoque sobre el inventario inicial, pues en el método de unidades iniciadas y terminadas primero se resta al 100% y después se suma el complemento al grado de avance (1 – % avance) que en esencia es igual a sólo restar el inventario inicial a su grado de avance.

Cédula de producción equivalente: método de unidades terminadas	**Cédula de unidades equivalentes: método de unidades iniciadas y terminadas**
Unidades terminadas	Unidades terminadas
+ Inventario final * porcentaje de avance	– Inventario inicial (100%)
= Total de unidades equivalentes	= Unidades iniciadas y terminadas
– Inventario inicial * porcentaje de avance	+ Inventario final
= Unidades equivalentes producidas	+ Inventario inicial * (1 – % avance)
	= Unidades equivalentes producidas

Ejemplo

En las ilustraciones 4.7 y 4.8 se presenta el cálculo de las unidades físicas y unidades equivalentes producidas por la compañía EXSA mediante el método de unidades terminadas:

En estas ilustraciones se muestra que el total de unidades terminadas fueron 28 000, cantidad que será el punto de partida para la cédula de unidades equivalentes utilizando el método de las unidades terminadas, en el cual se puede observar que el total de unidades equivalentes producidas fue de 30 600 en materia prima y 28 940 unidades para costos de conversión. Como puede observarse, la valuación del total de unidades equivalentes para el inventario final y para el total de unidades equivalentes producidas es la misma en ambos métodos, por lo que el uso de uno u otro está en función de la preferencia de las personas que preparen la información.

Cédula de asignación de costos

Una vez que se conoce la cantidad de unidades equivalentes producidas en el periodo, es posible asignar el costo de producción a las unidades que pasaron por la producción. Para ello es necesario recordar que se cuenta con dos cantidades de costos relacionadas con cada elemento del costo, pues las unidades que estaban como inventario inicial en proceso ya tenían costo asignado en los tres elementos del costo. Los valores unitarios que se asignaron en el periodo anterior al inventario inicial pueden ser diferentes a las cantidades que se asignen en el último periodo que estamos contabilizando, lo cual ocasiona que sea necesario emplear métodos de valuación de inventarios como son: primeras entradas primeras salidas (PEPS), costo promedio ponderado (CPP) o últimas entradas primeras salidas (UEPS).

Cédulas de asignación de costos según el método de unidades iniciadas y terminadas

Dado que el objetivo de calcular las unidades equivalentes es asignar los costos asociados con ellas, podemos utilizar el formato para calcular las unidades equivalentes producidas por este método y relacionar el total de unidades equivalen-

Cédula de unidades físicas

Unidades iniciadas	$30 600
+ Inventario inicial en proceso	6 200
= Unidades disponibles	36 800
− Inventario final en proceso	8 800
= Unidades terminadas	28 000

Ilustración 4.7
Cálculo de unidades terminadas.

Cédula de unidades equivalentes: Método de unidades terminadas

	Materiales	CoCo
Unidades terminadas	28 000	28 000
+ Inventario final en proceso	8 800	5 280*
= Total de unidades equivalentes	36 800	33 280
− Inventario inicial en proceso	6 200	4 340**
= Unidades equivalentes producidas	30 600	28 940

* 8 800 × 60% grado de avance.
** 6 200 × 70% grado de avance.

Ilustración 4.8
Producción de
unidades equivalentes.

tes con el total de costo de materia prima y, en este caso, de costo de conversión. La asignación a cada tipo de unidades será proporcional. Esto es, dividir el costo total entre las unidades equivalentes producidas para calcular el costo unitario y después multiplicarlo por la cantidad de unidades de cada tipo que pasaron por la producción. Para llenar la cédula de asignación del costo de EXSA se sabe que en el mes de mayo los costos totales de producción fueron 1 046 100 pesos, de los cuales 434 100 estaban relacionados con costos de conversión y 612 000 con materia prima. El inventario inicial tenía costos asignados de materias primas por 99 200 pesos y 86 800 pesos de costos de conversión. En la ilustración 4.9 se muestra la asignación del costo a las unidades equivalentes.

Hasta este punto se ha calculado el valor asignado al inventario final, mas no se ha asignado costo a las unidades terminadas, sino sólo a aquellas que fueron iniciadas y terminadas. Por lo tanto, es necesario completar el cálculo del costo de las unidades que estaban en inventario inicial y que han sido terminadas. Para ello se debe elaborar la cédula que aparece en la ilustración 4.10.

En estas cédulas se muestra la valuación de las unidades terminadas y del inventario final utilizando el método de PEPS, pues el método de unidades iniciadas y terminadas supone que las primeras unidades que fueron iniciadas en la producción (el inventario inicial) son las primeras que fueron terminadas. Otra manera de asignar el costo que nos permita utilizar todos los métodos de valuación consiste en acomodar las unidades y sus costos asociados en el formato de la fórmula de saldo inicial + entradas − saldo final = salidas. Una ventaja de utilizar este formato para valuar la producción es que no requiere determinar

Ilustración 4.9
Asignación de costos a
unidades equivalentes.

	Unidades	$/Ud.	Costo	Unidades	$/Ud.	Costo	Total
Inventario inicial en proceso	0		0	1 860		$ 27 900	$ 27 900
+ Unidades iniciadas y terminadas	21 800		$436 000	21 800		327 000	763 000
+ Inventario final en proceso	8 800		176 000	5 280		79 200	255 200
= Unidades equivalentes producidas	30 600	20	612 000	28 940	15	434 100	1 046 100

	Unidades	$/Ud.	Costo	Unidades	$/Ud.	Costo	Total
Inventario inicial costo previo	6 200	16	$99 200	4 340	20	$86 800	$186 000
+ Inventario inicial costo asignado	—		0	1 860		27 900	27 900
= Costo unidades terminadas I.I.	6 200		99 200	6 200		114 700	213 900
+ Unidades iniciadas y terminadas	21 800		436 000	21 800		327 000	763 000
= Costo total unidades terminadas	28 000		535 200	28 000		441 700	976 900

Ilustración 4.10
Cédula de asignación de costos totales a unidades terminadas.

previamente el método de valuación de inventarios. Éste es el formato que se aplica en el método de unidades terminadas. El ordenamiento sería el que se presenta en la ilustración 4.11.

Para poder aplicar los métodos de valuación de inventarios es necesario recordar que el inventario inicial en proceso representa las primeras entradas al proceso y que las unidades equivalentes producidas en este caso mostradas en la ilustración 4.6 representan las últimas entradas al mismo, por lo que, al aplicar PEPS fue necesario hacer un conteo de unidades y se determinó que, en relación con las unidades de materia prima, de las 28 000 unidades terminadas las primeras en acumularse debieron haber sido las 6 200 que habían formado parte del inventario inicial y el resto, 21 800 (28 000 – 6 200), fueron tomadas de las 30 600 unidades equivalentes producidas durante el periodo. Por ello, la valuación de las unidades terminadas fue la suma de 6 200 unidades valuadas a 16 pesos y 21 800 unidades valuadas a 20 pesos. Por su parte, el inventario final fue valuado por 8 800 unidades valuadas a 20 pesos. El mismo procedimiento fue aplicado a las unidades equivalentes de costo de conversión. Fueron terminadas 28 000 unidades de las cuales 4 340 fueron valuadas a 20 pesos y el resto, 23 660, fueron valuadas a 15 pesos cada una.

Si se quisiera aplicar el método del costo promedio ponderado sería necesario calcular el costo promedio de cada elemento del costo y utilizarlo para valuar las unidades que fueron parte del inventario inicial y las unidades equivalentes producidas. El cálculo del costo promedio sería como se muestra en la ilustración 4.12.

En este método de valuación de inventarios se suman todos los recursos que fueron invertidos en la producción y se asignan a todas las unidades que pasaron por el proceso. Todos los recursos invertidos en materiales suman 711 200 pesos y todas las unidades equivalentes producidas de materias primas que

Ilustración 4.11
Cédula de asignación de costos según el método PEPS.

Primeras entradas primeras salidas:
Método de unidades iniciadas y terminadas

	Unidades	$/Ud.	Costo	Unidades	$/Ud.	Costo	Total
Unidades equivalentes producidas	30 600	20	$612 000	28 940	15	$434 100	$1 046 100
+ Inventario inicial en proceso	6 200	16	99 200	4 340	20	86 800	186 000
= Total de recursos en proceso	36 800	19.3	711 200	33 280	15.65	520 900	1 232 100
– Inventario final en proceso	8 800	20	176 000	5 280	15	79 200	255 200
= Unidades terminadas	28 000		535 200	28 000		441 700	976 900

	Unidades	$/Ud.	Costo	Unidades	$/Ud.	Costo	Total
Unidades equivalentes producidas	30 600	20	$612 000	28 940	15	$434 100	$1 046 100
+ Inventario inicial costo previo	6 200	16	99 200	4 340	20	86 800	186 000
= Total de recursos en proceso	36 800	19.326087	711 200	33 280	15.652043	520 900	1 232 100

Ilustración 4.12
Cálculo del costo
promedio.

Costo promedio ponderado Método de unidades iniciadas y terminadas							
	Unidades	$/Ud.	Costo	Unidades	$/Ud.	Costo	Total
Unidades equivalentes producidas	30 600	20	$612 000	28 940	15	$434 100	$1 046 100
+ Inventario inicial en proceso	6 200	16	99 200	4 340	20	86 800	186 000
= Total de recursos en proceso	36 800	19.326087	711 200	33 280	15.652043	520 900	1 232 100
– Inventario final en proceso	8 800	19.326087	170 070	5 280	15.652043	82 643	252 713
= Unidades terminadas	28 000		541 130	28 000		438 257	979 387

Ilustración 4.13
Cédula de asignación
de costo por costo
promedio ponderado.

estuvieron en el proceso fueron 36 800, por lo que el costo promedio ponderado fue de 19.326087 cada una (711 200 pesos/36 800 unidades; se toman
todos los decimales). Este valor será utilizado para valuar a la producción terminada. Si se terminaron 28 000 unidades y éstas se valúan a 19.326087 pesos
cada una, el costo total de las unidades terminadas por el método de costo
promedio ponderado será 541 130 pesos. En el caso de las unidades equivalentes producidas, 33 280 de costo de conversión, el costo promedio ponderado es
15.652043 (520 900 pesos/33 280) cada una, por lo que el costo total de las
unidades terminadas será de 438 257 pesos. En la cédula de asignación de
costo podemos ver más en detalle cómo se calcularon los valores asignados a las
unidades terminadas y al inventario final de productos en proceso.

Si se quisiera aplicar el método de últimas entradas primeras salidas sería
necesario utilizar la cédula de asignación de costo. Este método de valuación
asigna el costo más reciente a las unidades terminadas y el costo menos reciente a las unidades que permanecen en el inventario final de productos en proce-

Ilustración 4.14
Cédula de asignación
de costo, método
UEPS.

Últimas entradas primeras salidas Método de unidades iniciadas y terminadas							
	Unidades	$/Ud.	Costo	Unidades	$/Ud.	Costo	Total
Unidades equivalentes producidas	30 600	20	$612 000	28 940	15	$434 100	$1 046 100
+ Inventario inicial en proceso	6 200	16	99 200	4 340	20	86 800	186 000
= Total de recursos en proceso	36 800	19.33	711 200	33 280	15.65	520 900	1 232 100
– Inventario final en proceso	8 800		151 200	5 280		100 900	252 100
= Unidades terminadas	28 000	20	560 000	28 000	15	420 000	980 000

so. Esto es especialmente importante para países en donde se presentan índices de inflación considerables. Bajo este método las unidades quedarían valuadas como se muestra en la ilustración 4.14.

Cédulas de asignación del costo según el método de unidades terminadas

La cédula de asignación del costo del método de unidades terminadas es la misma que para el método de unidades iniciadas y terminadas. Al inicio del capítulo comentamos que el objetivo desde el punto de vista contable era costear la producción terminada y valuar inventarios, por lo que es importante hacer una síntesis de la aplicación de este método. Pueden ahorrarse algunos pasos en la asignación del costo si se calculan las unidades equivalentes en la misma tabla en la que se asignará el costo. En las ilustraciones 4.15, 4.16 y 4.17 se presentan las cédulas de unidades físicas, unidades equivalentes y asignación del costo por el método de UEPS según el enfoque de unidades terminadas.

Ilustración 4.15
Cédula de unidades físicas.

Unidades iniciadas	30 600
+ Inventario inicial en proceso	6 200
= Unidades disponibles	36 800
– Inventario final en proceso	8 800
= Unidades terminadas	28 000

Ilustración 4.16
Cédula de unidades equivalentes.

Método de unidades terminadas

	Materiales	CoCo
Unidades terminadas	28 000	28 000
+ Inventario final en proceso	8 800	5 280*
= Total de unidades equivalentes	36 800	33 280
– Inventario inicial en proceso	6 200	4 340**
= Unidades equivalentes producidas	30 600	28 940

* 8 800 × 60% grado de avance.
** 6 200 × 70% grado de avance.

Ilustración 4.17
Cédula de asignación de costos, método de unidades terminadas (UEPS).

	Unidades	$/Ud.	Costo	Unidades	$/Ud.	Costo	Total
Unidades equivalentes producidas	30 600	20	612 000	28 940	15	434 100	1 046 100
+ Inventario inicial en proceso	6 200	16	99 200	4 340	20	86 800	186 000
= Total de recursos en proceso	36 800	19.6	711 200	33 280	15.4	520 900	1 232 100
– Inventario final en proceso	8 800		151 200	5 280		100 900	252 100
= Unidades terminadas	28 000	20	560 000	28 000	15	420 000	980 000

Es posible evitar la elaboración de las primeras dos cédulas de costos si se hace el formato de la cédula de asignación del costo. Los pasos a seguir son los siguientes:

1. Recuerde que la materia prima siempre tiene 100% de grado de avance, por lo que ya se encuentra en unidades equivalentes, en la primera columna.
2. En este caso calculamos las unidades equivalentes de los otros dos elementos del costo, para lo cual es necesario recordar que las unidades terminadas ya están medidas en unidades equivalentes, pues tienen 100% de avance.
3. Tomando como referencia a las unidades físicas, consulte la primera columna de la materia prima para calcular las unidades equivalentes en los demás elementos del costo. Multiplique los inventarios iniciales y finales por su grado de avance y colóquelos en su espacio correspondiente en la tabla.
4. Calcule por diferencia el total de recursos en proceso sumando a las unidades terminadas las unidades equivalentes del inventario final.
'5. Calcule las unidades equivalentes producidas restando al total de recursos en proceso, las unidades equivalentes del inventario inicial.
6. Coloque frente a las unidades equivalentes producidas el total de costos incurridos en el periodo.
7. Coloque frente a las unidades equivalentes del inventario inicial los valores asignados en el periodo anterior cuando fueron valuadas como inventario final.
8. Proceda a hacer la valuación de los inventarios por el método que utilice el negocio.

Resumen conceptual

Las empresas que manejan sistemas de producción en serie necesitan identificar las unidades que entran y salen de sus procesos productivos con la finalidad de realizar la asignación de costos. Para hacer una adecuada asignación del costo a los inventarios y a las unidades terminadas es necesario hacer el cálculo de unidades equivalentes. Básicamente, podemos identificar tres tipos de cédulas para la asignación del costo:

- **Cédula de unidades físicas:** En ella se calcula el total de unidades que salieron de un departamento de producción. Su formato es muy parecido al que se utiliza para calcular el costo de ventas en una compañía comercial.
- **Cédula de unidades equivalentes:** En ella se calcula la equivalencia entre unidades no terminadas y unidades terminadas, con la finalidad de distribuir el costo equitativamente entre los inventarios finales y las unidades terminadas.
- **Cédula de asignación del costo:** En esta cédula se utiliza el total de unidades equivalentes calculado en la cédula anterior para asignar los costos del periodo a los inventarios finales y las unidades terminadas.

Para valuar la producción se utilizan tres métodos: primeras entradas primeras salidas (PEPS), costo promedio ponderado (CPP) y últimas entradas primeras salidas (UEPS). La elección del método es arbitraria y en el mediano o largo plazos, irrelevante. Sin embargo, en el corto plazo pueden presentar diferencias entre sí. En países con ambientes inflacionarios es recomendable utilizar el método de UEPS. Con la aplicación de métodos para reexpresar la información financiera es factible utilizar cualquiera de los métodos de valuación sin distorsionar la información. En la actualidad, las empresas que cotizan en bolsa utilizan los métodos de actualización requeridos por la contabilidad financiera, pero los negocios pequeños y medianos en muchas ocasiones no reexpresan sus estados financieros, por lo que puede ser adecuada la utilización de UEPS para valuar inventarios.

Apéndice de asientos contables

1. Registro del consumo de materiales:

Inventario de productos en proceso A	XXX
Inventario de materiales	XXX

Para registrar el consumo de materiales de un determinado departamento productivo.

2. Registro de la mano de obra directa:

Inventario de productos en proceso A	XXX
Nómina por pagar	XXX

Para registrar la distribución de los costos de mano de obra directa en un departamento.

3. Registro de los costos indirectos:

Inventario de productos en proceso	XXX
Costo indirecto aplicado	XXX

Para registrar los costos indirectos que se aplican a la producción.

4. Registro de la transferencia del inventario de productos en proceso al inventario de productos terminados:

Inventario de productos terminados	XXX
Inventario de productos en proceso	XXX

Para registrar el costo de las unidades que son enviadas del inventario de productos en proceso al inventario de productos terminados. Este asiento se realiza en caso de que el departamento que se está registrando, sea el último o el único dentro del proceso productivo.

   4.1. Registro de la transferencia del inventario de productos en proceso del departamento 1 al inventario de productos en proceso del departamento 2:

Inventario de productos en proceso 2   XXX
   Inventario de productos en proceso 1   XXX
Este asiento se realiza para registrar la transferencia del inventario de productos en proceso del departamento 1, al inventario de productos en proceso del departamento 2. Este asiento se realiza cuando se está registrando la producción terminada en el primer departamento del proceso productivo.

5. Registro de la transferencia del inventario final de producto terminado al costo de ventas:

Costo de ventas   XXX
   Almacén de productos terminados   XXX
Para registrar las unidades que son transferidas del inventario de producto terminado al costo de ventas, es decir, las unidades que son vendidas.

Cuestionario integral

C.4.1. Las empresas que venden sus productos en grandes volúmenes, como las fábricas de refrescos, lácteos, aceites, etcétera, ¿qué sistema de costos deben emplear?

a) Por órdenes.
b) Por procesos.
c) Los incisos a) o b).
d) Ningún sistema.

C.4.2. Para calcular la cantidad de unidades que fueron terminadas en el periodo contable de una industria que trabaje por medio de departamentos productivos, ¿qué cédula le recomienda elaborar?

a) De unidades físicas.
b) Unidades equivalentes.
c) Asignación de costos.
d) Cualquiera de las anteriores.

C.4.3. ¿Cuál es la razón de la existencia de las unidades equivalentes?

a) Conocer las unidades terminadas.
b) Sumar unidades similares para asignar el costo.
c) Determinar el grado de avance de los inventarios.
d) Conocer las unidades de los inventarios.

C.4.4. ¿Qué significa grado de avance?

a) Proporción de utilización de CI.
b) Proporción de uso de material.
c) Proporción de terminación.
d) Proporción de uso de mano de obra.

C.4.5. Una unidad imaginaria que nos indica cuántas unidades pudieron haber sido terminadas con los recursos invertidos se conoce con el nombre de:

a) Unidad intangible.
b) Unidad producida.
c) Unidad generada.
d) Unidad equivalente.

C.4.6. El método que busca encontrar la cantidad de recursos que fueron invertidos en el periodo a los inventarios iniciales y finales se denomina:

a) Unidades terminadas.
b) Unidades iniciales y terminadas.
c) Unidades no terminadas.
d) Ninguna de las anteriores.

C.4.7. ¿Cuál es la cédula en la que se resume toda la información del sistema de costos por procesos?

a) De unidades físicas.
b) De unidades equivalentes.
c) De asignación de costos.
d) Cualquiera de las respuestas anteriores.

C.4.8. El método de valuación de inventarios, en el cual la mayoría de los casos las unidades que integran el inventario final del periodo están valuadas al costo unitario de las unidades que se produjeron de manera más reciente se denomina:

a) PEPS.
b) UEPS.
c) Promedio.
d) Identificable.

C.4.9. El método de valuación de inventarios que supone que las unidades que se vendieron o transfirieron de departamento fueron las que se produjeron en el periodo actual se denomina:

a) PEPS.
b) UEPS.
c) Promedio.
d) Identificable.

C.4.10. La empresa Rojas Corona es una fábrica dedicada a la producción de vino de mesa. Durante el mes de junio de 19X8 inició la producción de 50 000 botellas, para lo cual se utilizó materia prima por 1 000 000 de pesos y costos de conversión de 460 000 pesos. Sólo se pudieron terminar 45 500 botellas. También se cuenta con la siguiente información: La empresa tenía un inventario de productos en proceso al 1o. de junio de 19X8 de 10 000 botellas con un costo de materia prima de 250 000 pesos y 60 000 pesos de costos de conversión. Se sabe que este inventario tiene 100% de grado de avance en cuanto a la materia prima y 50% en cuanto a los costos de conversión, mientras que el inventario final de productos en proceso tiene un grado de avance de 100% para la materia prima y de sólo 40% para los costos de conversión. La empresa utiliza el método PEPS para valuar las unidades transferidas.

¿Cuál es el costo de conversión por botella de vino de mesa del inventario final de productos en proceso?

a) 10.20 pesos.
b) 12.00 pesos.
c) 10.00 pesos.
d) 10.22 pesos.

C.4.11. Con referencia en la pregunta anterior, ¿cuál es el costo total de las unidades terminadas?

a) 1 350 000 pesos.
b) 1 396 323 pesos.
c) 1 396 324 pesos.
d) 1 410 000 pesos.

C.4.12. Con respecto a la pregunta 10, ¿cuál es el costo total de las unidades del inventario final de productos en proceso?

a) 360 000 pesos.
b) 420 000 pesos.
c) 373 677 pesos.
d) 450 676 pesos.

C.4.13 Con referencia a la pregunta 10, ¿cuál es el método de valuación de inventario que asigna el costo más pequeño a las unidades terminadas?

a) PEPS.
b) Costo promedio ponderado.
c) UEPS.
d) Identificación específica.

C.4.14. Industrias Robinson es una fábrica dedicada a la manufactura de pantalones para niños. Durante el mes de febrero de 20X8 inició la producción de 70 000 pantalones, además de que continuó la producción de 12 500 del mes de enero que tenían 100% de grado de avance en materia prima y 60% en costos de conversión. Sólo se terminaron 74 000 unidades, ya que quedaron en producción pantalones con

40% de avance de costos de conversión y 100% de materia prima. ¿Cuáles son las unidades equivalentes producidas con respecto a los costos de conversión?

a) 70 000
b) 77 400
c) 69 900
d) 82 500

C.4.15. Suponga que industrias Robinson cometió un error al calcular sus grados de avance, en realidad el inventario inicial de productos en proceso con 100% de grado de avance de material y 20% en los costos de conversión, y 100% de adelanto en materiales y 10% en los costos de conversión para el inventario final, ¿cuál es la producción equivalente de la materia prima y de los costos de conversión, respectivamente?

a) 70 000 y 72 350
b) 82 500 y 74 850
c) 12 500 y 2 500
d) 8 500 y 850

C.4.16. La compañía Mexicana del Norte se dedica a la fabricación de mangueras para automóviles, en donde la materia prima se utiliza en todos los casos al inicio de la producción. El gerente tiene la siguiente información del mes de mayo de 19X8: se inició la producción de 350 mangueras, 150 unidades en el inventario inicial de productos en proceso con un avance de 70% en los costos de conversión, con un costo total de 3 984 pesos, de los cuales 1 364 pertenecen al costo de conversión. Sólo se terminaron 380 unidades. En el inventario final de productos en proceso se tenía un grado de avance en los costos de conversión del 75%. Se sabe que se requirió de 4 870 pesos de materia prima y 6 250 pesos de costos de conversión durante este periodo. El método de valuación de inventarios es costo promedio ponderado.

Con esta información, conteste la preguntas de la 16 a la 20. ¿Cuáles son las unidades equivalentes producidas en cuanto a costo de conversión entre las que se dividirán todos los recursos en este elemento?

a) 365
b) 350
c) 470
d) 500

C.4.17. Con base en el método de unidades iniciadas y terminadas para obtener la producción equivalente, ¿qué cantidad pertenece al renglón del inventario inicial en cuanto a costos de conversión?

a) 90
b) 70

c) 45
d) 105

C.4.18. ¿Cuál es el costo unitario de las unidades terminadas?

a) 32.15 pesos.
b) 31.18 pesos.
c) 31.30 pesos.
d) 31.15 pesos.

C.4.19. ¿Cuál es el costo total de inventario final?

a) 3 255.60 pesos.
b) 3 265.14 pesos.
c) 3 264.81 pesos.
d) 3 577 pesos.

C.4.20. Si toda la mercancía terminada se vende a 29 621 pesos, ¿cuál es la razón de utilidad a ventas?

a) 57.04%
b) 60%
c) 75.30%
d) 40%

Problemas

P.4.1. La compañía Jag presenta la siguiente información correspondiente al mes de julio de 20X0:

- Se iniciaron 12 000 unidades. Las requisiciones de materiales fueron de 221 000 pesos y los costos de conversión, de 308 000 pesos.
- Se terminaron 10 600 unidades.
- El inventario inicial al 1o. de julio de 20X0 fue de 4 400 unidades con un costo de 82 000 pesos de materia prima y 119 000 pesos de costos de conversión (100% de adelanto de materia prima y 80% de costos de conversión).
- El inventario final es de 5 800 unidades, que tienen 100% de materia prima y 60% de costos de conversión.

    Con base en lo anterior, prepare:

a) Cédula de unidades físicas.
b) Cédula de unidades equivalentes.
c) Cédula de asignación del costo.

    Utilice el método últimas entradas primeras salidas (UEPS) para valuar el inventario final y utilice el método de unidades terminadas para calcular la producción equivalente.

P.4.2. La compañía Victoria, que fabrica un producto que requiere una sola materia prima en un proceso único de producción, utiliza el método de costo promedio ponderado para valuar su producción terminada y el método de unidades iniciadas y terminadas para el cálculo de las unidades equivalentes. Calcule el costo total del inventario final y el costo unitario y total de las unidades terminadas utilizando la siguiente información:

	Unidades	Porcentaje de avance en CoCo	Costo de materiales	CoCo
Unidades iniciadas	127 000			
Inventario en proceso al 1/1/X0	66 000	70	$393 000	$479 000
Inventario en proceso al 12/31/X0	49 000	60		
Costos ocurridos en 20X0			$890 000	$997 000

P.4.3. La compañía Solei consta de un solo departamento productivo. Durante el mes de abril hubo una producción terminada de 69 000 unidades. El inventario inicial es de 20 000 unidades, las cuales tienen 100% de grado de adelanto de la materia prima y 80% de adelanto de los costos de conversión. El inventario final es de 7 700 unidades, las cuales tienen 100% de grado de adelanto de la materia prima y 40% de los costos de conversión.

De acuerdo con la información anterior, elabore la cédula de unidades equivalentes para la compañía Solei aplicando:

a) El método de unidades iniciadas y terminadas.
b) El método de unidades terminadas.

P.4.4. La compañía Cortes Chick maneja un solo departamento productivo. En el mes de septiembre de 20X0 se presenta la siguiente información:

	Unidades	Porcentaje de avance en CoCo
Unidades iniciadas	75 000	
Inventario inicial en proceso	13 000	50
Inventario final en proceso	15 800	75

El costo de las unidades equivalentes producidas en el mes de septiembre de 20X0 es de 768 000 pesos de materia prima y 946 110 pesos de costos de conversión (CoCo). El costo de las unidades del inventario al 1o. de septiembre de 20X0 es de 97 500 pesos de materia prima y 116 025 de costos de conversión. La empresa utiliza el método de costo promedio ponderado para valuar la producción terminada y el método de unidades terminadas para calcular la producción equivalente.

De acuerdo con la información presentada anteriormente, prepare:

a) Cédula de unidades físicas.
b) Cédula de unidades equivalentes.
c) Cédula de asignación del costo.

P.4.5. La compañía Accesorios Suap presenta la siguiente información de su proceso productivo al mes de agosto de 20X6:

1o. de agosto de 20X6: 16 000 unidades con 80% de avance en costo de coinversión
31 de agosto de 20X6: 12 100 unidades con 50% de avance en costo de coinversión
Unidades terminadas: 27 500 unidades.

	Costo del inventario al 31 de julio 20X6	Costo asignado a la producción en agosto 20X6
Materia prima	$32 000	$59 000
Costo de conversión	46 080	83 000

La compañía utiliza el método de unidades terminadas para calcular la producción equivalente y el método de primeras entradas primeras salidas para valuar la producción terminada. De acuerdo con lo anterior, elabore:

a) Cédula de unidades físicas.
b) Cédula de unidades equivalentes.
c) Cédula de asignación del costo.

P.4.6. De acuerdo con los datos del problema anterior, prepare la cédula de asignación del costo conforme al método últimas entradas primeras salidas. Calcule el costo unitario de las unidades terminadas.

P.4.7. El gerente de costo de Llantas Furbon presenta la siguiente cédula de unidades físicas al mes de septiembre de 20X0:

Unidades físicas	
Unidades iniciadas	125 000
+ Inventario inicial en proceso	31 000
= Unidades disponibles	156 000
− Inventario final en proceso	18 000
= Unidades terminadas	138 000

Prepare la cédula de unidades equivalentes por el método de unidades iniciadas y terminadas suponiendo que toda la materia prima es agregada al inicio, que existe 70% de adelanto de costos de conversión en el inventario inicial de productos en proceso y 30% de costos de conversión en el inventario final de productos en proceso.

P.4.8. Con base en la información del problema anterior calcule la cédula de asignación de costo utilizando los siguientes datos y el método primeras entradas primeras salidas para valuar la producción terminada. Suponga costos asignados en el periodo de 81 250 pesos de materiales y 94 926 pesos de costos de conversión. Los costos asignados en el periodo pasado al inventario final fueron 19 530 pesos de materiales y 15 190 pesos de costos de conversión.

P.4.9. Basándose en los datos del ejercicio 4.8 prepare la cédula de asignación del costo, utilizando el método últimas entradas primeras salidas e indique cuál es el costo total del inventario final.

P.4.10. El departamento de costos de Metalrey desea calcular el costo de los artículos terminados en su departamento de fundición. De acuerdo con la información obtenida al final del mes anterior, el inventario inicial constaba de 80 toneladas que contenían 25% de avance en costos de conversión. A este inventario se le asignó un costo de materia prima de 8 000 pesos y un costo de conversión de 14 200 pesos. Al final del presente periodo se determinó que el inventario final del departamento de fundición tenía 48 toneladas con un grado de avance de 50% en costos de conversión y que fueron terminadas 820 toneladas de acero. En el presente periodo los costos de materiales directos enviados a este departamento de producción ascendieron a 82 740 pesos, los costos de materiales indirectos a 15 000 pesos y los costos de conversión aplicados a 589 160 pesos.

Utilizando el método PEPS para valuar la producción terminada y el método de unidades terminadas para calcular la producción equivalente:

a) Calcule el costo unitario de la unidad terminada.
b) Calcule el costo total del inventario final.

P.4.11. La compañía Diez presenta la siguiente cédula de unidades equivalentes al mes de noviembre de 20X3:

	CoCo
Unidades terminadas	65 000
+ Inventario final en proceso	17 500
= Total unidades equivalentes	82 500
– Inventario inicial en proceso	10 800
= Unidades equivalentes producidas	71 700

El inventario inicial de productos en proceso tiene un grado de avance de 90% de costos de conversión, y el inventario final de productos en proceso tiene un grado de avance en costos de conversión de 70%. Con base en lo anterior, prepare la cédula de unidades físicas.

P.4.12. La cédula de unidades equivalentes de la compañía Farmacéuticos del mes de junio de 20X4, con base en el método de unidades iniciadas y terminadas, es la siguiente:

	Materiales	**CoCo**
Inventario inicial en proceso	0	$ 800
+ Inventario final en proceso	5 000	3 000
+ Unidades iniciadas y terminadas	15 000	15 000
= Unidades equivalentes producidas	20 000	18 800

El grado de avance del inventario inicial de productos en proceso es de 100% de materia prima y 80% de costos de conversión.

Con base en lo anterior, calcule:

a)   Unidades iniciadas en el mes de junio.
b)   Unidades terminadas en el mes de junio.
c)   Grado de avance con respecto a costos de conversión del inventario final.
d)   Cédula de unidades equivalentes por el método de unidades terminadas.

P.4.13. La compañía Frida cocina pasteles. Al 1o. de abril de 20X2 contaba con un inventario de 10 unidades, las cuales tienen un avance de 25% en costos de conversión y 100% en materiales. El costo del inventario inicial en materia prima es de 1 200 pesos y los costos de conversión son de 325 pesos. (Costo total: 1 525 pesos.) El inventario final de productos en proceso tiene 35 unidades, las cuales tienen un grado de avance de 40% en costos de conversión y 100% en MP. Las unidades iniciadas en el mes de abril fueron 80. Los costos de producción son: 12 285 pesos de materia prima y 6 405 pesos de costos de conversión. La compañía utiliza el método de costo promedio ponderado para valuar la producción terminada.

De acuerdo con la información presentada anteriormente:

a)   Elabore la cédula de unidades equivalentes por el método de unidades iniciadas y terminadas.
b)   Calcule el costo del inventario final.
c)   Calcule el costo por unidad terminada.

P.4.14. La compañía Galgos utiliza el método de PEPS para valuar la producción terminada y el método de unidades iniciadas y terminadas para calcular la producción equivalente. En el mes de agosto de 20X9 terminó 790 unidades. Se presenta la siguiente información con la finalidad de que usted:

a) Calcule la cédula de unidades equivalentes.
b) Calcule el costo del inventario final.
c) Calcule el costo unitario por unidad terminada.

Inventario inicial de producción en proceso: 90 unidades con un grado de avance de 30% en costos de conversión. Este inventario tenía un costo asignado de materia prima de 10 350 pesos y 10 530 pesos de costo de conversión. El inventario final de 50 unidades muestra un grado de adelanto de 50% en costos de conversión. Los costos de producción en el mes fueron 92 250 pesos de materiales y 315 200 pesos de costos de conversión.

P.4.15. La compañía Reguladores se dedica a la producción de materiales eléctricos. Durante el mes de marzo del 20X8 la compañía incurrió en costos de 18 915 pesos de materia prima y 51 618 de costos de conversión. Al 1o. de marzo del 20X8 existía un inventario de 70 unidades, las cuales tienen un avance de 70% en costos de conversión y 100% en MP. Este inventario tiene un costo de 840 pesos en materia prima y 1 960 en costos de conversión. El inventario al 31 de marzo del 20X8 es de 106 unidades con un avance de 50% en costos de conversión y 100% en MP. Las unidades terminadas en el periodo fueron 1 225. La compañía utiliza el método PEPS para valuar la producción terminada en su inventario, por lo que es necesario:

a) Preparar la cédula de unidades equivalentes por el método de unidades iniciadas y terminadas.
b) Obtener el costo total de las unidades del inventario final.
c) Obtener el costo unitario de las unidades terminadas.

P.4.16. La compañía 2B presenta la siguiente información al mes de noviembre del 20X7:

Inventario inicial: 2 000 unidades con 80% de avance de costos de conversión, 31 000 pesos de costo de materia prima y 88 800 pesos de costos de conversión. El inventario final es de 940 unidades con 60% de avance de costos de conversión. En noviembre se iniciaron 3 200 unidades y se invirtieron a la producción costos de materiales por 56 000 y 74 152 pesos de costos de conversión. En 2B se utiliza el método de costo promedio ponderado para valuar la producción terminada y el método de unidades iniciadas y terminadas para calcular la producción equivalente.

Se pide:

a) Calcule el costo unitario de las unidades terminadas
b) Calcule el costo del inventario final.

Costeo por procesos: múltiples procesos y materias primas

Capítulo

OBJETIVO GENERAL

Conocer las diferencias que se presentan en los procesos productivos y los cambios por realizar en las cédulas de costos, con el objeto de utilizar su información para calcular el costo de ventas y valuar inventarios cuando haya más de un departamento productivo, y cuando se agregue más de un material a la producción.

OBJETIVOS ESPECÍFICOS

Al terminar de estudiar este capítulo, el alumno será capaz de:

- Comprender el proceso de acumulación de costos cuando haya más de un proceso productivo.
- Comprender el concepto de unidades aumentadas.
- Comprender el efecto en el costo de las unidades terminadas cuando se agrega materia prima al final del proceso productivo.
- Comprender el efecto en el costo de las unidades terminadas cuando se agrega materia prima al inicio del proceso productivo.
- Comprender la diferencia que se presenta cuando la materia prima que produce el aumento de unidades se agrega al inicio o al final del proceso productivo.
- Identificar los cambios en las cédulas de costos cuando se agrega más de una materia prima a la producción.
- Identificar el cambio en las cédulas de costo originadas por la adición de materiales al inicio o al final del proceso productivo.

Contabilización de procesos con diferentes tasas de asignación

A medida que los procesos de manufactura y administrativos adquieren mayor complejidad y requieren de más soporte, crece en importancia el problema de la asignación de costos indirectos. En este capítulo se tratará el mecanismo para la valuación y contabilización de procesos de producción cuando se usa más de una tasa de asignación del costo indirecto. Supongamos que la compañía EXSA ha determinado que en su departamento de producción existen dos actividades relevantes: el *número de unidades físicas* que pasan por el proceso de producción y las *horas-máquina* utilizadas en éstas. Por lo tanto, se acumuló la información relacionada con los costos indirectos en grupos de costos (*cost pools*) y se calcularon tasas.

Para valuar la producción, la principal diferencia consiste en calcular las unidades equivalentes de mano de obra, el número de unidades físicas y de horas-máquina que determinan el total del costo indirecto a asignar. Recordemos los datos iniciales de EXSA utilizados en el capítulo anterior, y la información adicional relacionada con los costos indirectos:

- La compañía EXSA aplica un proceso productivo que consta de un solo departamento de producción y utiliza una sola materia prima. En mayo de 20X3 se iniciaron en el proceso productivo 30 600 unidades. Al 1o. de mayo de 20X3 existe un inventario de productos en proceso de 6 200 unidades, con 70% de avance en mano de obra y 50% en horas-máquina. Al final del mes de mayo del mismo año el inventario de productos en proceso tenía 8 800 unidades, con un grado de avance estimado de 60% en mano de obra y 50% en horas-máquina.
- El costo de mano de obra durante el periodo fue de 5 pesos la unidad.
- Se aplica el costo indirecto utilizando dos *cost drivers*: número de unidades y horas-máquina, a razón de 5 pesos la unidad y 5 pesos la hora-máquina. Se sabe que cada unidad terminada requiere una hora-máquina.
- El inventario inicial tenía asignados costos a razón de 16 pesos la unidad de materia prima, 4 pesos la de mano de obra y 13 pesos de costo indirecto (7 pesos la unidad en horas-máquina y 6 pesos la unidad).
- La materia prima durante el periodo tuvo un costo de 20 pesos la unidad.
- EXSA utiliza el método de primeras entradas primeras salidas para valuar sus inventarios.

En la cédula de unidades equivalentes ahora tendremos que presentar cuatro columnas: las primeras dos estarán relacionadas con la materia prima y la mano de obra y las dos últimas con los costos indirectos asignados por medio de las unidades físicas y las horas-máquina, que son los *cost drivers* elegidos para asignar el costo indirecto a la producción.

El costo de una unidad terminada es de 34.40 pesos (963 260 pesos/28 000) y el costo del inventario final es de 268 400 pesos.

Unidades equivalentes	Material	MOD	Costo indirecto	
			Número de unidades	**Horas-máquina**
Unidades terminadas	28 000	28 000	28 000	28 000
Inventario final	8 800	5 280	8 800	4 400
Total en proceso	36 800	33 280	36 800	32 400
Inventario inicial	6 200	4 340	6 200	3 100
Unidades equivalentes producidas	30 600	28 940	30 600	29 300

Ilustración 5.1
Cédula de unidades equivalentes producidas.

PEPS	Materia prima			Mano de obra			Costo indirecto Número de unidades			Costo indirecto Horas-máquina			Total
	Uds.	$/Ud.	Costo	Uds.	$/Ud.	Costo	Uds.	$/Ud.	Costo	Uds.	$/Ud.	Costo	
Unidades equivalentes producidas	30 600	20.0	612 000	28 940	5.00	144 700	30 600	5.00	153 000	29 300	5.00	146 500	1 056 200
Inventario inicial en proceso	6 200	16.0	99 200	4 340	4.00	17 360	6 200	6.00	37 200	3 100	7.00	21 700	175 460
Total de recursos en proceso	36 800	19.3	711 200	33 280	4.87	162 060	36 800	5.17	190 200	32 400	5.19	168 200	1 231 660
Inventario final en proceso	8 800	18.0	176 000	5 280	5.00	26 400	8 800	5.00	44 000	4 400	5.00	22 000	268 400
Unidades terminadas	28 000		535 200	28 000		135 660	28 000		146 200	28 000		146 200	963 260

Ilustración 5.2
Cédula de asignación de costo.

Vale la pena aclarar que el costo asignado a la producción y al inventario de producción en proceso sigue siendo muy parecido al calculado en el capítulo anterior cuando sólo se utilizó el costo de mano de obra para distribuir el costo indirecto. Esto se debe a las características del proceso: sólo hay un producto que pasa por un solo proceso. Sin embargo, nuestro objetivo es señalar la forma en la que debe ser costeada la producción cuando se aplica el costo indirecto con más de una sola tasa de asignación.

Producción en varios departamentos

Por lo general, mientras más complicado es un artículo, mayor será el número de procesos a los que tendrá que ser sometido. El punto importante a considerar es que el producto final de un departamento de producción es para éste un producto terminado, el cual al entrar al siguiente departamento se convierte en materia prima. Supongamos que existen tres departamentos de producción en una fábrica, el primero (departamento 1: corte) recibe materia prima del almacén, la procesa y obtiene un producto terminado, que al entrar al segundo departamento de producción (departamento 2: soldadura) se convierte en

Departamento 1: corte	**Departamento 2: soldadura**	**Departamento 3: pulido**
MP Almacén materiales	Proceso	Producto terminado
MP Departamento 1	Proceso	Producto terminado
MP Departamento 2	Proceso	Producto terminado

Ilustración 5.3
Producción en varios
departamentos.

materia prima semiprocesada; luego, al terminar este proceso, el producto terminado del departamento 2 ingresa como materia prima semiprocesada al departamento 3 (pulido), que es el último departamento de producción, cuyo producto terminado se envía al cliente o al inventario de productos terminados, como se muestra en la ilustración 5.3.

Para cada departamento es necesario elaborar una cédula de unidades físicas, una cédula de unidades equivalentes y una cédula de asignación del costo. Para ilustrar el manejo de las cédulas de costos tomemos como ejemplo las operaciones del mes de agosto de 20X3 de Deportivos Panamá (DEPSA), empresa que se dedica a la fabricación de ropa para uso deportivo. DEPSA diseña y fabrica sus propios productos. Una vez que el diseño de alguna prenda ha sido terminado se envía a producción para su elaboración. Las operaciones de producción se concentran en dos departamentos productivos: el departamento de corte y el departamento de costura. Para ilustrar el cálculo de los costos unitarios de un departamento de producción, tomemos como ejemplo las transacciones ocurridas en el departamento de corte en el mes de agosto de 20X3:

- Se cortó material para fabricar 15 000 sudaderas con valor de $375 000 al salir del almacén de materiales.
- Los costos de conversión (CoCo) fueron de 552 900 pesos. (300 000 pesos de mano de obra directa y 252 900 de costos indirectos de fábrica).
- Al final del mes de agosto quedaron sin terminar 3 000 sudaderas en el departamento de corte con 100% de avance en materiales y 60% de avance de costos de conversión.
- Al 1o. de agosto de 20X3 existía un inventario de 1 500 sudaderas con un costo de materia prima de 37 500 pesos y un costo de conversión de 30 000 pesos. Este inventario tiene un avance de 100% de materiales y 50% en costos de conversión.
- La empresa utiliza el método de primeras entradas primeras salidas (PEPS) para valuar la producción terminada.
- Se utiliza el método de unidades iniciadas y terminadas para calcular la producción equivalente en el departamento de corte.

De acuerdo con la información presentada anteriormente, las cédulas para el departamento de corte son las siguientes:

1. Cédula de unidades físicas

Deportivos Panamá
Departamento de corte
Cédula de unidades físicas

Unidades iniciadas	15 000
+ Inv. inicial en proceso	1 500
= Unidades disponibles	16 500
– Inv. final en proceso	3 000
= Unidades terminadas	13 500

Ilustración 5.4
Cálculo de unidades terminadas.

La cédula anterior muestra las unidades que se inician en el periodo (15 000), las cuales se suman a las unidades del inventario inicial de productos en proceso (1 500), lo cual da como resultado las unidades disponibles (16 500). Al restarle las 3 000 unidades del inventario final de productos se obtienen las 13 500 unidades que serán transferidas al siguiente departamento.

2. Cédula de unidades equivalentes

En esta cédula se presentan las unidades equivalentes producidas según el método de unidades iniciadas y terminadas. El inventario inicial de productos en proceso constaba de 1 500 unidades, cuyo costo de materiales en el periodo es de 0 unidades equivalentes, ya que el grado de avance de materiales al inicio es de 100%, por lo que todo el costo de materiales fue cargado en el periodo anterior. El inventario inicial de productos en proceso para los costos de conversión es de 750, ya que el grado de avance es de 50% y sólo se considera el 50% restante (100% – 50%), por lo que las 750 unidades resultan de multiplicar las 1 500 unidades por 50%. Las 12 000 unidades iniciadas y terminadas se obtienen de restar a las unidades transferidas (13 500) el inventario inicial de productos en proceso (1 500).

Ilustración 5.5
Producción de unidades equivalentes.

Deportivos Panamá
Departamento de corte
Cédula de asignación del costo
Al 31 de agosto de 20X3

	Materia prima			CoCo			
	Uds.	$/Ud.	Costo	Uds.	$/Ud.	Costo	Total
Uds. equiv. producidas	15 000	25	375 000	14 550	38	554 355	929 355
+ Inv. inicial en proceso	1 500	25	37 500	750	40	30 000	67 500
= Recursos en proceso	16 500	412 500	15 300	584 355	996 855		
– Inv. final en proceso	3 000	25	75 000	1 800	38	68 580	143 580
= Unidades terminadas	13 500		337 500	13 500		515 775	853 275

Deportivos Panamá
Departamento de corte
Cédula de asignación del costo
al 31 de agosto de 20X3

PEPS	Materia prima			CoCo			
	Uds.	$/Ud.	Costo	Uds.	$/Ud.	Costo	Total
Uds. equiv. producidas	15 000	25	$375 000	14 550	38	$552 900	$927 900
+ Inv. inicial en proceso	1 500	25	37 500	750	40	30 000	67 500
= Recursos en proceso	16 500	25	412 500	15 300	38.1	582 900	995 400
– Inventario final en proceso	3 000	25	75 000	1 800	38	68 400	143 400
= Unidades terminadas	13 500		337 500	13 500		514 500	852 200

Ilustración 5.6
Cédula de asignación
de costos según el
método PEPS.

El inventario final de productos en proceso para materiales se obtiene al multiplicar las 3 000 unidades por el grado de avance, que en este caso es de 100%. En los costos de conversión el grado de avance es de 60%, por lo que el inventario final es de 1 800 pesos (3 000 × 60%). Al sumar el inventario inicial de productos en proceso, las unidades iniciadas y terminadas, y el inventario final de productos en proceso se obtienen las unidades equivalentes producidas. Una vez terminada la cédula de unidades equivalentes es posible iniciar la cédula de asignación del costo.

3. Cédula de asignación de costos

En la cédula anterior se presentan las unidades producidas en el periodo: 15 000 unidades con un costo de 375 000 pesos de materia prima y 14 550 unidades con 552 900 pesos de costos de conversión. El inventario inicial de productos en proceso es de 1 500 unidades, las cuales tienen un costo de 37 500 pesos en materia prima y 750 unidades (1 500 × 50%) con un costo de 30 000 pesos de costos de conversión. El costo unitario del inventario inicial de productos en proceso de la materia prima es de 25 pesos (37 500 pesos/1 500) y el de costo de conversión es de 40 pesos (30 000/750).

Como esta empresa aplica el método de PEPS, el inventario final de productos en proceso quedará valuado a 25 pesos de materia prima y 38 pesos de costos de conversión, lo cual dará como resultado un costo total de 143 400 pesos. El costo de las unidades transferidas (852 000 pesos) se obtiene al restar al total de recursos en proceso (995 400 pesos) el inventario final de productos en proceso de 143 400 pesos. El costo de las 13 500 unidades transferidas al departamento de costura es de 852 000 pesos, de los cuales 337 500 provienen de materia prima (412 500 – 75 000) y 514 500 pesos (582 900 – 68 400) de costos de conversión. El costo unitario de estas unidades terminadas fue de 63.11 pesos.

DEPSA recibió en su departamento de costura las 13 500 unidades que salieron del departamento de corte. El informe de costos del mes de agosto de 20X3 del departamento de costura es el siguiente:

- Se transfirieron del departamento de corte al departamento de costura 13 500 prendas de vestir.
- Los costos de conversión ascienden a 249 480 pesos en el mes de agosto.
- El inventario final de productos en proceso al 31 de julio de 20X3 fue de 300 prendas de vestir, las cuales tienen 100% de materiales y 70% de costo de conversión.
- Existe un inventario inicial de productos en proceso al 1o. de julio de 20X3 de 900 prendas de vestir con un costo de 67 500 pesos de materiales y 6 750 pesos de costo de conversión. Tienen un avance de 100% en materiales y 50% en costo de conversión.
- Se utiliza el método de primeras entradas-primeras salidas para valuar la producción terminada.
- Se utiliza el método de unidades terminadas para calcular la producción equivalente.

Las cédulas del departamento de costura son las siguientes:

1. Cédula de unidades físicas

Unidades iniciadas	13 500
+ Inv. inicial 1/7/X3	900
= Unidades disponibles	14 400
− Inv. final 31/7/X3	300
= Unidades terminadas	14 100

Ilustración 5.7
Cálculo de unidades terminadas.

2. Cédula de unidades equivalentes

Ilustración 5.8
Cédula de unidades equivalentes (método de unidades terminadas).

	Material	CoCo	
Unidades terminadas	14 100	$14 100	
+ Inv. final	300	210	70%
= Uds. iniciadas y terminadas	14 400	14 310	
− Inv. inicial	900	450	50%
= Uds. equivalentes producidas	13 500	13 860	

Ilustración 5.9
Cédula de asignación de costos (UEPS).

3. Cédula de asignación de costos

Departamento de costura
Cédula de asignación de costos

Valuado por PEPS	Materia prima			Costo de conversión			Total
	Uds.	$/Ud.	Costo	Uds.	$/Ud.	Costo	
Uds. equivalentes producidas	13 500	63.1	852 000	13 860	18.0	249 480	1 101 480
+ Inventario inicial	900	75.0	67 500	450	15.0	6 750	74 250
= Total unidades equivalentes	14 400	63.9	919 500	14 310	17.9	256 230	1 175 730
− Inventario final	300	63.1	18 933	210	18.0	3 780	22 713
= Unidades terminadas	14 100		900 567	14 100		252 450	1 153 017

Como se puede observar, las unidades transferidas del departamento de corte (13 500 unidades valuadas en 852 000 pesos) son las entradas al departamento de costura. Como el de costura es el último departamento productivo, las unidades transferidas del mismo van a formar parte del inventario de artículos terminados. En este periodo, el costo unitario de una unidad terminada fue de 81.77 pesos (1 153 017/14 100).

Estado de costo de producción y ventas en costeo por procesos

En el capítulo 2 se explica el estado de costos de producción y ventas, el cual permite conocer cuál es el costo de ventas de las compañías manufactureras. Si una empresa aplica el sistema de costos por procesos, en la realización del estado de costos de producción y ventas se debe incluir el recorrido de los costos de la unidades a través de los inventarios de los diversos departamentos del proceso productivo de la misma.

Ejemplo

En el estado de costos de producción y ventas de la ilustración 5.10 se consideran los departamentos del proceso productivo de la empresa.

Compañía Zeta
Estado de costo de producción y ventas

	Depto. 1	Depto. 2
Inventario inicial de materia prima	$ 52 500	
+ Compras de materia prima	105 000	
= Materia prima disponible para su uso	157 500	
− Inventario final de materia prima	30 000	
= Material directo utilizado en producción	127 500	$283 500
+ Mano de obra utilizada	90 000	187 500
+ Costos indirectos	60 000	121 500
= Total de costos de manufactura	277 500	592 500
+ Inventario inicial de productos en proceso	20 500	80 250
= Total de costos en proceso	297 000	672 750
− Inventario final de productos en proceso	13 500	132 000
= Costo de artículos producidos	283 500	540 750
+ Inventario inicial de productos terminados		184 500
= Costo de artículos disponibles para la venta		725 250
− Inventario final de productos terminados		294 750
= **Costo de ventas**		**$430 500**

Ilustración 5.10
Estado de costos de producción y ventas.

En el ejemplo anterior se observa que el costo de los artículos terminados del departamento 1 es la materia prima utilizada en producción para el siguiente departamento, ya que es la única en el departamento 2. En caso de que existiera otro departamento, la mecánica de la transferencia del costo de los artículos terminados de un departamento al siguiente como materia prima utilizada sería el mismo.

Materias primas agregadas en distintas etapas del proceso productivo

Por lo general, cuando los artículos que se producen son de naturaleza sólida, el número de unidades físicas que se fabrican no cambia si se añade más materias primas. Lo que se modifica es sólo el costo, el cual aumentará a medida que se agreguen las materias primas y los costos de conversión. Por lo tanto, cuando se emplea un sistema de costos por procesos, la cédula de unidades físicas no cambia. Al agregar más de una materia prima será necesario modificar la cédula de unidades equivalentes y la cédula de asignación del costo. En la elaboración de la cédula de unidades equivalentes será necesario saber en qué grado de avance del proceso de producción se agrega cada material, al cual llamaremos **punto de adición**. En estos casos, el material adicional tendrá 100% o 0% de grado de avance. Por ejemplo, si un material adicional se agrega cuando el proceso lleva 60% de avance respecto a costos de conversión (el punto de adición es 60%) y si el grado de avance del inventario final es 50%, no debe asignarse a la producción el costo del material adicional. En cambio, si el inventario final tiene 65% de avance, se debe cargar a la producción 100% del costo del material adicional y sólo 65% de los costos de conversión.

Si una materia prima se agrega al final del proceso productivo, su costo sólo será cargado a las unidades transferidas al siguiente departamento, pues las unidades que quedan en el inventario final de productos en proceso no están terminadas y no han recibido el material adicional. Con la finalidad de ejemplificar estos conceptos tomemos como ejemplo el proceso de producción de la fábrica Cartuchos.

Cartuchos se dedica a la fabricación de balas para carabinas y utiliza en su proceso productivo tres materias primas. La primera de ellas, la materia prima 1 o casquillo se añade al inicio del proceso, la MP 2 o pólvora se agrega al 40% de avance del proceso, mientras que la MP 3 o punta se añade al 90% de avance de la producción de una bala. Los costos de conversión se aplican de manera uniforme en el proceso productivo. En este caso todas las unidades que se empiezan en la producción tienen casquillos y todas las unidades terminadas tienen todas las materias primas y todo el costo de conversión. En octubre de 20X2 se iniciaron 120 000 unidades. Al principio del mes existía un inventario de 22 500 unidades con un grado de avance de 60%. Al final del mes se contaba con 34 500 unidades en el inventario de productos en proceso con un grado de avance de 30%. Las hojas de acumulación de costos del mes de septiembre y la cédula de asignación de costos de ese mes mostraron que el inventario inicial de productos en proceso de octubre tenía los siguientes costos:

MP1: $37 500
MP2:   46 500
MP3:   0
CoCo: 88 500

Las hojas de acumulación de costos del mes de octubre mostraron los siguientes costos incurridos en el periodo:

MP1: $159 000
MP2:   109 500
MP3:   138 000
CoCo: 354 000

Cartuchos utiliza el UEPS para calcular el costo de los inventarios y de las unidades transferidas. Las cédulas de costos a ser elaboradas en el mes de octubre se muestran a continuación:

1. Cédula de unidades físicas

Avance	CoCo	
Unidades iniciadas	120 000	
+ Inventario inicial en proceso	22 500	60%
= Unidades disponibles	142 500	
− Inventario final en proceso	34 500	30%
= Unidades terminadas	108 000	

Ilustración 5.11
Cálculo de unidades terminadas.

2. Cédula de unidades equivalentes

Punto de adición	MP1	40% MP2	90% MP3	CoCo
Unidades terminadas	108 000	108 000	108 000	108 000
+ Inventario final	34 500	0	0	10 350
= Total en proceso	142 500	108 000	108 000	118 350
− Inventario inicial	22 500	22 500	0	13 500
= Unidades equivalentes producidas	120 000	85 500	108 000	104 850

Ilustración 5.12
Producción de unidades equivalentes.

3. Cédula de asignación de costos

UEPS	MP1 Uds.	Costo	MP2 Uds.	Costo	MP3 Uds.	Costo	CoCo Uds.	Costo
Uds. equivalentes prod.	120 000	$159 000	85 500	$109 500	108 000	$138 000	104 850	$354 000
+ Inventario inicial en P	22 500	37 500	22 500	46 500	—	0	13 500	88 500
= Total de recursos en P	142 500	196 500	108 000	156 000	108 000	138 000	118 350	442 500
– Inventario final en P	34 500	53 400	—	—	—		10 350	67 850
= Unidades terminadas	108 000	143 100	108 000	156 000	108 000	138 000	108 000	374 650

Ilustración 5.13
Asignación de costos
según método UEPS.

Para calcular el costo del inventario final bajo el método de UEPS se hicieron las siguientes operaciones:

MP1: [($159 000/120 000) * 12 000] + [($37 500/22 500) * 22 500]
= 53 400 pesos
MP2: = No hay unidades
MP3: = No hay unidades
CoCo: ($88 500/13 500) * 10 350 = 67 850 pesos

En el ejemplo anterior se puede observar que las cédulas para calcular el costo de las unidades transferidas y el costo de las unidades del inventario final se llenan de manera similar a los ejercicios del capítulo 4, sólo que en este ejemplo en la cédula de unidades equivalentes se incluyó una columna para cada materia prima y en la de asignación del costo una para cada materia prima y otra para costo asignado.

Unidades aumentadas por la adición de una materia prima agregada al final del proceso

En la fabricación de algunos tipos de productos, el número de unidades que se inician es menor que el número de unidades que salen del proceso de producción. Ese aumento de unidades es causado por la adición de algún material, ya sea al inicio o al final del proceso productivo, principalmente cuando se fabrican artículos líquidos o en polvo. Al incremento de las unidades de producción ocasionado por agregar un nuevo material se le conoce como **unidades aumentadas**. Para llevar a cabo la contabilización de estas unidades es necesario hacer pequeños cambios en la cédula de unidades físicas y en la cédula de asignación de costos.

Así como es necesario hacer una cédula de unidades equivalentes para ser equitativos en la repartición del costo, también lo es distinguir entre las unidades que han recibido el material adicional que provoca el aumento de unidades y las que no lo han recibido y no han aumentado su volumen, pues no son unidades de la misma medida.

Para ejemplificar la forma en la que la adicción de una materia prima incrementa el número de unidades producidas al inicio y/o al final del proceso productivo se utilizará el caso de Bebidas Lácteas. En este negocio se fabrica, entre otros, el producto "Chocoleche" en dos procesos: uno, el de mezclar la leche preparada y el chocolate en polvo, y segundo, el de envasar el "Chocoleche" en botes de cartón. Para elaborar este producto es necesario, en el primer proceso, purificar la leche para que esté libre de bacterias y en seguida agregarle el chocolate. Al agregar a la leche el chocolate en polvo, aumenta el número de litros que fueron procesados inicialmente. Como sólo a la leche que ha sido totalmente preparada para evitar la descomposición se le agrega el chocolate, son únicamente estas unidades las que experimentan un aumento.

Para ver cómo son afectados los costos de producción por el aumento de unidades debido a la adición de una materia prima al final del proceso, se muestran las operaciones del mes de octubre de 20X4 de Bebidas Lácteas. El inventario inicial de productos en proceso en ese mes para el departamento era de 75 000 litros con 60% de Costo de conversión, mientras que el inventario final de productos en proceso era de 40 500 litros con 30% de costo de conversión. Durante el mes de octubre comenzaron a procesarse 105 000 litros de leche. El chocolate en polvo se agrega al final del proceso y produce un aumento de unidades de 60%. El informe de costos presenta lo siguiente:

El inventario inicial tenía costos acumulados de materia prima por 562 500 y 121 500 pesos en costos de conversión. En el mes de octubre se agregaron al proceso en leche 840 000 y 298 620 pesos en costos de conversión. El chocolate agregado al final a la leche tenía un costo de 251 100 pesos.

Las cédulas de costos por procesos de la compañía Bebidas Lácteas en octubre son las siguientes:

1. Cédula de unidades físicas con aumento al final del proceso.

		Porcentaje de aumento
Unidades iniciadas	105 000	
+ Inventario inicial	75 000	—
= Unidades disponibles	180 000	
− Inventario final	40 500	—
= Unidades terminadas	139 500	
+ Unidades aumentadas	83 700	60%
= Unidades transferidas	223 200	

Ilustración 5.14
Cálculo de unidades transferidas.

Como puede observarse, el aumento de litros de "Chocoleche" causado por la adición del chocolate en polvo a la leche sólo se reflejó en las unidades que fueron terminadas, o bien, se puede decir que una unidad terminada equivale físicamente a 1.6 unidades no terminadas. Por la misma razón, la cédula de unidades equivalentes tiene que ser elaborada con base en las unidades terminadas de leche y no en las unidades transferidas de "Chocoleche" al siguiente departamento.

2. Cédula de unidades equivalentes

	MP	CoCo	Grados de avance CoCo
Unidades terminadas	$139 500	$139 500	
+ Inventario final	40 500	12 150	30%
= Tot. unidades equivalentes	180 000	151 650	
– Inventario inicial	75 000	45 000	60%
= Unid. equiv. producidas	105 000	106 650	

Ilustración 5.15
Producción de unidades equivalentes.

El total de unidades equivalentes producidas que aparece en la cédula de unidades equivalentes no muestra el aumento de unidades terminadas, pues ello afectaría la razón de asignación de costos en la siguiente cédula.

Cédula de asignación de costos

	MP		CoCo		
	Unidades	Costo	Unidades	Costo	Total
Unidades equiv. producidas	105 000	840 000	106 650	298 620	1 138 620
+ Inventario inicial prod. proceso	75 000	562 500	45 000	121 500	684 000
= Total de unidades	180 000	1 402 500	151 650	420 120	1 822 620
– Inventario final prod. proceso	40 500	315 563	12 150	33 659	349 222
= Unidades terminadas	139 500	1 086 938	139 500	386 461	1 473 398
+ Unidades aumentadas	83 700	251 100	83 700	—	251 100
= Unidades transferidas	223 200	1 338 038	223 200	386 461	1 724 498

Redondeado al entero más cercano.

Ilustración 5.16
Cédula de asignación de costos según método UEPS.

El cálculo de los inventarios se hace utilizando el método del costo promedio ponderado de la siguiente manera:

- Cálculo del inventario final con respecto a la materia prima: 1 402 500 pesos/180 000 pesos = 7.791667 pesos × 40 500 unidades = 315 563 pesos.
- Inventario final con respecto a los costos de conversión: 420 120 pesos/151 650 = 2.770326 pesos × 12 150 unidades = 33 659.50 pesos.

El costo de una unidad transferida se calcula dividiendo el total de costos de unidades terminadas, 1 724 498 pesos entre el número de unidades transferidas, 223 200. En el mes de octubre el costo unitario de un litro de "Chocoleche" sería de 7.726 pesos el litro (1 724 498/223 200 unidades).

Unidades aumentadas por la adición de una materia prima agregada al inicio del proceso

Supongamos ahora que Bebidas Lácteas está considerando mezclar el polvo para hacer la "Chocoleche" en el segundo departamento (envase). Si éste fuera el caso, las unidades transferidas del primer departamento no mostrarían el aumento de unidades causado por la adición del chocolate. De acuerdo con los datos que muestra la cédula de asignación de costos, el costo unitario de las unidades terminadas resultaría de dividir el *costo de las unidades terminadas* (1 086 938 de materiales + 386 460 de costo de conversión = 1 473 398 pesos) entre el costo de *unidades terminadas* (139 500), de lo que resulta un costo unitario de 10.56 pesos el litro, y las unidades transferidas al segundo departamento serían 139 500 litros en vez de 223 200 litros.

En este caso, el departamento de envase recibiría 139 500 litros de leche e inmediatamente agregaría el chocolate en polvo para llegar a tener un total de unidades iniciadas disponibles de 223 200 (139 500 × 1.6). En octubre de 20X4 los reportes de las hojas de costos mostraron lo siguiente para el departamento de envase:

Costo del departamento 1 = 139 500 litros a 1 473 398 pesos.
Materia prima añadida = 251 100 pesos.
Total de materia prima procesada en el mes = 1 724 498 pesos.
Total de costos de conversión = 316 936 pesos.
Unidades transferidas al inventario de producto terminado: 208 740 litros.

El reporte de los costos del mes de septiembre de 20X4 del departamento de envase mostró un inventario final de 75 000 litros de "Chocoleche" (inicial en octubre): 555 000 pesos de materia prima y un costo de 76 500 pesos de costos de conversión, con 60% de avance de costos de conversión. El inventario final de productos en proceso en octubre tenía 89 460 litros con 100% de materiales y 30% de avance en costos de conversión. La compañía utiliza el método de primeras entradas primeras salidas (PEPS) para calcular el costo de su producción terminada. Las cédulas de costos de la compañía Bebidas Lácteas son las siguientes:

1. Cédula de unidades físicas

Unidades iniciadas	139 500
+ Unidades aumentadas	83 700
= Total unidades iniciadas	223 200
+ Inventario inicial	75 000
= Unidades disponibles	298 200
– Inventario final	89 460
= Unidades transferidas	208 740

Ilustración 5.17
Cálculo de unidades transferidas.

Como puede observarse, en la cédula de unidades físicas se incluyó el aumento de unidades causado por la adición del chocolate al inicio del proceso. El resto de la cédula es exactamente igual a lo realizado cuando no había aumento de unidades. Sin embargo, la cantidad de unidades transferidas con las que se iniciará la cédula de unidades equivalentes será mayor. En este caso, todas las unidades tendrán incluido el aumento en volumen.

2. Cédula de unidades equivalentes

	MP	CoCo
Unidades transferidas	$208 740	$208 740
+ Inventario final (30%)	89 460	26 838
= Total unidades equivalentes	298 200	235 578
– Inventario inicial (60%)	75 000	45 000
= Unidades equivalentes producidas	223 200	190 578

Ilustración 5.18
Cédula de unidades equivalentes.

Cuando el aumento es al inicio del proceso, la cédula de asignación de costos permanece sin cambios.

3. Célula de asignación de costos

	MP		CoCo		
	Unidades	Costo	Unidades	Costo	Total
UEQP	223 200	$1 724 498	190 578	316 936	2 041 434
+ Inventario inicial	75 000	555 000	45 000	76 500	631 500
= TUEQP	298 200	2 279 498	235 578	393 436	2 672 934
– Inventario final	89 460	691 190	26 838	44 632	735 822
= Unidades transferidas	208 740	1 588 308	208 740	348 804	1 937 112

Ilustración 5.19
Cédula de asignación de costos.

El inventario final de productos en proceso utilizando PEPS para valuar la producción terminada se obtuvo de la siguiente manera:

Puesto que las 75 000 unidades del inventario inicial son las primeras que pasan a formar parte del costo de ventas bajo este método, el cálculo del inventario final con respecto a materia prima es como sigue: (1 724 498/ 223 200) * 89 460 = 691 190. El cálculo del inventario final con respecto a costos de conversión utilizando PEPS sería: (316 936/190 578) * 26 838 = 44 632. El costo de las unidades terminadas se sacaría de la diferencia entre 2 672 934 y 735 822 pesos, lo cual da como resultado 1 937 112. El costo de una unidad terminada en el mes sería de 9.28 pesos (1 937 112/ 208 740).

En este ejemplo, los inventarios iniciales y finales de productos en proceso han recibido el material adicional que produce el aumento de unidades. De modo que una vez incluida la adición en la cédula de unidades físicas, el cálculo es exactamente igual que cuando no hay aumento de unidades.

Resumen conceptual

Al utilizar sistemas de costos por procesos es necesario realizar el seguimiento de las unidades que se fabrican en cada departamento. Por ello, es necesario calcular cédula de unidades físicas, cédula de unidades equivalentes y cédula de asignación de costos para cada departamento. En muchos de los casos, la materia prima que sale de un departamento productivo es una de las materias primas de otro departamento productivo en la misma fábrica. Cuando se agregan materias primas durante el proceso, es necesario modificar la cédula de unidades equivalente y la cédula de asignación de costos para incluir éstas en el cálculo del costo total. Cuando las unidades físicas aumentan como consecuencia de la adición de una materia prima, estas unidades necesitan ser consideradas modificando la cédula de unidades físicas y la cédula de asignación de costos.

Cuando la materia prima se añade al inicio del proceso, los costos de conversión deben ser distribuidos entre un mayor número de unidades, lo cual reduce el costo por unidad. Sin embargo, cuando la materia prima se añade al final de proceso, el aumento lo reciben sólo las unidades terminadas.

Apéndice de asientos contables

1. Registro del consumo de materiales:

— • —

Inventario de productos en proceso, A   XXX
    Inventario de materiales   XXX
Para registrar el consumo de materiales de un determinado departamento productivo.

2. Registro de la mano de obra directa:

— • —

Inventario de productos en proceso, A   XXX
    Nómina por pagar   XXX
Para registrar la distribución de los costos de mano de obra directa en un departamento.

3. Registro de los costos indirectos de fábrica:

— • —

Inventario de productos en proceso, A   XXX
    Costos indirectos de fábrica   XXX
Para registrar los costos indirectos de fábrica que se aplican a la producción.

4. Registro de la transferencia del inventario de productos en proceso al inventario de productos terminados:

Inventario de productos terminados   XXX
    Inventario de productos en proceso.   XXX
Para registrar el costo de las unidades que son enviadas del inventario de productos en proceso al inventario de productos terminados. Este asiento se realiza en el caso de que el departamento que se está registrando sea el último o el único dentro del proceso productivo.

4.1. Registro de la transferencia del inventario de productos en proceso del departamento 1 al inventario de productos en proceso del departamento 2:

Inventario de productos en proceso 2   XXX
    Inventario de productos en proceso 1   XXX
Este asiento sirve para registrar la transferencia del inventario de productos en proceso del departamento 1 al inventario de productos en proceso del departamento 2, se realiza cuando se está registrando el primer departamento del proceso productivo.

5. Registro de la transferencia del inventario final de producto terminado al costo de ventas:

Costo de ventas   XXX
    Inventario de productos terminados   XXX
Para registrar las unidades que son transferidas del inventario de producto terminado al costo de ventas, es decir, las unidades que son vendidas.

Ejemplo

La compañía DEPSA realizó los siguientes asientos contables para registrar las operaciones ocurridas en su departamento de corte:

1. Registro del consumo de materiales:

Inventario de productos en proceso de corte   375 000
    Inventario de materiales   375 000

2. Registro de la mano de obra directa:

Inventario de productos en proceso de corte   300 000
    Nómina por paga   300 000

3. Registro de los costos indirectos de fábrica:

Inventario de productos en proceso de corte   252 900
    Costos indirectos de fabricación   252 900

4. Transferencia del inventario de productos en proceso de corte al inventario de productos en proceso de costura:

Inventario de productos en proceso de costura   852 000
    Inventario de productos en proceso de corte   852 000

5. Transferencia del inventario final de producto terminado al costo de ventas.

Para ejemplificar este asiento se registrará la transferencia del inventario de producto terminado al costo de ventas del departamento de costura, que es el último departamento del proceso productivo de la compañía DEPSA.

Bajo el supuesto de que se venden 8 000 prendas de vestir, el asiento es el siguiente:

Costo de ventas   654 160*
    Inventario de producto terminado   654 160

Cuestionario integral

C.5.1. Avanti es una fábrica de muebles con tres departamentos productivos. ¿Qué cédula es necesario elaborar para cada uno de ellos?

    a)   De unidades físicas.
    b)   De unidades equivalentes.
    c)   De asignación de costos.
    d)   Las tres anteriores.

C.5.2. Al incremento de las unidades de producción ocasionado por la adición de un nuevo material se le conoce con el nombre de:

    a)   Unidades aumentadas.
    b)   Incremento por adición de materias.
    c)   Adición de material.
    d)   Incremento adicional.

C.5.3. Si en la cédula de unidades equivalentes, el total de unidades equivalentes producidas no muestra el aumento de unidades terminadas, ¿en qué parte del departamento de producción se produce el aumento de unidades?

    a)   Al final.
    b)   Al inicio.
    c)   A la mitad.
    d)   En la tercera parte.

---

* 8 000 prendas de vestir × (81.77 pesos costo unitario).

C.5.4. Cuando el aumento de unidades se produce al inicio de la producción, ¿qué cédula es afectada?

a) De unidades físicas.
b) De unidades equivalentes.
c) De asignación de costos.
d) Las tres anteriores.

C.5.5. El producto final de un departamento de producción es un producto terminado que se convierte en:

a) Materia prima del siguiente departamento.
b) Inventario de productos terminados.
c) Productos en inventario de proceso.
d) Los incisos *a)* y *b)*.

C.5.6. ¿Qué estado financiero cambia su estructura cuando se aplica el sistema de costos por procesos?

a) Estado de resultados.
b) Estado de costo de producción y ventas.
c) Balance general.
d) Ninguno.

C.5.7. ¿Qué costo unitario será mayor al aumentar las unidades al final del proceso de producción?

a) De las unidades terminadas.
b) De las unidades transferidas.
c) Unidades aumentadas.
d) Unidades agregadas.

C.5.8. En general, ¿de qué tipo son los productos manufacturados que no aumentan su número de unidades físicas si se añaden más materias primas durante su proceso?

a) Líquidos.
b) Gaseosos.
c) Sólidos.
d) Semigaseosos.

C.5.9. Si el aumento de unidades se produce a razón de 50% sobre las unidades procesadas en ese momento, ¿en qué momento del proceso se genera el aumento de unidades para que las unidades transferidas sean mayores?

a) Al final.
b) Al inicio.
c) A la mitad.
d) En la tercera parte.

C.5.10. Si la materia prima se añade al final del proceso productivo, ¿quién recibe este aumento de unidades?

a) Las unidades terminadas.
b) Las unidades transferidas.
c) Las unidades iniciadas.
d) Las unidades aumentadas.

C.5.11. Calzado Bustos se dedica a la fabricación de zapatos ortopédicos para niños. Para la fabricación de cada zapato utiliza tres materias primas directas: piel que se aplica al inicio del proceso productivo, la suela que se agrega cuando el producto se encuentra en 70% de avance del proceso y las agujetas que se agregan cuando lleva 90%. Durante el mes de diciembre de 20X8 incurrió en costos por cada uno de estos tres materiales de 15 575, 5 577 y 1 176 pesos, respectivamente. Además, se utilizaron mano de obra y costos indirectos valuados en 20 064 pesos.

La empresa tenía un inventario de productos en proceso al 1o. de diciembre de 20X8 de 250 pares de zapatos, los cuales tenían 80% de avance en costos de conversión. Este inventario estaba formado por 2 030 pesos de piel, 725 de suela y de 2 100 de costos de conversión. Asimismo, el inventario al 31 de diciembre de 20X8 estaba formado por 320 pares de zapatos con un grado de avance de 60%.

Se terminaron 1 680 zapatos. Utilizando el método de valuación de inventarios UEPS, conteste de la pregunta 11 a la 14.

¿Cuál es la producción equivalente en cuanto a la materia prima llamada suela?

a) 1 750 pesos.
b) 1 680 pesos.
c) 1 430 pesos.
d) 1 672 pesos.

C.5.12. ¿Cuál es el costo por zapato terminado en el mes de diciembre de la fábrica Calzado Bustos?

a) 30.26 pesos.
b) 25.34 pesos.
c) 26.76 pesos.
d) 13.35 pesos.

C.5.13. ¿Cuál es el costo total de las unidades del inventario final de productos en proceso?

a) 4 669 pesos.
b) 2 653 pesos.
c) 4 855 pesos.
d) 5 145 pesos.

C.5.14. ¿Qué porcentaje represe<nta la materia prima zuela en el costo total de inventario final?

a) 57%
b) 43%
c) 27%
d) Ninguna de las anteriores

C.5.15. La fábrica de helados El Jorobado produjo 100 000 litros durante el año 20X7, incurriendo para ello en los siguientes costos: materia prima, 784 000 pesos y costos de conversión de 1 056 000 pesos. La información relacionada con los inventarios se presenta a continuación:

	Litros	Grado de avance	Costo de materiales
Inventario de productos en proceso al 1 de enero de 20X7	50 000	50%	$450 000
			Costo de conversión
Inventario de productos en proceso al 31 de dic. de 20X7	30 000	70%	$235 000

La empresa utiliza el método PEPS para valuar sus producción terminada.

¿Cuál es el costo del litro de helado de la empresa El Jorobado, en el año de 20X7?

a) 26.98 pesos.
b) 20.00 pesos.
c) 22.49 pesos.
d) 22.79 pesos.

C.5.16. Con referencia al ejercicio anterior, ¿cuál es el costo del inventario final de productos en proceso?

a) 566 688 pesos.
b) 293 250 pesos.
c) 525 000 pesos.
d) 542 856 pesos.

C.5.17. Suponga que la empresa muestra 30% de aumento de litros de helado al final del proceso productivo por causa de la adición de una segunda materia prima directa con un costo de 350 000 pesos, ¿cuál es el costo de las unidades terminadas bajo esta circunstancia?

a) 25.74 pesos.
b) 21.77 pesos.
c) 18.08 pesos.
d) 20.00 pesos.

C.5.18. ¿Cuál es el costo unitario de las unidades transferidas por la empresa El Jorobado?

a) 19.26 pesos.
b) 21.77 pesos.
c) 18.08 pesos.
d) 20.00 pesos.

C.5.19. Basándose en el ejercicio 15, ¿cuánto cambiaría el costo unitario de los artículos terminados si el método de valuación de la producción terminada fuera UEPS?

a) 0.55 pesos.
b) 0.58 pesos.
c) 0.77 pesos.
d) 0.58 pesos.

C.5.20. Cuando en un proceso se agregan dos materiales al inicio que generan un aumento de unidades, el costo unitario de las unidades transferidas respecto a las unidades terminadas será:

a) Mayor.
b) Menor.
c) No habrá cambio.
d) El cambio será poco significativo.

Problemas

P.5.1. La compañía Válvulas efectúa su proceso de producción en dos departamentos. En mayo de 20X0 se reunió la siguiente información con la finalidad de calcular el costo de los artículos terminados:

	Departamento 1	Departamento 2
Unidades en proceso		
Iniciadas	?	?
Terminadas	186 000	?
Inventario inicial en proceso	77 500	19 100
Inventario final en proceso	31 000	10 100
Costos incurridos en el periodo		
Materiales	$1 000 500	?
Costo de conversión	$1 295 000	$1 100 000
Grado de avance en inventarios		
Inventario inicial en proceso	20%	50%
Inventario final en proceso	50%	40%
Costos asignados al inventario inicial		
Materiales	$580 000	$290 500
Costo de conversión	$210 000	$31 500

La empresa utiliza el método de unidades transferidas para calcular la producción equivalente y el método de costo promedio ponderado para valuar la producción terminada, por lo que se pide:

a) Prepare la cédula de asignación de costos para cada departamento.
b) Calcule el costo unitario de los artículos terminados de cada departamento.

P.5.2. La fábrica Básculas produce recipientes metálicos en dos departamentos: corte y ensamble. En la fabricación de un recipiente primero se corta el material y después se ensambla, por lo que las unidades que son terminadas en el departamento de corte automáticamente se transfieren al departamento de ensamble. Una vez terminadas las unidades en el departamento de ensamble se transfieren al departamento de artículos terminados para ser puestos en venta. En el mes de abril de 20X2 se reunieron los siguientes datos:

	Corte	Ensamble
Unidades:		
Iniciadas	?	35 000
Terminadas	?	?
Inventario inicial en proceso	15 200	7 200
Inventario final en proceso	9 600	5 000
Avance en costo de conversión inventarios		
Inventario inicial en proceso	70%	40%
Inventario final en proceso	50%	60%
Costo de producción del periodo		
Materiales	$460 000	?
Costo de conversión	$507 400	$421 000
Costos asignados al inventario inicial		
Materiales	$100 800	$119 000
Costo de conversión	$95 000	$27 500

El gerente de ventas está haciendo sus proyecciones y necesita conocer el costo de producción del mes de abril para tomarlo como punto de partida en la fijación del precio que se utilizará en el mes de mayo, por lo que es necesario:

a) Calcular el costo unitario de las unidades terminadas. (La compañía utiliza el método de PEPS para valuar la producción terminada.)

b) Calcular el precio de venta a utilizarse en abril si se quiere obtener una utilidad bruta de 25%.

c) Determinar el valor asignado al inventario final en el departamento de corte.

d) Conocer cuál es el costo de las unidades transferidas al departamento de ensamble.

e) Conocer la cantidad de unidades que fueron iniciadas en ensamble.

P.5.3. La compañía SBB produce en un solo departamento productivo y su producto requiere dos materias primas. A continuación se presenta la siguiente información del mes de septiembre de 20X8:

• El material I se agrega al inicio del proceso productivo y el material II cuando éste llega a 70% de avance.

• El inventario inicial era de 240 unidades con 65% de avance de CoCo, 3 300 pesos de costo de materia prima y 2 250 pesos de costos de conversión.

• El inventario final consta de 120 unidades con 80% de avance de costo de conversión.

• En el mes de septiembre se iniciaron 324 unidades; el costo incluido por concepto del material I fue de 6 000 pesos, por concepto de material II, 5 170 y 6 800 de costos de conversión.

• SBB utiliza el método de primeras entradas primeras salidas para valuar la producción terminada y el método de unidades iniciadas y terminadas para calcular la producción equivalente. Se desea la siguiente información:

a) ¿Cuánto se asignó por unidad a la producción de material II?

b) Costo unitario de las unidades terminadas.

c) Costo total de las unidades del inventario final.

P.5.4. Aplicados se dedica a la producción de útiles escolares. En la fabricación de libretas, durante el mes de septiembre de 20X4, la compañía incurrió en costos de 11 025 pesos en hojas, 4 400.50 pesos en pastas, 1 440 pesos en espirales y 9 289.80 pesos en costos de conversión. Las hojas se agregan al inicio del proceso productivo, las pastas cuando éste llega a 60% de avance y los espirales al 95%.

El 1o. de septiembre de 20X4 existía un inventario de 215 unidades, las cuales tienen un avance de 80% en costos de conversión. Este inventario tiene un costo de 720 pesos en hojas, 301 pesos en pastas y 430 pesos en costos de conversión. El inventario al 30 de septiembre de 20X4 es de 290 unidades con un avance de 50% en costos de conversión. En este mes se terminaron 3 600 unidades. La compañía utiliza el método últimas entradas primeras salidas para valuar la producción terminada y el método de unidades terminadas para calcular la producción equivalente.

Se pide:

a) Costo unitario por libreta en septiembre.
b) Costo total de las unidades del inventario final de libretas no terminadas.

P.5.5. Provoto produce *votoboletas* en dos procesos productivos. El primero se realiza en el departamento de corte y el segundo en el departamento de impresión. De manera que las unidades terminadas por el primer departamento son las que inician el segundo proceso. Al final del mes de julio Provoto tenía los siguientes inventarios:

| | Unidades | | Grado de avance | |
	Corte	Impresión	Corte	Impresión
Julio 1o., 20X6	16 100	3 450	70%	60%
Julio 31, 20X6	5 650	6 655	90%	15%

En el departamento de corte se utiliza la MP1 y se agrega al inicio del proceso. En el departamento de impresión se toma la MP1 procesada de corte a la cual se le llama MPC en impresión y se le agrega MP2 cuando existe 50% de avance en el proceso, y se agrega MP3 cuando dicho avance llega a 95%. En el mes de julio se iniciaron 18 620 unidades en el departamento de corte y se invirtieron al proceso los siguientes costos:

	Costo mes	Costo inventarios iniciales
MP1 (corte)	$228 300	$241 700
MP2 (impresión)	112 000	10 250
MP3 (impresión)	77 500	0
CoCo corte	228 511	40 250
CoCo impresión	231 699	20 867

El contador de Provoto se encuentra de vacaciones y se le pide a usted que calcule lo siguiente:

a) El costo de las unidades terminadas por el departamento de corte utilizando el método del costo promedio ponderado.
b) El costo unitario de una *votoboleta* utilizando el método de últimas entradas primeras salidas.
c) Cédula de unidades equivalentes para el departamento de impresión utilizando el método de las unidades iniciadas y terminadas.

P.5.6. Kolores es un negocio que fabrica pinturas de alta calidad. Entre los meses de julio y agosto se recolectaron los siguientes datos relacionados con la elaboración de pintura térmica en el departamento número 12.

		Grado de avance
Producción iniciada	40 000 litros	
Inventario inicial	10 000 litros	40%
Inventario final	15 000 litros	60%

La pintura térmica incluye dos materias primas; la primera de ellas, el material BT, se agrega al inicio del proceso de producción. La segunda, el material BC, se agrega cuando el producto se encuentra en 98% de avance en el proceso de producción. El material BC se agrega a razón de 1 litro por cada 5 litros de material BT, lo cual provoca un aumento del volumen de producción. En el mes de julio el material BC podía ser adquirido a un costo de 5.30 pesos por litro, del material BT se invirtieron 232 000 y 340 000 en costos de conversión. El inventario inicial tenía costo asignado de 59 000 pesos de material BT y 31 200 de costos de conversión. Es necesario:

a) Determinar el costo total de las unidades terminadas.
b) Determinar el costo unitario de las unidades terminadas.
c) Determinar el costo total de las unidades transferidas.
d) Determinar el costo unitario de las unidades transferidas.

P.5.7. Por cambios en el proceso de producción de Kolores, el material BC que se utilizaba al final del proceso de producción del departamento número 12 se agrega ahora en el departamento número 13. En el mes de septiembre se recibió el producto terminado del departamento 12 (el material BT sin el material BC). Al inicio del proceso, en el departamento 13 se agrega el material BC. Los resultados de las operaciones del mes de septiembre revelaron lo siguiente:

	Unidades	Grado de avance
Producción iniciada	24 000 litros	
Inventario inicial	14 400 litros	40%
Inventario final	9 600 litros	90%

Al agregar el material BC se produce un aumento del volumen de producción de 20%. En el mes de septiembre el costo del material BT fue de 410 400 pesos, el costo del material BC fue 152 640 y 291 840 pesos de costos de conversión. El inventario inicial tenía costo asignado de 201 600 pesos de material BT, 74 880 del material BC y 43 776 de costos de conversión. Es necesario determinar el total de unidades transferidas y su costo unitario utilizando el método PEPS.

P.5.8. Productos Cacihecho tenía el siguiente inventario de productos en proceso al inicio y al final de 20X4:

	Unidades	Grado de avance en CoCo
Enero 1o., 20X4	50 000	80%
Diciembre 31, 20X4	65 000	70%

La compañía terminó 150 000 unidades durante 20X4. Los costos de producción incurridos en el año fueron: materiales, 1 155 000 pesos, costos de conversión, 1 866 000 pesos. El inventario al 1o. de enero de 20X4 arrojó los siguientes costos: materiales, 320 000 pesos, y costos de conversión, 468 000 pesos. Esta empresa utiliza el método PEPS para valuar la producción terminada, por lo que es necesario:

a) Calcular el costo de los artículos terminados.
b) Suponga que existe un aumento inicial de 5 000 unidades por la adición de una materia prima con costo de 10 000 pesos. ¿Cuál será el costo unitario de las unidades terminadas?
c) Suponga que existe un aumento de unidades del 20% al final del proceso por la adición de una materia prima con un costo de 225 000 pesos. ¿Cuál sería el costo unitario de las unidades terminadas y el de las unidades transferidas?

P.5.9. Suponga que una compañía utiliza el método PEPS para valuar la producción terminada y posee la siguiente información:

	Unidades	Grado de avance
Iniciadas al proceso	1 300	
Inventario inicial	350	70%
Inventario final	450	40%
	Material	**CoCo**
Costo periodo	76 700	108 960
Costo inventario inicial	18 900	24 255

Se pide:

a) Calcular el costo unitario de las unidades transferidas si se agrega una segunda materia prima al 80% de avance, con costo unitario de 16 pesos la unidad; el periodo anterior de este material tenía un costo de 15 pesos la unidad.
b) Calcular el costo total asignado al inventario final.

P.5.10. En ABBA el proceso de producción se inicia con el material A1 y el material A2. Por cada litro agregado del material A1 se agrega 1/4 de litro del material A2. En el mes de mayo, el material A1 tuvo un costo de 5 pesos el litro y el material A2 tuvo un costo de 10 pesos el litro; además, se asignó a la producción un costo de conversión de 123 830 pesos. El inventario inicial de productos en proceso contaba con 3 400 unidades con un grado de avance de 60% en costos de conversión y un costo total asignado de 50 320 pesos, de los cuales 23 800 eran de materiales. En el mes de mayo se terminaron 8 650 unidades y quedaron sin terminar 2 980 unidades con 75% de avance en costos de conversión. Utilizando el método de últimas entradas primeras salidas para valuar la producción terminada, determine:

a) El costo unitario de las unidades transferidas.
b) ¿Cuántos litros fueron invertidos en el proceso en el mes de mayo de material A1 y A2?
c) ¿Cuántos litros de material A1 y A2 habían sido invertidos en el inventario inicial?
d) Suponga que no ha habido cambio en el costo del material A1 en los últimos meses. ¿Cuál es el costo del material A2 en el mes de abril?

P.5.11. Determine el costo unitario de las unidades transferidas si se agrega una materia prima al final del proceso que genera un aumento de 30% en el volumen de producción. El costo unitario de esta nueva materia prima es de 9 pesos la unidad. Suponga que se utiliza el método de primeras entradas primeras salidas para valuar la producción terminada.

	Unidades	**Grado de avance**	
Iniciadas	2 750		
Inventario inicial	840	45%	
Inventario final	660	50%	

	Costo periodo	**Inventario inicial**
Material 1	$5 500	1 596
Costo conversión	$43 230	4 914

P.5.12. Utilizando la siguiente información prepare:

a) Cédula de unidades equivalentes por el método de unidades iniciadas y terminadas bajo el supuesto de que se agrega una segunda materia prima al 20% de avance del proceso de producción y una tercera materia prima al 30% de avance.

b) Cédula de unidades equivalentes por el método de unidades terminadas bajo el supuesto de que se agrega una segunda materia prima en el 30% de avance y una tercera materia prima en el 40% de avance del proceso de producción.

Para los requerimientos anteriores suponga que se iniciaron 9 000 unidades y que existía al inicio del periodo un inventario de producción en proceso de 3 480 unidades con 1/4 de avance respecto a costos de conversión y que al final del periodo existía un inventario de 6 990 unidades con 1/3 de grado de avance en costos de conversión.

Costos
por procesos
y costos conjuntos

Capítulo

OBJETIVO GENERAL

Conocer las diferencias que se presentan en los distintos procesos productivos y los cambios a realizar en las cédulas de costos con el objeto de utilizar su información para calcular el costo de ventas y valuar inventarios cuando se presentan desperdicios en el proceso de producción y conocer los procedimientos para costear procesos de producción conjunta.

OBJETIVOS ESPECÍFICOS

Al terminar de estudiar este capítulo, el alumno será capaz de:

- Conocer los conceptos de desperdicio normal y desperdicio anormal.
- Comprender el tratamiento de los desperdicios dentro de un sistema de costo por procesos.
- Diferenciar los conceptos de desperdicio inicial, desperdicio final y desperdicios intermedios.
- Comprender el efecto sobre el costo de las unidades terminadas cuando existen desperdicios al final del proceso productivo.
- Comprender el efecto sobre el costo de las unidades terminadas cuando existen desperdicios al inicio del proceso productivo.
- Calcular el costo de ventas y hacer la valuación de inventarios al presentarse desperdicios durante el proceso productivo.
- Definir los siguientes conceptos: producción conjunta, costos conjuntos, puntos de separación, coproductos y subproductos.
- Aplicar el método de unidades físicas y el de valor relativo de ventas para la asignación de costos conjuntos.

En el capítulo 5 se explicó el tratamiento contable que se practica en los sistemas de costos por procesos cuando se maneja más de una materia prima, cuando existe más de un departamento de producción y la consideración de unidades aumentadas como consecuencia de la adición de una materia prima al inicio o al final del proceso productivo. En el presente capítulo estudiaremos el tratamiento contable aplicable a los procesos de producción en los que se generan desperdicios, así como el aplicable a la contabilización de procesos de producción conjunta.

Desperdicio de unidades

En todo proceso de producción pueden presentarse desperdicios de materias primas de unidades terminadas o semiterminadas. Estos desperdicios pueden ser ocasionados por la naturaleza del proceso en sí, por errores técnicos o humanos, así como por fallas en la calidad de los materiales utilizados. De acuerdo con lo anterior, un desperdicio es la diferencia entre la cantidad de insumos agregados al inicio de un proceso de producción y la cantidad final de éstos al terminar el mismo. Cuando el desperdicio es inevitable, se dice que existe un **desperdicio normal.** Este desperdicio se puede presentar de varias maneras. Por ejemplo, cuando se corta madera para fabricar muebles existe un desperdicio normal en la cantidad de aserrín y trozos no utilizables, aun cuando el operador haya sido lo más eficiente posible. Otro ejemplo de desperdicio se presenta al hervir un producto líquido en un proceso de evaporación. Este desperdicio normal puede presentarse en cualquier momento del proceso de producción y su costo debe ser cargado a los procesos en que se genera y a los productos que surgen de dichos procesos.

Sin embargo, cuando en ocasiones el desperdicio es evitable, se dice que existe un **desperdicio anormal.** Este desperdicio también se presenta de varias maneras. Por ejemplo, cuando un operario corta madera para hacer muebles y comete un error al cortarla, se producirá más aserrín del normal o habrá más trozos no utilizables. Igualmente, si no se cuida el tiempo de ebullición de un producto líquido, se contará con una cantidad menor a la esperada. Al igual que el desperdicio normal, el anormal puede presentarse en cualquier momento del proceso de producción. A la inversa del desperdicio normal, el anormal debe ser reconocido como costo del periodo para facilitar la supervisión y tratar de evitarlo a toda costa.

Desperdicio al inicio del proceso

Es importante diferenciar que no es lo mismo un desperdicio al inicio del proceso que al final de éste, pues mientras más avanzadas estén las unidades en el momento del desperdicio, mayor es éste en función a los recursos que se han invertido. En la mayoría de los casos, cuando el desperdicio es al inicio se puede considerar que sólo se desperdicia materia prima. Este desperdicio deberá ser restado en la cédula de unidades físicas a las unidades iniciadas. Si el desper-

Ilustración 6.1
Efecto del desperdicio
inicial sobre los
formatos de las
cédulas.

Desperdicio inicial	Normal	Anormal
Cédula de unidades físicas	Cambia	Cambia
Cédula de unidades equivalentes	No cambia	No cambia
Cédula de asignación de costos	No cambia	Cambia

Ilustración 6.1
Efecto del desperdicio
inicial sobre los
formatos de las
cédulas.

dicio es normal, no es necesario hacer ningún otro cambio en las siguientes cédulas de costo. Si el desperdicio es anormal, se deberá restar a los costos del periodo en la cédula de asignación de costos.

Supongamos que Bebidas Lácteas inició en su proceso de pasteurizado durante el mes de abril de 20X4 la cantidad de 450 000 litros de leche. Al comenzar el proceso se generó un desperdicio de 30 000 litros. Al final del mes se transfirieron 345 000 litros pasteurizados al siguiente departamento. El inventario inicial de productos en proceso al 1o. de abril de 20X4 era de 37 500 litros con un costo de 56 250 pesos de materia prima y 22 500 de costos de conversión con un grado de adelanto de 40%. El inventario final de productos en proceso fue de 112 500 litros con un grado de adelanto de 50% en costos de conversión. En el mes de abril los costos del departamento con respecto a materia prima son de 540 000 pesos y 618 000 pesos de costos de conversión. Para la valuación de inventarios se utiliza el método de costo promedio ponderado.

Las cédulas de costos de Bebidas Lácteas del mes de abril se muestran en las ilustraciones 6.2, 6.3 y 6.4

Cédula de unidades físicas

Unidades iniciadas	450 000
– Desperdicio inicial	30 000
= Unidades netas iniciadas	420 000
+ Inventario inicial	37 500
= Unidades disponibles	457 500
– Inventario final	112 500
= Unidades transferidas	345 000

Ilustración 6.2
Cálculo de unidades
físicas.

Cédula de unidades equivalentes

	MP	CoCo
Unidades transferidas	$345 000	$345 000
+ Inventario final (50%)	112 500	56 250
= Total de unidades equivalentes	457 500	401 250
– Inventario inicial (40%)	37 500	15 000
= Unidades equivalentes producidas	420 000	386 250

Ilustración 6.3
Unidades equivalentes
producidas.

	MP		CoCo		
	Unidades	**Costo**	**Unidades**	**Costo**	**Total**
Unidades equivalentes producidas	420 000	$540 000	386 250	$618 000	$1 158 000
+ Inventario inicial	37 500	56 250	15 000	22 500	78 750
= Total de unidades equivalentes	457 500	596 250	401 250	640 500	1 236 750
− Inventario final	112 500	146 619	56 250	89 790	236 409
= Unidades terminadas	345 000	449 631	345 000	550 710	1 000 341

Ilustración 6.4
Cédula de asignación del costo con desperdicio normal.

Cuando el desperdicio es normal, su costo se incluye dentro del costo de las unidades equivalentes producidas, por lo cual no es necesario hacer ningún cálculo adicional. Por ello, la cédula de asignación de costos deberá ser elaborada de la misma manera que cuando no existen desperdicios. En cambio, cuando el desperdicio inicial es anormal, se deben hacer algunos cálculos adicionales en la cédula de asignación de costos, la cual quedaría como se muestra en la ilustración 6.5.

Cuando el desperdicio es anormal, éste se resta al costo de las materias primas utilizadas en el periodo, 36 000 pesos en este caso (540 000 pesos/ 450 000 = $1.20 * 30 000 unidades de desperdicio). El costo del desperdicio, restado al costo del periodo de 540 000 pesos, da como resultado 504 000 pesos. Si el desperdicio se considera anormal, el cambio en el costo de la materia prima modificará el costo de las unidades transferidas en el mes de abril de 20X4. El nuevo costo unitario será: $2.82/litro [(422 484 + 550 710)/345 000].

Desperdicio al final del proceso

Este desperdicio se detecta cuando se realiza una inspección al final del proceso y se encuentran unidades defectuosas. Cuando se encuentra un desperdicio de este tipo, se aplica un tratamiento contable distinto al que se usa con el desperdicio inicial, pues en el caso del desperdicio final las unidades desperdiciadas

	MP		CoCo		
	Unidades	**Costo**	**Unidades**	**Costo**	**Total**
Unidades equivalentes producidas	420 000	$504 000	386 250	$618 000	$1 122 000
+ Inventario inicial	37 500	56 250	15 000	22 500	78 750
= Total de unidades equivalentes	457 500	560 250	401 250	640 500	1 200 750
− Inventario final	112 500	137 766*	56 250	89 790	227 556
= Unidades terminadas	345 000	422 484*	345 000	550 710	973 194

* Redondeado

Ilustración 6.5
Cédula de asignación del costo con desperdicio anormal.

Desperdicio final	Normal	Anormal
Cédula de unidades físicas	Cambia	Cambia
Cédula de unidades equivalentes	No cambia	No cambia
Cédula de asignación de costos	Cambia	Cambia

Ilustración 6.6
Efecto del desperdicio final sobre las diversas cédulas.

tienen todo el costo de las materias primas y el de los costos de conversión. Cuando el daño no es muy grande, las unidades son parcialmente reprocesadas y pasan al siguiente departamento como unidades buenas. Sin embargo, en ocasiones, cuando el daño es considerable se tiene que registrar como desperdicio el costo de toda la unidad. En estos casos, como en el del desperdicio inicial, es necesario identificar el desperdicio como normal o anormal. En la ilustración 6.6 se mencionan los cambios que sufren las cédulas de costos cuando existen desperdicios al final del proceso.

Supongamos ahora que el desperdicio de 30 000 litros ocurrido en Bebidas Lácteas en el mes de abril de 20X4 fue al final del proceso, no al inicio del mismo. Habría que hacer algunas modificaciones a las cédulas del costos las cuales serían calculadas de la siguiente manera:

1. Cédula de unidades físicas

Unidades Iniciadas	450 000
+ Inventario inicial	37 500
= Unidades disponibles	487 500
− Inventario final	112 500
= Unidades terminadas	375 000
− Desperdicio final	30 000
= Unidades transferidas	345 000

Ilustración 6.7
Cédula de unidades físicas.

2. Cédula de unidades equivalentes

Unidades transferidas	375 000	375 000
+ Inventario final (50%)	112 500	56 250
= Total de unidades equivalentes	487 500	431 250
− Inventario inicial (40%)	37 500	15 000
= Unidades equivalentes producidas	450 000	416 250

Ilustración 6.8
Unidades equivalentes producidas.

Al igual que cuando existe aumento de unidades al final del proceso, para calcular las unidades equivalentes producidas en la cédula de unidades equivalentes, se tomaron las unidades terminadas y no las unidades transferidas.

3. Cédula de asignación de costos con desperdicio normal

	MP Unidades	Costo	CoCo Unidades	Costo	Total
Unidades equivalentes producidas	450 000	$540 000	416 250	$618 000	$1 158 000
+ Inventario inicial	37 500	56 250	15 000	22 500	78 750
= Total de unidades equivalentes	487 500	596 250	431 250	640 500	1 236 750
– Inventario final	112 500	137 596	56 250	83 543	221 140
= Unidades terminadas	375 000	458 654	375 000	556 957	1 015 610
– Desperdicio final	30 000	0	30 000	0	
= Unidades transferidas	345 000	458 654	345 000	556 957	1 015 610

Ilustración 6.9
Cédula de asignación de costos con desperdicio anormal.

Cuando el desperdicio final es normal, su costo se incluye dentro del costo de las unidades transferidas. El costo del desperdicio se distribuye automáticamente al costo de las unidades transferidas con sólo restar el número de unidades y ningún costo. En este caso el costo unitario de una unidad terminada sería de 2.71 pesos por litro (1 015 610/375 000). El costo unitario de las unidades transferidas sería de 2.94 pesos por litro (1 015 610/345 000).

Si el desperdicio final fuera anormal, las 30 000 unidades con respecto a materiales se multiplican por el costo unitario obtenido por el método de costo promedio ponderado, es decir, 2.71 pesos, y la cantidad obtenida, 81 249 pesos, se resta del costo total de las unidades terminadas, con lo cual se obtiene un costo de unidades transferidas de 934 362 pesos. Cuando el desperdicio final es anormal, el costo unitario de las unidades terminadas y de las unidades transferidas es el mismo, 2.71 pesos por litro. Cuando existen desperdicios finales anormales, la cédula de asignación de costos será como la ilustración 6.10.

4. Cédula de asignación de costos con desperdicio anormal

	MP Unidades	Costo	CoCo Unidades	Costo	Total
Unidades equivalentes producidas	450 000	$540 000	416 250	$618 000	$1 158 000
+ Inventario inicial	37 500	56 250	15 000	22 500	78 750
= Total de unidades equivalentes	487 500	596 250	431 250	640 500	1 236 750
– Inventario final	112 500	137 596	56 250	83 543	221 140
= Unidades terminadas	375 000	458 654	375 000	556 957	1 015 610
– Desperdicio final	30 000	36 692	30 000	44 557	81 249
= Unidades transferidas	345 000	421 962	345 000	512 400	934 362

Ilustración 6.10
Cédula de asignación de costos con desperdicio anormal.

Desperdicios intermedios

Hasta este momento se ha considerado que los desperdicios de unidades se generan solamente al inicio o al final del proceso productivo. Empresas que eligen utilizar este criterio consideran a una unidad que se desperdicia antes del 50% de avance en el proceso de producción como desperdiciada al inicio y a las unidades que se desperdician después como desperdiciadas al final del proceso. Esto lleva consigo una distorsión de los costos de la producción, en especial si la cantidad de las unidades desperdiciadas es numerosa.

En los sistemas actuales de producción se trata de eliminar todo desperdicio anormal y continuamente se busca la manera de disminuir al mínimo el desperdicio normal. Algunas medidas para tratar de evitar desperdicios incluyen el requerimiento de cero defectos en las materias primas y sacar del proceso de producción cualquier unidad detectada como defectuosa para no agregarle más costo. Bajo el enfoque de calidad, la inspección se encuentra presente durante todo el proceso de producción. De manera que, al calcular las cédulas de costo, es necesario reconocer la salida de unidades defectuosas en cualquier etapa del proceso productivo.

Al encontrarse unidades defectuosas en el proceso de producción, éstas deben ser retiradas. La salida de estas unidades del proceso de producción debe ser contabilizada; para calcular su costo; con este propósito se deben calcular los grados de avance que tenían las unidades defectuosas. De esta manera se reduce la distorsión de los costos de producción y es más fácil detectar el momento en el que se produce el desperdicio para investigar la causa.

En las cédulas de costos la salida de unidades de desperdicio será tratada de la misma manera que el inventario final. Para ilustrarlo continuemos con el ejemplo de Bebidas Lácteas. En seguida se presenta un cuadro con el resumen de los datos que se utilizarán:

Unidades iniciadas 450 000 litros.
Unidades transferidas 367 500 litros.
Inventario inicial 37 500 litros con costo de 56 250 pesos de materiales y 22 500 pesos de costos de conversión (40% avance).
Inventario final 112 500 litros (50% avance en CoCo).
Costos del periodo de material: 540 000 pesos y CoCo de 618 000 pesos.

El método de costo promedio ponderado se usa para valuar la producción terminada.

Se detectaron 4 500 unidades en mal estado cuando tenían 20% de avance en costos de conversión y 3 000 unidades con 70% de avance en costos de conversión. Las cédulas de costos de Bebidas Lácteas son las siguientes:

1. Cédula de unidades físicas

Unidades iniciadas	450 000
+ Inventario inicial	37 500
= Unidades netas iniciadas	487 500
– Inventario final	(112 500)
– Desperdicio intermedio	(7 500)
= Unidades transferidas	367 500

Ilustración 6.11
Cálculo de unidades transferidas.

En esta cédula se resta a las unidades disponibles el inventario final y el total de unidades desperdiciadas para obtener el total de unidades transferidas. Para la elaboración de esta cédula no es necesario diferenciar el punto en el que las unidades se dañaron, pues el objetivo es determinar el flujo de unidades físicas.

2. Cédula de unidades equivalentes

	MP	CoCo
Unidades transferidas	$367 500	$367 500
+ Inventario final (50%)	112 500	56 250
+ Desperdicio intermedio (20%)	4 500	900
+ Desperdicio intermedio (70%)	3 000	2 100
= Total de unidades equivalentes	487 500	426 750
– Inventario inicial (40%)	37 500	15 000
= Unidades equivalentes producidas	450 000	411 750

Ilustración 6.12
Unidades equivalentes producidas.

Como en el caso de desperdicios al inicio o al final, la cédula de unidades equivalentes no sufre ningún cambio para llegar al cálculo de las unidades equivalentes producidas. Las unidades equivalentes de desperdicio de materia prima y costos de conversión se calculan como información adicional.

Ilustración 6.13
Cédula de asignación de costos con desperdicio normal.

3. Cédula de asignación de costos con desperdicio normal

	MP		CoCo		
	Unidades	Costo	Unidades	Costo	Total
Unidades equivalentes producidas	450 000	$540 000	411 750	$618 000	$1 158 000
+ Inventario inicial	37 500	56 250	15 000	22 500	78 750
= Total de unidades equivalentes	487 500	596 250	426 750	640 500	1 236 750
– Desperdicio intermedio (20%)	(4 500)		(900)		0
– Desperdicio intermedio (70%)	(3 000)		(2 100)		0
– Inventario final	(112 500)	(137 596)	(56 250)	(84 424)	(222 021)
= Unidades transferidas	367 500	458 654	367 500	556 076	1 014 729

En esta cédula es necesario restar al total de unidades equivalentes producidas las unidades del inventario final y las unidades equivalentes de desperdicios intermedios. Cuando el desperdicio es normal, su costo se incluye dentro del costo de las unidades equivalentes producidas y no es necesario restarlo del costo de las unidades terminadas para calcular el costo de las unidades transferidas. En este caso el costo de una unidad terminada o transferida sería de 2.76 pesos [($1 014 029)/367 500)]. Si los desperdicios intermedios fueran anormales, su costo debe restarse del costo de las unidades equivalentes para no modificar el costo de las unidades transferidas. Cuando existe desperdicio normal, el cálculo de la cédula de asignación del costo sería el siguiente:

4. Cédula de asignación de costos con desperdicio anormal

| | MP | | CoCo | | |
	Unidades	Costo	Unidades	Costo	Total
Unidades equivalentes producidas	450 000	$540 000	411 750	$618 000	$1 158 000
+ Inventario inicial	37 500	56 250	15 000	22 500	78 750
= Total de unidades equivalentes	487 500	596 250	426 750	640 500	1 236 750
– Desperdicio intermedio (20%)	(4 500)	(5 504)	(900)	(1 351)	(6 855)
– Desperdicio intermedio (70%)	(3 000)	(3 669)	(2 100)	(3 152)	(6 821)
– Inventario final	(112 500)	(137 596)	(56 250)	(84 424)	(222 021)
= Unidades transferidas	367 500	449 481	367 500	551 573	1 001 054

Ilustración 6.14
Cédula de asignación de costos con desperdicio anormal.

Cuando el desperdicio es anormal, su costo debe restarse del costo de las unidades equivalentes. En este caso el costo de una unidad terminada o transferida sería de 2.72 pesos ($1 001 054/367 500). Es importante señalar que este mecanismo para calcular el costo de los desperdicios que son detectados y calculados durante el proceso productivo se debe hacer siempre y cuando su efecto sea relevante, pues si los desperdicios son pequeños, el cálculo de ellos no sería significativo.

Procesos de producción conjunta

En algunos procesos productivos una de las materias primas principales es utilizada para la elaboración de varios productos. Esta materia prima puede ser sometida a uno o más procesos antes de llegar a convertirse en productos identificables. Como antes de terminar el proceso no existe manera de identificar los productos que se van a obtener, no es posible determinar la cantidad o el costo del proceso con los productos que surgen de éste. En estos casos, a los costos a ser asignados se les llama **costos conjuntos**. Se entiende por costos conjuntos, el costo acumulado en uno o más procesos a los que se somete a una materia prima común que genera más de un producto

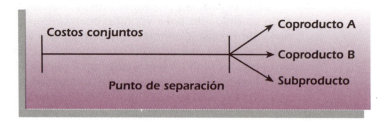

Ilustración 6.15
Esquema de costos conjuntos.

que no es posible identificar antes de la terminación del proceso. Se llama **punto de separación** al punto en el que es posible identificar los productos principales que surgen de un proceso de producción conjunta **coproductos**.

En algunos procesos de producción conjunta surgen, además de los coproductos, **subproductos**. Un subproducto es aquel que surge como consecuencia del proceso de producción conjunta sin ser una parte deseada del proceso debido a que presenta una capacidad significativamente inferior de generar ingresos en comparación con la de un coproducto.

En contabilidad de costos se utiliza un término parecido a costos conjuntos, *costos comunes*. La diferencia principal entre ambos es que los coproductos que surgen como consecuencia de un proceso de producción conjunta no pueden ser fabricados independientemente, por lo que a sus costos antes del punto de separación se les llama conjuntos. Los **costos comunes** son aquellos en que se incurre para elaborar productos simultáneamente, pero a diferencia de los coproductos, los productos que surgen en producción simultánea pueden fabricarse independientemente y sus costos pueden separarse.

Uno de los objetivos primordiales de la contabilidad de costos es valuar inventarios, para lo cual es necesario determinar la cantidad de costos conjuntos que se debe asignar a los coproductos. Aunque para efectos prácticos es irrelevante el valor asignado a cada coproducto, para efectos contables es necesario asignar el costo a los inventarios, ya que una mala asignación puede causar problemas de control de inventarios, por ejemplo. Tradicionalmente se han utilizado dos métodos para la asignación de costos conjuntos:

- Método de unidades físicas.
- Método valor relativo de ventas.

Método de unidades físicas

Este método utiliza medidas físicas como kilogramos, litros, metros o cualquier otra medida común a los productos involucrados. Asimismo, bajo este método el costo del proceso de producción conjunta se asigna en proporción a la cantidad de unidades que cada coproducto obtiene del proceso. Para poder obtener el costo unitario de la producción conjunta mediante el método de unidades físicas, se debe determinar una razón de prorrateo basada en el total de las unidades físicas producidas por todos los productos. A continuación se muestra un ejemplo para ilustrar la mecánica del método de unidades físicas.

La Ordeñadora elabora dos productos, crema y yogur, los cuales llevan leche en su elaboración. Durante el mes de abril de 20X3 se incurrió en costos de 1 815 000 pesos ($1 050 000 de materia prima y el resto en costos de conversión), generándose una producción de 1 100 000 litros de crema y 550 000 litros de yogur. En el mes de abril se inició el proceso de 1 500 000 litros de leche. Existían 300 000 litros de inventario inicial de productos en proceso con un grado de avance de 70%, 225 000 pesos de materiales y 126 000 pesos de costos de conversión. El inventario final tenía 150 000 litros con 60% de avance. La Ordeñadora, aplica el método PEPS para valuar la producción terminada.

Para efectos de simplificar el ejemplo, se considera que en el proceso no existe desperdicio de unidades. El cálculo del costo unitario de las unidades terminadas a costo conjunto es el siguiente:

1. Cédula de unidades físicas

Ilustración 6.16
Cálculo de unidades físicas.

Crema	
Unidades iniciadas	1 500 000
+ Inventario inicial	300 000
= Unidades disponibles	1 800 000
– Inventario final	(150 000)
= Unidades transferidas	1 650 000

2. Cédula de unidades equivalentes

Ilustración 6.17
Unidades equivalentes producidas.

	MP	CoCo
Unidades transferidas	1 650 000	1 650 000
+ Inventario final (60%)	150 000	90 000
= Total de unidades equivalentes	1 800 000	1 740 000
– Inventario inicial (70%)	300 000	210 000
= Unidades equivalentes producidas	1 500 000	1 530 000

Ilustración 6.18
Cédula de asignación de costos.

3. Cédula de asignación de costos

	MP Unidades	Costo	CoCo Unidades	Costo	Total
Unidades equivalentes producidas	1 500 000	$1 050 000	1 530 000	$765 000	$1 815 000
+ Inventario inicial	300 000	225 000	210 000	126 000	351 000
= Total de unidades equivalentes	1 800 000	1 275 000	1 740 000	891 000	2 166 000
– Inventario final	(150 000)	(105 000)	(90 000)	(45 000)	(150 000)
= Unidades terminadas	1 650 000	1 170 000	1 650 000	846 000	2 016 000

Coproducto	Producción	Porcentaje	Costo a Asignar	Costo Asignado	Costo Unitario
Crema	1 100 000	67%	$2 016 000	$1 344 000	$1.22
Yogourth	550 000	33%	2 016 000	672 000	1.22
	1 650 000	100%			

Ilustración 6.19
Asignación de costos según el método de volumen.

En la cédula de asignación de costos podemos apreciar que el costo unitario de una unidad transferida es de 1.22 pesos por unidad (2 016 000/ 1 650 000). Con base en que las unidades transferidas son productos distintos, 1 100 000 litros de crema y 550 000 litros de yogur, un criterio para asignar el costo sería distribuir los costos conjuntos en función del volumen de unidades de cada coproducto. A este tipo de asignación de costos se le llama **método de unidades físicas** o método de volumen. Bajo este método, el costo conjunto sería asignado a los coproductos de la forma que se muestra en la ilustración 6.19.

El costo por unidad calculado bajo el método de unidades físicas es el mismo costo por unidad transferida que se obtiene en la cédula de asignación de costos. Aunque es fácil de elaborar, presenta algunas desventajas, la principal de las cuales es que asume que el costo de los coproductos es el mismo, lo que no tiene relación directa con la capacidad de los coproductos de generar ingresos y puede ocasionar una asignación excesiva con relación al valor de mercado. En ocasiones el coproducto menos numeroso es el más caro o tiene un valor de venta mucho mayor que el otro coproducto. Tomar decisiones de negocios con base en costos uniformes como los que presenta el método de unidades físicas puede llevar a decisiones equivocadas. Así el costo asignado bajo este método a un producto es mayor que su valor de venta en el mercado, puede interpretarse que su venta genera pérdidas. En este caso, al dejar de vender el coproducto sólo se consigue disminuir la utilidad. Es necesario entonces evaluar otras alternativas de asignación de costos conjuntos.

Método de valor relativo de ventas

Otro método utilizado para asignar los costos conjuntos es el **método de valor relativo de ventas**. Cuando se aplica este método los costos conjuntos son asignados de acuerdo con la capacidad de cada coproducto para generar ingresos. Por lo tanto, el costo conjunto sería asignado a los coproductos tal como se muestra en la ilustración 6.20.

En este método se calcula la capacidad de cada coproducto para generar ingresos y en base a ello se asigna el costo conjunto. Se multiplica éste por la razón de prorrateo de cada coproducto y se obtiene la cantidad de costos asignados. Los costos asignados de acuerdo al método de valor relativo de ventas a los coproductos son diferentes entre sí, lo cual soluciona parte de la problemática ocasionada por el método de unidades físicas. Sin embargo, este

Coproducto	Producción	Precio de venta	Ingreso esperado	Porcentaje	Costo a asignar	Costo asignado	Costo unitario
Crema	1 100 000	$6	$6 600 000	75%	$2 016 000	$1 512 000	$1.375
Yogur	550 000	4	2 200 000	25%	2 016 000	504 000	0.916
	1 650 000		8 800 000	100%			

Ilustración 6.20
Asignación de costos según el método de valor relativo de ventas.

método no deja de ser injusto, pues ocasiona que los márgenes de contribución de los coproductos sean iguales en todos los casos. De esta forma se cargan más costos conjuntos a los coproductos que poseen más capacidad generadora de ingreso, y de alguna manera se subsidia a los otros coproductos. De una u otra forma, no existe un método de asignación de costos conjuntos totalmente justo. En cierto modo, la asignación de costos conjuntos no es relevante, pues independientemente del método de asignación, los costos serán incurridos de la misma manera, pues no es posible dejar de producir un coproducto ni sus costos. Sin embargo, para efectos contables es necesario calcular un costo unitario para efectos de valuar inventarios y calcular la utilidad de cada periodo.

Una vez que los costos conjuntos han sido distribuidos, los coproductos pasan al siguiente departamento productivo o al almacén de productos terminados como materia prima o producto terminado, respectivamente. El proceso contable para calcular el costo por unidad es el explicado en los capítulos anteriores relacionados con el costeo por procesos. Para ilustrarlo, supongamos que la crema fabricada por La Ordeñadora (1 100 000 litros) es sometida a un segundo proceso en otro departamento productivo. Para ello, supongamos que el 1o. de abril existía un inventario inicial de 180 000 litros de crema con 70% de avance en costos de conversión, mientras que el 30 de abril de 20X3 existía un inventario de 105 000 litros de crema con grado de avance de 80%. El costo del periodo para materiales fue de 1 512 000 pesos y 906 400 pesos de costos de conversión; el inventario inicial tenía un costo asignado de 234 000 pesos de materiales y 104 580 de costos de conversión. La empresa aplica el método de PEPS para valuar la producción terminada. Una vez prorrateados los costos conjuntos, se procede a realizar las cédulas de costeo por procesos.

1. Cédula de unidades físicas

Crema

Unidades iniciadas	1 100 000
+ Inventario inicial	180 000
= Unidades disponibles	1 280 000
− Inventario final	(105 000)
= Unidades transferidas	1 175 000

Ilustración 6.21
Cálculo de unidades físicas.

2. Cédula de unidades equivalentes

	MP	CoCo
Unidades transferidas	$1 175 000	$1 175 000
+ Inventario final (80%)	105 000	84 000
= Total de unidades equivalentes	1 280 000	1 259 000
− Inventario inicial (70%)	180 000	126 000
= Unidades equivalentes producidas	1 100 000	1 133 000

Ilustración 6.22
Producción de
unidades equivalentes.

3. Cédula de asignación de costos

	MP		CoCo		
	Unidades	Costo	Unidades	Costo	Total
Unidades equivalentes producidas	1 100 000	$1 512 000	1 133 000	$906 400	$2 418 400
+ Inventario inicial	180 000	234 000	126 000	104 580	338 580
= Total de unidades equivalentes	1 280 000	1 746 000	1 259 000	1 010 980	2 756 980
− Inventario final	105 000	144 327	84 000	67 200	211 527
= Unidades terminadas	1 175 000	1 601 673	1 175 000	943 780	2 545 453

Ilustración 6.23
Asignación de costos
según el método de
valor relativo de
ventas.

Como podemos observar en este ejemplo, las unidades iniciadas en este departamento en el mes de abril son las que fueron transferidas del proceso de producción conjunta (1 100 000 litros de crema) con sus respectivos costos de 1 512 000 pesos (bajo el método de valor relativo de ventas). El costo total de un litro procesado de crema en este departamento sería de 2.16 pesos por litro [(1 601 673 + 943 780)/1 175 000].

Subproductos

Tal como fueron definidos previamente, los **subproductos** son aquellos productos secundarios del proceso de producción conjunta que no son parte del objetivo de producción y que poseen un valor de venta significativamente inferior al de un coproducto. Los subproductos pueden surgir como desecho de la limpieza de los coproductos o de la preparación de las materias primas antes de su utilización en el proceso. Como ejemplos de subproductos tenemos la cáscara y el bagazo de naranja al fabricar jugos o el aserrín en la producción de artículos de madera. Aunque su valor de mercado no es importante en relación con el valor de los artículos terminados, tiene que tomarse una decisión respecto a su destino. Entre otras, existen las siguientes opciones:

- Venderse en el estado en que se obtienen del proceso productivo.
- Someterse a procesamiento adicional para realizar su venta.
- Tirarse como desperdicio y no obtener beneficio de venta.

Cuando el subproducto se vende, puede acreditarse su venta a la cuenta de otros ingresos o a ventas de subproductos en el estado de resultados, o puede acreditarse el importe de su venta a la cuenta de costo de ventas (aumentando ingresos o restando costos). Otra opción es acreditar (disminuir) a las cuentas de productos en proceso, la cantidad equivalente a la utilidad neta obtenida por la venta del subproducto. A este tratamiento se le conoce como **método de recuperación del costo**. Este enfoque se recomienda cuando los subproductos se procesan más allá del punto de separación para poder venderse. Los asientos contables para ilustrar la venta de subproductos se muestran en el apéndice de asientos contables al final del capítulo.

Para ilustrar las distintas opciones disponibles para el tratamiento de subproductos tomemos como datos las operaciones realizadas en enero por Productos Promolive, que tiene un proceso de producción conjunta del cual surgen en el punto de separación dos coproductos y un subproducto llamado Sob1, el cual se vende a razón de 3 pesos la unidad. El Sob1 tiene que ser entregado directamente al cliente, lo cual ocasiona costos de transportación de 1.05 pesos por unidad. En el presente periodo surgieron 114 000 unidades de Sob1 como resultado del proceso de producción conjunta. Comercializadora Atenas compró al contado toda la producción de Sob1. Los cálculos necesarios para registrar la venta de este subproducto son los siguientes:

Total de ingresos generados por la venta del subproducto:

Unidades producidas	114 000
* Precio de venta	$3.00
= Venta total	$342 000

Total de costos generados por la venta del subproducto:

Unidades vendidas	114 000
* Costo transporte	$1.05
= Costo total	$119 700

La primera opción sugerida en este texto con respecto a la venta del subproducto implica sumar a la cuenta de otros ingresos la cantidad de 342 000 pesos. El costo de transportación se asigna a la cuenta de otros gastos por un total de 119 700 pesos.

Bajo el método de recuperación del costo se tendría que calcular el efecto neto de la venta del suproducto Sob1. En este caso el ingreso neto generado por la venta de Sob1 fue de 222 300 pesos como resultado de restar a la venta total de 342 000 pesos el costo asociado con la misma, es decir 119 700 pesos. Los 222 300 pesos serían restados de la cuenta de trabajo en proceso del departamento en el cual se generó el subproducto. Como el subproducto no siempre es inmediatamente vendido en el periodo en el que se genera, se utiliza una cuenta de inventarios para contabilizar el subproducto a su valor neto de realización (222 300). En este caso se hace el supuesto de que toda la producción del subproducto se vendió durante el periodo en el que se generó. La cuenta de trabajo en proceso tendría el siguiente saldo antes de repartirse los costos conjuntos a los coproductos:

Costo del periodo	$1 350 000
− Subproducto	222 300
= Costo a prorratear entre coproductos	$1 127 700

Si el subproducto Sob1 no hubiera sido vendido en el periodo en el que se generó, se hubiera restado de todos modos su valor neto de realización al inventario de productos en proceso y se hubiera sumado a una cuenta de inventario de subproductos la misma cantidad, es decir, 222 300 pesos.

Resumen conceptual

Existen dos tipos de desperdicio: el normal y el anormal. El desperdicio normal es el desperdicio inevitable, por lo cual los costos de dichas unidades son costos de producción. Por otro lado, el desperdicio anormal es aquel desperdicio que es mayor a lo esperado, o el que puede ser evitado. Por ello, el costo de estas unidades debe cargarse como pérdidas para el periodo actual. El costo del desperdicio anormal no se incluye en el costo de las unidades producidas. Cuando el desperdicio es inicial, el costo del mismo se distribuye entre las unidades transferidas y las unidades del inventario final. Cuando el desperdicio es al final del proceso, su costo se prorratea entre las unidades transferidas del departamento.

Los costos conjuntos son el costo acumulado en uno o más procesos a los cuales se somete a una materia prima común que genera más de un producto que no es posible identificar antes de la terminación del proceso. El punto de separación es el punto en donde es posible identificar los productos que surgen de un proceso de producción conjunta.

Los productos principales que surgen en el punto de separación son los coproductos. El subproducto es aquel producto secundario que surge como consecuencia del proceso de producción conjunta sin ser una parte deseada del proceso con un valor de venta significativamente inferior al de un coproducto.

Los costos comunes son aquellos en que se incurre para elaborar productos simultáneamente pero, a diferencia de los coproductos, los productos pueden fabricarse independientemente y sus costos identificarse. Tradicionalmente existen dos métodos para asignar los costos conjuntos:

*   Método de unidades físicas.
*   Método de valor relativo de ventas.

El método de recuperación del costo se emplea para el tratamiento de los subproductos. En el presente capítulo se han presentado las herramientas que tradicionalmente se utilizan para la contabilización de los costos conjuntos. Dado que la mezcla de coproductos y subproductos no puede ser modificada en el proceso de producción conjunta, es más importante reducir que distribuir los costos conjuntos entre coproductos y subproductos.

Se entiende por desperdicio la pérdida de producto cuando aparecen unidades dañadas o se evaporan ciertos materiales, lo que provoca que las unidades terminadas sean menores a las esperadas.

Apéndice de asientos contables

1. Registro del consumo de materiales:

————— • —————

Inventario de productos en proceso, A	XXX	
Inventario de materiales.		XXX

Para registrar el consumo de materiales de un determinado departamento productivo.

2. Registro de la mano de obra directa:

————— • —————

Inventario de productos en proceso, A	XXX	
Nómina por pagar		XXX

Para registrar la distribución de los costos de mano de obra directa en un departamento.

3. Registro de los costos indirectos de fábrica:

————— • —————

Inventario de productos en proceso, A	XXX	
Costos indirectos de fábrica		XXX

Para registrar los costos indirectos de fábrica que se aplican a la producción.

4. Registro de la transferencia del inventario de productos en proceso al inventario de productos terminados:

————— • —————

Inventario de productos terminados	XXX	
Inventario de productos en proceso A		XXX

Para registrar el costo de las unidades que son enviadas del inventario de productos en proceso al inventario de productos terminados. Este asiento se realiza en el caso de que el departamento que se está registrando sea el último o el único dentro del proceso productivo.

4.1 Registro de la transferencia del inventario de productos en proceso del departamento 1 al inventario de productos en proceso del departamento 2:

— • —

Inventario de productos en proceso 2	XXX	
Inventario de productos en proceso 1		XXX

Este asiento sirve para registrar la transferencia del inventario de productos en proceso del departamento 1 al inventario de productos en proceso del departamento 2. Este asiento se realiza cuando se está registrando el primer departamento del proceso productivo.

5. Registro de la transferencia del inventario final de producto terminado al costo de ventas:

— • —

Costo de ventas	XXX	
Inventario de productos terminados		XXX

Para registrar las unidades que son transferidas del inventario de producto terminado al costo de ventas, es decir, las unidades que son vendidas.

6. Registro del desperdicio anormal:

— • —

Desperdicio anormal	XXX	
Inventario de productos en proceso 1		XXX

Para registrar el desperdicio inicial anormal que surge en el costeo por procesos.

Cuando el desperdicio es al final del proceso, en lugar de ser inventario de productos en proceso 1 es inventario de productos terminados.

7. Registro del subproducto:

— • —

Inventario subproducto	XXX	
Inventario de productos en proceso 1		XXX

Para registrar el subproducto que surge en la producción conjunta.

Para apreciar más claramente el último asiento se ejemplificará de acuerdo al ejercicio analizado en el capítulo 6. Los asientos anteriores fueron ejemplificados en el capítulo 4.

8. Registro del subproducto:

— • —

Inventario subproducto Sob1	$222 300	
Inventario de productos en proceso único		$222 300

Para reconocer el monto del subproducto a valor neto de realización, cuando no se utiliza para recuperar parte del costo conjunto.

9. Registro de la venta del subproducto:

— • —

Efectivo o C x C	$342 000	
Venta subproducto		$342 000

Para registrar la venta de subproducto Sob1, cuando no se utiliza para recuperar parte del costo conjunto.

10. Registro de los desembolsos de venta del subproducto.

———— • ————

| Gastos de venta | $119 700 | |
| Efectivo o C × P | | $119 700 |

Para registrar el gasto por flete realizado para vender el subproducto Sob1.

11. Registro de salida de subproducto del almacén.

———— • ————

| Costo de ventas | $222 300 | |
| Inventario subproducto Sob1 | | $222 300 |

Para reconocer la salida de mercancías por la venta de subproducto Sob1.

Cuestionario integral

C.6.1. Si existe un desperdicio inicial anormal en el proceso de envasado de Lácteos Santa Clara, ¿qué cédula es afectada?

a) De unidades físicas.
b) De unidades equivalentes.
c) De asignación de costos.
d) Los incisos a) y c).

C.6.2. Suponga que Jaymar es una empresa que fabrica bebidas embotelladas. En el departamento de etiquetado existe un desperdicio final normal. ¿Qué cédula es afectada?

a) De unidades físicas.
b) De unidades equivalentes.
c) De asignación de costos.
d) Los incisos b) y c).

C.6.3. Cuando el desperdicio es inicial anormal, su costo es cargado directamente a:

a) Resultados.
b) Las unidades producidas.
c) Las unidades terminadas.
d) Las unidades transferidas.

C.6.4. Si el desperdicio es final, ¿qué costo afectan estas unidades?

a) Costo primo.
b) Costo de conversión.
c) Materia prima directa.
d) Los incisos b) y c).

C.6.5. Cuando el desperdicio es final normal, ¿en dónde se incluye su costo?

    a) En las unidades iniciadas.
    b) En las unidades terminadas.
    c) En las unidades transferidas.
    d) En pérdidas extraordinarias.

C.6.6. El gerente de Lácteos Florens está preocupado porque en uno de sus departamentos productivos se generó un desperdicio inesperado al final del proceso, y no sabe qué decisión tomar. ¿Qué se debe hacer con ese costo?

    a) Cargarlo al precio del cliente.
    b) Restarlo de las unidades terminadas.
    c) Sumarlo de las unidades transferidas.
    d) Ninguna de las respuestas anteriores es adecuada.

C.6.7. En Embutidos Johnson se detecta un desperdicio inesperado de unidades cuando se ha realizado 40% de las operaciones del departamento de producción. ¿De qué manera deberá ser tratada su salida?

    a) Como desperdicio inicial.
    b) Como desperdicio final.
    c) Como desperdicio anormal.
    d) Como desperdicio normal.

C.6.8. Al momento físico en que se identifican los coproductos y subproductos se le conoce con el nombre de:

    a) Punto de identificación.
    b) Punto de separación.
    c) Punto de distribución.
    d) Punto de conjunción.

C.6.9. La identificación de los coproductos puede ocurrir:

    a) A lo largo del proceso.
    b) Al final del proceso.
    c) Después de 50% de avance.
    d) El inciso *a)* o *b)*.

C.6.10. El producto que resulta de la producción conjunta, con un valor de venta significativamente pequeño y en menor cuantía que los coproductos, se conoce con el nombre de:

    a) Producto inferior.
    b) No coproducto.
    c) Subproducto.
    d) Desperdicio.

C.6.11. En la fábrica de chocolates M&G, a través de un proceso de producción conjunta, se obtienen dos coproductos: Monris y Nantis. Se obtuvieron 600 kilogramos de chocolate Monris con un precio de venta de 1 peso el kilogramo y 200 kilogramos de Nantis con un precio de venta unitario de 10 pesos. Los costos conjuntos fueron de 10 000 pesos. De acuerdo con el método de unidades físicas, ¿qué porcentaje de estos costos le corresponde al chocolate Monris?

a) 25%
b) 77%
c) 75%
d) 23%

C.6.12. Basándose en la pregunta anterior, ¿cuál sería el porcentaje de los costos conjuntos que se le debería asignar al chocolate Nantis si se utilizara el método de valor relativo de ventas?

a) 75%
b) 77%
c) 25%
d) 23%

C.6.13. Al método para la distribución de costos conjuntos que produce el mismo margen de utilidad en los coproductos se le conoce como:

a) De valor relativo de ventas.
b) De volumen.
c) Arbitrario.
d) De unidades físicas.

C.6.14. La empresa Najar se dedica a la fabricación de cremas para el cuidado intensivo de la piel. En el mes de febrero de 20X9 inició la producción de 8 000 cremas, incurriendo para su producción en los siguientes costos: 270 000 pesos de materia prima directa, 200 000 de mano de obra directa y 120 000 de costos indirectos. La empresa tenía un inventario de cremas no terminadas al inicio del mes de 750 unidades con un grado de avance de 70% y con costo total de 46 500 pesos, incluyendo 21 200 pesos de costos de conversión. Al final del mes existía un inventario de 400 cremas, faltándoles 70% de aplicación de costos de conversión. Para valuar la producción terminada la empresa utiliza el método UEPS.

Graciela Cortés, gerente de la fábrica, desea conocer el costo de cada crema transferida si se contabiliza un desperdicio inicial normal de 500 cremas, para poder determinar el precio de venta con un margen de utilidad de 40%. ¿Cuál es el precio de venta de acuerdo con este margen de utilidad?

a) $74.02
b) $103.63

c) $123.37

d) $109.30

C.6.15. Si el desperdicio inicial normal de la pregunta anterior fuera inicial anormal, ¿cuál sería el precio de venta de cada crema considerando el mismo margen de utilidad?

a) $76.44

b) $107.16

c) $126.74

d) $122.30

C.6.16. Lecop es una empresa francesa que se dedica a la producción de perfumes para el mercado latinoamericano. Durante el mes de octubre de 20X1 se inició la producción de 50 000 perfumes tipo Federé. El inventario inicial de productos en proceso de este mes era de 8 500 unidades con 50% de adelanto en costos de conversión, mientras que al final del mes se contó con un inventario de 4 200 perfumes con un adelanto de 70%. Al llegar a 60% de avance en el proceso productivo se agrega una sustancia llamada fijador que hace que el perfume conserve su fragancia durante un periodo promedio de 8 horas. El método de valuación de la producción terminada utilizado es el de costo promedio ponderado. A continuación se presenta la información relacionada con los costos de esta fábrica:

	Esencia	Fijador	Costos de conversión
Inventario inicial	240 000	0	137 900
Costos del mes	$1 500 000	$272 500	$1 970 000

El gerente de ventas, C.P. Mario Enrique García, desea conocer el costo de cada perfume para determinar si es conveniente aceptar un pedido de 50 000 botellas a un precio de 82 pesos cada una, sabiendo que existe un desperdicio final normal de 600 unidades. ¿Cuál es el costo por perfume terminado?

a) $72.02

b) $80.02

c) $78.02

d) $71.97

C.6.17. Si la empresa Lecop muestra un desperdicio final anormal de 400 perfumes y el C.P. Mario García acepta el pedido de venta a 82 pesos por perfume, ¿cuál es el porcentaje unitario de utilidad que obtendría?

a) 11.12%

b) 15.12%

c) 17.12%

d) 13.85%

C.6.18. Si en la pregunta 16 existe un desperdicio inicial normal de 1 500 perfumes y en el mes se terminaron 54 300, ¿cuál es el costo total del inventario de productos en proceso?

a) $262 754.58
b) $282 754.58
c) $252 754.58
d) $255 399.58

C.6.19. En el mes de mayo de 20X3, Industrias P.F. tuvo un costo total en la producción conjunta de tres tipos diferentes de sustancias de 120 000 pesos. La sustancia X3 es considerada como subproducto y para lograr su venta se requie invertir de 2 pesos por litro; sustancia a la cual se le aplica el método de recuperación de costo. A continuación se presentan los productos que se obtienen de este proceso:

Producto	Producción	Precio en el punto de separación	Costo de procesos adicionales	Precios después de procesos adicionales
X1	800 l	$110/l	$40 200	$180/l
X2	1 620 l	$70/l	$57 500	$130/l
X3	250 l	$9/l		

¿Cuál es el costo unitario del coproducto X1 utilizando el método de valor relativo de ventas?

a) $64.59
b) $41.09
c) $54.80
d) $65.54

C.6.20. Con referencia a la pregunta anterior, ¿cuál es la utilidad bruta de Industrias P.F. si decide que el producto X1 se venda después del proceso adicional y el X2 en el punto de separación?

a) $51 957
b) $118 550
c) $98 950
d) $96 900

Problemas

P.6.1. La compañía C.C.S.A. se dedica a la fabricación de coples para tubos. En el mes de agosto de 20X3 se iniciaron 7 400 unidades. En este mismo mes se incurrió en costos de 229 000 pesos de materia prima y 432 500 de costos de conversión. El 1o. de agosto existía un inventario de 275 unidades, las cuales tienen 50% de avance en costos de conversión. El costo de este inventario es de 8 250 pesos de materia prima y 6 300 de costos de conversión. El 31 de agosto existía un inventario de 340 unidades, que tienen un grado de adelanto de 70% en costos de conversión. Asumiendo que se utiliza UEPS para valorar inventarios, calcule el costo unitario de las unidades terminadas y transferidas bajo el supuesto de que:

- Existe un desperdicio inicial normal de 310 unidades.
- Existe un desperdicio final anormal de 310 unidades.

P.6.2. La compañía Galar, que produce máquinas de escribir de la marca Gersin, utiliza el sistema de costeo por procesos. A continuación se presentan datos relacionados con las operaciones realizadas en el mes de mayo de 20X2 en los departamentos de moldeado y ensamble:

En el departamento de moldeado se fabrican los cascarones, que es en donde se ensamblan las piezas que componen una máquina de escribir. En mayo se inició la producción de 600 000 cascarones. Existe un inventario inicial de 65 000 cascarones con 60% de avance. El inventario final en mayo fue de 110 000 cascarones con 70% de avance de mano de obra y costos indirectos.

En el departamento de ensamble se reciben los cascarones que provienen del departamento de moldeado y se les llama máquinas a medida que se van ensamblando las piezas. En mayo existía un inventario inicial de 32 000 máquinas con 50% de avance. En el inventario final quedaron 90 000 máquinas con 70% de avance. A continuación se presentan los datos de costos de los departamentos de moldeado y ensamble del mes de mayo:

	Departamento de moldeado		Departamento de ensamble	
	Inventario inicial	Gastos periodo	Inventario inicial	Gastos periodo
Materiales	$44 000	$700 000	$23 000	
Mano de obra	56 000	350 000	6 500	$321 000
Costos indirectos	39 000	395 000	3 400	320 000

Utilizando el método de costos promedio para valuar la producción terminada y el método de unidades terminadas para calcular la producción equivalente, calcule:

a) El costo unitario de un cascarón.
b) El costo unitario de una máquina de escribir.

P.6.3. Utilizando los datos del problema anterior, conteste las siguientes preguntas. Considérelas independientes entre sí.

    a) ¿Cuál es el costo unitario de una máquina de escribir producida en el mes de mayo si se produjo un desperdicio normal al inicio del mes de 60 000 cascarones en el departamento de moldeado?

    b) ¿Cuál es el costo unitario de una máquina de escribir producida en el mes de mayo si existió un desperdicio anormal al inicio del mes de 60 000 cascarones en el departamento de ensamble?

    c) ¿Cuál sería el costo unitario de una máquina de escribir si existiera un desperdicio final anormal de 500 unidades en el departamento de ensamble?

    d) ¿Cuál sería el costo total de las unidades transferidas si existiera un desperdicio final anormal de 500 unidades en el departamento de ensamble?

P.6.4. La fábrica Neón se dedica a la producción de artículos de piel. En su departamento de pintura se recolectaron los siguientes datos del mes de abril. Se inició el proceso de un total de 59 500 pieles. El inventario inicial en ese mes era de 18 700 pieles, las cuales tienen 40% de adelanto en costos de conversión. Al llegar a 50% de avance en el proceso de producción se agrega un pigmento que es el que define el color de las pieles. Al término del mes se contó con un inventario final de 6 630 pieles con 90% de avance en costos de conversión. Los datos de costos del inventario inicial y del mes de abril son los siguientes:

	Inventario inicial	Costos del periodo
Costos de conversión	$57 120	$ 513 516
Pieles	35 800	1 123 000
Pigmentos	0	234 000

*Se utiliza el método del costo promedio ponderado.

De acuerdo con la información presentada y contestando cada pregunta independientemente de la anterior, calcule el costo unitario de las pieles procesadas si:

    a) Existe un desperdicio final normal de 510 pieles.

    b) Existe un desperdicio final anormal de 850 pieles. Calcule el costo unitario y el costo total de unidades transferidas.

    c) Existe un desperdicio inicial normal de 3 400 pieles; las unidades terminadas son 71 570.

P.6.5. Productos Puntual tenía el siguiente inventario de productos en proceso al inicio y al final de 20X6:

	Unidades	Grado de avance	Materiales	Costos de conversión
Inventario 1/1/X6	22 500	25%	$245 000	$ 73 450
Inventario 31/12/X6	37 000	55%		
Costos del periodo			1 900 000	2 636 500

La compañía terminó 84 500 unidades durante 20X6. Además, utiliza el método costo promedio ponderado para valuar inventarios, por lo que es necesario que:

a) Calcule el costo de los artículos terminados.

b) Suponga que existe un desperdicio inicial de 3 750 unidades. ¿Habría diferencia entre el costo unitario de las unidades terminadas y el costo unitario de las unidades transferidas?

c) Suponga que existe un desperdicio de 1 500 unidades al final del proceso, del cual se considera que 375 unidades es desperdicio normal y el resto es anormal. Calcule el costo total de las unidades terminadas y el costo total de las unidades transferidas.

P.6.6. Especial es un negocio que fabrica antioxidantes. En el mes de junio de 20X2 se recolectaron los siguientes datos relacionados con la elaboración del producto 3040 en el departamento número 4.

	Producción iniciada	Inventario inicial	Inventario final
Unidades (litros)	10 000	2 500	1 250
Grado de avance		25%	55%

El producto 3040 está compuesto por dos materias primas. La primera de ellas, el material 3020, se agrega al inicio del proceso de producción. La segunda, el material 3010, se incorpora cuando el producto se encuentra con 10% de avance en el proceso de producción. Al agregar el material 3010 se produce un aumento del volumen de producción de 30%. En el mes de junio se invirtieron en el proceso de producción 58 500 pesos de material 3020, del material 3010 se invirtieron 53 400 y 122 000 en costos de conversión. El inventario inicial tenía costo asignado de 14 800 pesos de material 3020, 9 375 pesos de material 3010 y 2 300 pesos de costos de conversión. Al final del proceso de producción se detectó un desperdicio de 25% y se sabe que es normal que el desperdicio final sea del 15%. Es necesario determinar cuál es el costo unitario de las unidades transferidas utilizando el método de UEPS para valuar inventarios.

P.6.7. LAF incurre en un proceso de producción conjunta en el que obtiene los coproductos A y B y el subproducto C. Se reunieron los siguientes datos relacionados con las operaciones del departamento 1 en abril de 20X0.

Coproductos	Unidades producidas	Precio en punto de separación	Costos del proceso adicional	Precio después del proceso adicional
A	1 000	$100/ud	$20 000	$140/ud
B	800	40/ud	10 000	70/ud
C	200	5/ud		

Durante el mes de abril se tuvieron los siguientes costos del proceso de producción conjunta:

Materia prima 1	Materia prima 2	Mano de obra utilizada	Costos indirectos aplicados
$30 000	$40 000	$20 000	$10 400

Si A se vendiera en el punto de separación se incurriría en un costo adicional de 1 peso por unidad. Si se vende después, se evita ese costo y se incurre en los 20 pesos por unidad que se indica en la tabla precedente (20 000/1 000). Para poder vender C es necesario incurrir en un costo de 2 pesos por unidad.

Se pide:

a) Utilice el método de recuperación del costo para contabilizar los subproductos y determine los costos unitarios de los coproductos incluyendo el proceso adicional por el método de valor relativo de ventas.

b) Determine los costos unitarios de los coproductos incluyendo el proceso adicional por el método de unidades físicas.

c) Si toda la producción se vende *después* de los procesos adicionales, ¿cuál es la utilidad bruta total que obtuvo la empresa en abril de 20X0 al utilizar el método de valor relativo de ventas?

d) ¿Cuál sería la utilidad si todo se vende después de los procesos adicionales, y se asigna el costo conjunto mediante el método de unidades físicas?

P.6.8. Aromas fabrica perfumes y procesa conjuntamente un producto químico de donde se obtiene la esencia necesaria para dos tipos de lociones; Victoria y Diana. Durante el mes de abril se incurrió en los siguientes costos conjuntos de producción: materia prima, 79 000 pesos; mano de obra, 40 000 pesos, y costos indirectos, 12 500 pesos; además se produjeron 25 000 litros de loción Victoria y 16 000 de loción Diana.

Se pide:

a) Si el precio de venta de la loción Victoria es de 225 pesos el litro y el de Diana es de 200 pesos el litro, ¿cuál es el costo unitario asignado a cada producto si se utiliza el método de valor relativo de ventas?

b) El gerente desea saber cuál sería el costo por litro si se utilizace el método de unidades físicas.

P.6.9. La Burbuja produce los coproductos A y B. Los costos conjuntos incurridos durante el mes ascienden a 50 000 pesos. Los precios de venta por unidad son 390 y 275 pesos de los coproductos A y B, respectivamente. Si Burbuja produce 450 unidades de B y 560 unidades de A, determine:

a) Los costos conjuntos a asignar a los coproductos por el método de valor relativo de ventas.

b) Los costos conjuntos a asignar a los coproductos por el método de unidades físicas.

P.6.10. La compañía Labosla tiene los siguientes coproductos que se obtienen a través de un proceso de producción conjunta del mes de noviembre de 20X1:

Coproducto	Unidades producidas	Precio en punto de separación	Costos del proceso adicional	Precio después del proceso adicional
LL	750kg	$78/kg	$31 000	$84/kg
MM	1 500kg	$102/kg	$26 800	$155/kg
NN	350kg	$9/kg		

Se sabe que en el mes de noviembre se incurrió en un costo total en la producción conjunta de 83 450 pesos. El producto NN es un subproducto derivado del proceso productivo y se incurre en costos adicionales para su venta en 4 pesos por kilogramo, cuya ganancia se registró como otros ingresos en el estado de resultados.

Se pide:

a) Determine los costos unitarios de los coproductos incluyendo el proceso adicional por el método de valor relativo de ventas.

b) Si el producto A se vende *después* del proceso adicional y B se vende *antes* del proceso adicional, ¿cuál es la utilidad bruta unitaria y total que obtuvo la empresa en noviembre de 20X1?

P.6.11. La compañía Quesos Mexicanos fabrica tres tipos de quesos: tipo A, tipo B y tipo C. Además, se obtiene un subproducto que se vende a 2 pesos el kilo y no genera ningún costo extra de venta. El costo conjunto total a asignar a la producción en el mes pasado fue de 150 000 pesos.

Tipo de producto	kg	$/kg
A	1 000	40
B	2 000	50
C	900	30
Subproducto	100	

Se pide:

a) Calcule el costo conjunto total y unitario, asignado a cada uno de los productos si se utiliza el método de recuperación del costo para el subproducto y el método de unidades físicas para asignar el costo conjunto.

b) Suponga que se utiliza el método de valor relativo de venta, y que el subproducto será vendido y registrado en la cuenta de otros ingresos. Calcule el costo conjunto asignado a cada coproducto.

c) Calcule la utilidad obtenida por la empresa si se vendieran todos los coproductos y el subproducto al costo estimado de acuerdo con el inciso *a*).

d) Calcule la utilidad obtenida por la empresa si se vendieran todos los coproductos y el subproducto al costo estimado de acuerdo con el inciso *b*).

P.6.12. Perfiles Comerciales fabrica sus productos en dos departamentos productivos, a los cuales se les llama A y B. En estos departamentos se recolectaron los siguientes datos del año 20X5:

	Departamento A Enero 1	Dic. 31	Departamento B Enero 1	Dic. 31	Grado de adición de materiales
Unidades en inventario	50	25	45	24	
% de avance	3/10	12/25	10/25	1/3	
Costo de inventarios					
Material XX	$850	?			–Inicio departamento A
Material XX1			$1 755	?	–Inicio departamento B
Material YY			$630	?	–35% de avance en depto. B
Material ZZ			?	?	–50% de avance en depto. B
CoCo	$285	?	$342	?	
Unidades terminadas		375		?	
Unidades desperdiciadas		25		16	
Costos del periodo					
Material XX		$6 650			
Costo de conversión		$7 812		$7 581	
Material XX1				$14 870	
Material YY				$5 216	
Material ZZ				$5 565	

A las unidades procesadas en el departamento A se les llama material XX1 al entrar al departamento B. Se sabe que el desperdicio en el departamento A es final normal y que el desperdicio en B es final, pero 50% anormal. Se utiliza el método PEPS en el departamento A y el UEPS en el departamento B. La empresa necesita los siguientes requerimientos de información:

a) ¿Cuál es el costo unitario de las unidades terminadas en el departamento A?

b) ¿Cuál es el costo unitario y total de las unidades transferidas del departamento A?

c) ¿Cuál es el costo total de las unidades terminadas del departamento B?

d) ¿Cuál es el costo unitario y total de las unidades transferidas del departamento B?

e) Si se terminaran 375 unidades en el departamento A y existiera un desperdicio inicial normal de 10 unidades, ¿cuál sería el costo de las unidades terminadas en ese departamento?

f) Calcule la cédula de unidades equivalentes para el departamento A bajo el método de unidades iniciadas y terminadas.

P.6.13. Alambres Detodos fabrica sus productos en dos departamentos productivos, a los cuales se les llama A y B. En estos departamentos se recolectaron los siguientes datos del año de 20X6:

	Departamento A Enero 1	Departamento A Dic. 31	Departamento B Enero 1	Departamento B Dic. 31	Grado de adición de materiales
Unidades en inventario	50	25	45	24	
% de avance	4/10	12/25	10/25	1/3	
Costo de inventarios					
Material XX	$ 850	?			–Inicio departamento A
Material YY	$ 630	?			–35% de avance en depto. A
Material XX1			1 755	?	–Inicio departamento B
Material ZZ			?	?	–50% de avance en depto. B
CoCo	$285	?	342	?	
Unidades terminadas		380		?	
Unidades desperdiciadas		20		10	
Costos del periodo					
Material XX		$6 650			
Material YY		5 216			
Costo de conversión		7 812		$7 581	
Material ZZ				5 565	

Del departamento A surgen dos coproductos y un subproducto: COP1, COP2 y SUBP. Así, 50% de las unidades que salen del departamento A son COP1, 40% son COP2, y el resto es subproducto. Las unidades de COP1 se procesan en el departamento B, mientras que el COP2 y el SUBP se venden al salir del departamento A. A las unidades procesadas en el departamento A se les llama XX1 al entrar al departamento B. Se sabe que el desperdicio en el departamento A es final normal y que el desperdicio en B es final, pero 50% anormal. Los precios de venta de las unidades son las siguientes:

	Precio de venta en punto de separación	Precio de venta después del proceso adicional
COP1	$70	$150
COP2	50	
SUBP	7	

Se utiliza el método PEPS para la valuación de la producción terminada. La empresa requiere de la siguiente información:

a) ¿Cuál es el costo unitario de las unidades terminadas en el departamento A?
b) ¿Cuál es el costo unitario y total asignado a los coproductos de las unidades transferidas del departamento A si se utiliza el método de valor relativo de ventas y los subproductos se contabilizan como otros ingresos?
c) ¿Cuál es el costo unitario y total de las unidades transferidas del departamento A si se utiliza el método de unidades físicas, e igualmente los subproductos se contabilizan como otros ingresos?
d) ¿Cuál es el costo total de las unidades terminadas del departamento B de acuerdo con el resultado del inciso anterior?
e) ¿Por qué es conveniente o no seguir procesando el COP1?

Contabilidad
de costos estándar

Capítulo

OBJETIVO GENERAL

Comprender el objeto y utilidad de los costos estándar, así como el cálculo y análisis de variaciones relacionadas con materias primas y mano de obra.

OBJETIVOS ESPECÍFICOS

Al terminar de estudiar este capítulo, el alumno será capaz de:

- Comprender el concepto y la finalidad del uso de costos estándar.
- Conocer los diferentes tipos de estándares.
- Comprender cuándo una variación es favorable o desfavorable.
- Identificar la fuente de información para investigar las causas de las variaciones.
- Conocer las variaciones relacionadas con materias primas.
- Comprender y aplicar las fórmulas para el cálculo de las variaciones en materia prima, así como realizar su análisis.
- Conocer las variaciones relacionadas con la mano de obra directa.
- Comprender y aplicar las fórmulas para el cálculo de las variaciones en mano de obra, así como la obtención de su análisis.
- Explicar las posibles causas y relaciones entre las variaciones en materiales y mano de obra.
- Conocer la estructura del reporte de desempeño departamental.

Siempre que se va a realizar una actividad nueva es necesario tener una idea de los recursos que se deben invertir para llevarla a cabo exitosamente. Por ejemplo, un viajero antes de emprender su camino estudia las rutas que va a seguir, estima el tiempo que tardará su viaje y con base en el medio de transporte que utilice y a los objetivos que persiga, calcula los recursos que necesitará para ello. Si su viaje resulta como lo presupuestó en un principio, olvidará los detalles del mismo. En cambio, si algo resulta significativamente distinto a lo que él presupuestó, empezará a investigar las causas comparando su presupuesto contra lo que realmente ocurrió. En cada caso, al final de la jornada evaluará qué fue lo que ocasionó la diferencia entre su expectativa inicial y los resultados finales y evaluará si sus expectativas iniciales fueron correctas o no. A medida que repita el viaje corregirá sus expectativas o sus acciones por otras más cercanas a la realidad y evitará tomar acciones que no le sean favorables. Cuando la evaluación de los resultados es realizada por la misma persona que ejecuta la operación, o por alguien muy cercano a él, la generación de reportes puede ser muy sencilla. Sin embargo, mientras menos comunicación exista entre quien lleva a cabo la operación y quien evalúa los resultados, mayor deberá ser el grado de detalle de la información.

La **contabilidad de costos estándar** es una herramienta utilizada para evaluar el desempeño de los departamentos productivos y de apoyo que colaboran en el proceso de producción. Como herramienta de trabajo obliga a la administración del negocio a elaborar presupuestos y a revisarlos ayudando de esa manera al control administrativo. Es importante señalar que como herramienta de evaluación no debe ser tomada como el único indicador del desempeño, pues ello puede propiciar que los administradores realicen actividades poco adecuadas para el negocio, pero favorables para su evaluación personal.

Características de un sistema de costos estándar

Cuando se aplica un sistema de costos estándar, además de intentarse una correcta valuación de inventarios y del costo de ventas, se pretende establecer un parámetro a seguir para evaluar el desempeño de las actividades de los departamentos de producción y el costo de los insumos que entran a los procesos. Los sistemas fijan estándares de producción, los cuales representan la medida de eficiencia de costo y consumo de recursos deseada. Con base en la confianza de poseer estándares que garanticen un nivel de eficiencia adecuado, los administradores toman la información generada en base a estándares como correcta y la utilizan para tomar decisiones como si se tratara de información real. Esto ayuda a los administradores a aceptar pedidos o proyectos especiales sin tener que esperar a recibir información obtenida de estudios especiales de costos que alargan el tiempo de respuesta. El uso de estándares ayuda también a la presupuestación de utilidades y flujo de efectivo debido a que permite anticipar las necesidades de recursos futuros.

A las diferencias que surgen al realizar una comparación de los resultados reales con los esperados con base en estándares se les conoce como **variaciones**. El análisis de las mismas permite a los administradores detectar las causas de los ahorros o aumentos en costos para tratar de eliminar las causas que originan estos últimos o bien cuestionar la razonabilidad de los estándares.

En primera instancia suena lógico pensar que es conveniente obtener resultados favorables en el análisis de las variaciones. Sin embargo, la continua aparición de variaciones favorables en el análisis puede ser un claro indicador de que los estándares están mal determinados. Cuando esto ocurre, los sistemas de costos estándar, en lugar de servir como una herramienta de valuación, se convierte en un incentivo de ineficiencia, pues al salir siempre bien evaluados, los empleados pueden relajar sus actividades y el consumo de recursos aumentará hasta alcanzar los estándares fijados.

Es muy importante evaluar constantemente la razonabilidad de los estándares utilizados, pues de ellos depende el desempeño del negocio. Un estándar debe ser una medida de los recursos apegada a la realidad, de manera que sea factible que el negocio lo alcance. Como ya se mencionó, un estándar muy holgado propicia ineficiencias. Por otro lado, un estándar difícil de alcanzar puede deteriorar la moral de los trabajadores. Si el estándar no es razonable, informalmente se fijará uno para la evaluación del desempeño, dejando sin valor el beneficio que ofrece la contabilidad de costos estándar. Éstos, además de ser una base para medir el desempeño, deben ser un medio para promover un cambio y lograr comportamiento deseado.

Tipos de estándares

Los estándares de producción son establecidos con la ayuda de técnicas de ingeniería, tales como la toma de tiempos y movimientos y la utilización de TMU (*time measure units*). La **toma** de tiempos consiste en medir el tiempo que un trabajador promedio emplea para realizar una tarea o un proceso. Para el uso de **TMU** en la fijación de los estándares existen varios criterios. Entre otros, se encuentran los estándares ideales, los históricos y los alcanzables.

Estándares ideales

Éstos son estándares difícilmente alcanzables, es decir, representan lo que debería ocurrir en condiciones óptimas. Estos estándares exigen un fuerte apego a las políticas y procedimientos fijados por la administración, además de la no ocurrencia de factores difícilmente controlables. Su fijación consiste en determinar parámetros de acción bajo un escenario "si todo saliera bien".

Estándares históricos

Son los estándares que se establecen con base en la experiencia. Estos estándares tienen la ventaja que proporciona la experiencia y el conocimiento de un negocio. Sin embargo, en algunos casos es factible que algunas ineficiencias o vicios no deseados en el proceso de producción sean permitidos en los estándares, lo cual impide la mejora continua.

Estándares alcanzables para el periodo actual

La fijación de este tipo de estándares consiste en cuestionar periodo a periodo la cantidad de insumos que se requerirán de manera razonable. A diferencia de un presupuesto flexible, en este tipo de estándares se pretende determinar cuánto, por unidad producida, debe invertirse en cada uno de los elementos del costo con base en las circunstancias que el negocio viva en ese periodo. Por lo tanto, si se observa un cambio de precio en alguna de las materias primas y éste se considera permanente, el estándar deberá cambiarse para reflejarlo. O bien, si se aplica un proceso nuevo en el cual los trabajadores no tienen experiencia se debe fijar un tiempo mayor en ese periodo y, de acuerdo con los resultados observados en ese primer periodo, se deberá cambiar nuevamente el estándar de tiempo a ser invertido en tal proceso, pues en periodos posteriores las circunstancias cambiarán y los trabajadores tendrán alguna experiencia.

Estos estándares son actualizados periódicamente con el fin de que puedan reflejar los cambios operacionales y los niveles de precios de materia prima, mano de obra y costos indirectos. El aspecto más importante a cuidar en la elaboración de estos estándares es la visión de la(s) persona(s) encargada(s) de fijarlos.

Una vez fijados los estándares, los mismos se utilizan para valuar la producción. A diferencia de un sistema de costos históricos, cuando se aplica un sistema de costos estándar se valúan los inventarios utilizando los datos de costos estándar calculados con base en los estándares. Por lo tanto, los productos se valúan al costo estándar y no al costo real. Contablemente es muy sabido que para todo cargo debe haber un abono, y estas cantidades deben ser iguales. De modo que cuando existe una diferencia entre el precio de compra de una materia prima con el estándar, tiene que registrarse el artículo comprado a costo estándar, pero el pasivo o desembolso de efectivo queda registrado a costo real.

Por ejemplo, supongamos que se compra un artículo a crédito por la cantidad de 12 pesos, por su costo estándar es de 10 pesos. Bajo el sistema de costos estándar se hace un cargo al almacén de materiales de 10 pesos, pero el pasivo correspondiente es de 12 pesos. Por lo tanto, es necesario registrar la diferencia de 2 pesos en una cuenta que puede ser llamada "variación en el precio de materiales". La cuenta de variación no es una cuenta de activo, pasivo, capital, ingreso o gasto, sino que es una cuenta que será usada temporalmente y que será cerrada al final del periodo contra el costo de ventas o alguna cuenta de inventarios, después de haber investigado la razón por la cual se generó la diferencia de precio. Un sistema de costos estándar obliga a los preparadores de la información a tomar una acción para poder terminar su trabajo contable, haciendo hincapié en las diferencias a revisar, las cuales serán vaciadas en un reporte para su análisis.

Al hacerse el análisis de las variaciones, si éstas son significativas, deben ajustarse al costo de ventas y a los inventarios finales para mostrar el costo real. Si el total de las variaciones no es significativo, puede ajustarse la cantidad total directamente contra el costo de ventas.

Para evaluar las variaciones es importante determinar si las mismas son favorables o desfavorables para el negocio que aplica el sistema de costos estándar. Como regla general, debe entenderse que cuando el valor real de un insumo utilizado en la producción es mayor que el valor estándar, se genera una variación desfavorable. En el caso contrario, cuando el valor real de un insumo utilizado en la producción es menor que el valor estándar del mismo, se genera una variación favorable para el negocio, lo cual puede ser resumido de la siguiente manera:

> Variación favorable = Valor estándar > Valor real
> Variación desfavorable = Valor estándar < Valor real

Variaciones

Variaciones relacionadas con materias primas

Para controlar el costo de la materia prima es necesario considerar dos dimensiones: la relacionada con el precio de los materiales y la relacionada con la cantidad de materiales utilizados en la producción. Para ello es necesario calcular los estándares de precio y cantidad y, al comparar con los resultados reales, calcular la **variación del precio de materia prima** y la **variación de la cantidad de materia prima**. La primera de ellas debe ser registrada en el momento de realizarse la compra, pues los inventarios deben estar valuados al costo estándar. Por lo tanto, lo que debe compararse es la cantidad real comprada de materiales (la cual se calcula al multiplicar el precio real por la cantidad real comprada), con el precio que debió haberse pagado por esa misma cantidad de materiales (esta cantidad se calcula multiplicando el precio estándar por la cantidad real comprada). Esta diferencia proporciona la variación de precio de materiales que puede calcularse factorizando de la siguiente manera:

> Variación en precio de materiales =
> (Precio estándar – Precio real) × Cantidad real comprada

Cuando existe una diferencia positiva calculada en la fórmula que se muestra arriba, debe entenderse que existe una variación favorable a la empresa, pues el precio pagado por los materiales fue inferior al que se había presupuestado. El resultado de esta variación proporciona un indicador del desempeño del personal del departamento de compras o bien proporciona pistas acerca de la razonabilidad del estándar en precio.

La otra variación a ser calculada para la materia prima es la *variación en cantidad de materiales*, la cual se calcula una vez que éstos han sido consumidos. Cuando se aplica el sistema de costos estándar, se contabiliza como materia prima la cantidad de materiales que debieron haberse utilizado para la producción real, a la cual llamaremos **cantidad aplicada**. Sin embargo, esta cantidad no siempre es igual a la que se reporta como salida (cantidad real) en los almacenes de materiales. Para calcular esta variación es necesario comparar la cantidad de unidades de materia prima que debieron haberse utilizado (o cantidad aplicada), con la cantidad de materias primas que realmente se utilizó. En este caso, ambas cantidades están valuadas al precio estándar de compra, pues al comprarse se dan de alta en el inventario de materiales al precio estándar, de manera que la variación de la cantidad de materiales puede calcularse de la siguiente manera:

$$\text{Variación de la cantidad de materiales} =$$
$$(\text{Cantidad aplicada} - \text{Cantidad real}) \times \text{Precio estándar}$$

Al igual que en el caso de la variación del precio de materiales, el resultado positivo de la fórmula indica la existencia de una variación favorable, mientras que el caso contrario (resultado negativo) refleja una variación desfavorable. Esta variación proporciona información relacionada con la calidad de materiales y el cuidado que los operadores tuvieron en el manejo de la materia prima.

Variaciones relacionadas con mano de obra

Además de las variaciones de materias primas existen también variaciones de costo provocadas por la mano de obra. La información relacionada con el costo de la mano de obra se encuentra en el departamento de nóminas o en manos del encargado de calcular la nómina. Es necesario recordar que aunque el costo de mano de obra se carga a los productos por unidad como se hace con un costo variable, el costo de mano de obra es, en realidad, fijo, pues en el corto plazo la nómina se paga por la misma cantidad independientemente de la carga de trabajo. Por lo tanto, el tiempo de mano de obra que se utiliza en la producción se considera **mano de obra directa**, mientras que el tiempo que no es posible cargar a la producción es contabilizado como **mano de obra indirecta**, la cual es considerada como un costo indirecto y será estudiada en conjunto con otras partidas en el siguiente capítulo.

La mano de obra como tal es otro elemento del costo que debe ser controlado. Las variaciones entre lo real y lo presupuestado pueden surgir debido a un incremento del salario de los trabajadores o por la cantidad de horas utilizadas para la producción. A la variación ocasionada por cambios en el salario que se paga a los trabajadores se le conoce como **variación en tarifa** y a la variación ocasionada por la cantidad de horas invertidas en la producción se le conoce como **variación de eficiencia.**

Si los estándares utilizados para el presupuesto de producción son revisados continuamente, los cambios de salarios de los trabajadores deben estar incluidos y la variación de tarifa no debe existir. Sin embargo, en ocasiones los cambios salariales son ocasionados por factores externos, como por ejemplo un aumento de emergencia causado por alzas del nivel de precios (inflación), o por cambios en las leyes laborales. Otro factor que puede influir en el salario son las negociaciones con los sindicatos causadas por huelgas o alguna otra razón. La tarifa a la cual se pagan los salarios puede cambiar debido a la cantidad de horas extras pagadas a los trabajadores, pues son pagadas a una tarifa mayor que las horas pagadas en el horario normal de trabajo. En todo caso, la variación de tarifa se obtiene al comparar la cantidad realmente pagada a los trabajadores con la que se tenía presupuestado pagar al nivel de actividad que se trabajó. Se resta a la tarifa estándar de mano de obra la tarifa real y la diferencia se multiplica por las horas reales trabajadas. El cálculo es como sigue:

Variación de tarifa de mano de obra =

(Tarifa estándar – Tarifa real) $\times$ Horas reales trabajadas

Una manera alternativa de calcular la variación de tarifa de mano de obra es observar el total pagado por nómina a los trabajadores de los departamentos de producción por concepto de mano de obra directa y compararlo con el pago estándar que debió haberse realizado (horas reales * tarifa estándar).

La variación de eficiencia de mano de obra se obtiene como resultado de la diferencia que existe entre el tiempo que se esperaba trabajar en el nivel de producción real (horas aplicadas) y el tiempo que realmente se invirtió en ella (horas reales). La variación de eficiencia puede ser causada por diversos factores, entre otros, el nivel de experiencia de los trabajadores, la motivación personal y algunos otros factores cualitativos. Otro elemento importante que también afecta la eficiencia de los trabajadores es la calidad de la materia prima. Materiales defectuosos requieren una mayor supervisión y tiempo adicional para reprocesar las unidades defectuosas. Una forma simple de calcular la variación de eficiencia es restar al total de horas estándar permitidas para la producción (también llamadas horas aplicadas), el total de horas reales trabajadas y multiplicar la diferencia por la tarifa estándar de mano de obra. Como en el caso de la materia prima, la mano de obra es cargada a la producción con base en la tarifa estándar y no con base en la tarifa real.

Variación de eficiencia de mano de obra =

(Horas aplicadas – Horas reales) $\times$ Tarifa estándar

Ejemplo

Galletera Fina utiliza un sistema de costos por procesos estándar para evaluar su desempeño. Durante el mes de noviembre de 20X7 produjo 30 000 cajas de galletas sin quedar inventarios finales de producción. Los costos estándar por caja procesada en el departamento de empaque se presentan en la ilustración 7.1.

El encargado de producción recabó los siguientes datos del mes de noviembre:

- Fueron transferidos del departamento productivo anterior 31 800 kilogramos de galletas con un costo total de 715 500 pesos.
- Las bolsas de plástico fueron compradas en paquetes de mil unidades a un precio unitario de 780 pesos; en el mes fueron utilizadas 30 300 bolsas de plástico, de las cuales 3 000 fueron compradas en ese mes.

Galletera Fina
Estándares de producción
Costos primos

Materiales	Cantidad	Costo estándar unitario	Total
Galletas	1 kilogramo	$22.50	$22.50
Bolsa de plástico	1 bolsa	0.75	0.75
Caja de cartón	1 caja	2.25	2.25
Total materiales			25.50
Mano de obra			
Tiempo	5 min/caja	9.00/hora	0.75
Total mano de obra			0.75
Total costo primo			26.25

Ilustración 7.1
Estándares de producción por caja

- También se compraron 37 500 cajas de cartón a 1.80 pesos cada una, de las cuales 30 000 fueron utilizadas.
- Se trabajaron 2 550 horas pagadas a un promedio de 10 pesos cada una.

Al comparar los resultados reales con los que se habían presupuestado se encontraron diferencias, las cuales son causadas por cambios de precios y por la cantidad de materiales utilizados. A continuación se presentará el cálculo de las variaciones en materias primas y en mano de obra.

En el mes de noviembre se calculó la variación del precio de materiales en el momento de la compra, pues Galletas Finas costea sus inventarios al costo estándar. El monto total de la variación se calcula en la ilustración 7.2.

El análisis de las variaciones de precio de materias primas revela que las cajas fueron compradas a un precio inferior al que se había presupuestado, mientras que las bolsas fueron compradas a un precio mayor. Estas variaciones deben ser reconocidas en el estado de resultados después de investigarse las causas que las provocaron.

La otra variación relacionada con los materiales es la variación de cantidad de materiales. Esta variación puede ser calculada durante o al final del periodo a analizar, en este caso el mes de noviembre y se obtiene al comparar la cantidad estándar de materiales con la cantidad de materiales realmente consumi-

Variación en precio de materiales
(Precio estándar – Precio real) × Cantidad real comprada

Galletas	(22.50 –	22.50) ×	31 800 =	–	Favorable
Bolsas	(0.75 –	0.78) ×	3 000 =	(90)	Desfavorable
Cajas	(2.25 –	1.80) ×	37 500 =	16 875	Favorable
Variación total			=	16 785	Favorable

Ilustración 7.2
Análisis de variaciones en precio de materias primas.

Ilustración 7.3
Cédula para análisis en variaciones en cantidad de materiales.

Variación en cantidad de materiales (Cantidad aplicada – Cantidad real) × Precio estándar						
Galletas	(30 000	–	31 800)	× 22.50 =	(40 500)	Desfavorable
Bolsas	(30 000	–	30 300)	× 0.75 =	(225)	Desfavorable
Cajas	(30 000	–	30 000)	× 2.25 =	–	Favorable
Variación total				=	(40 725)	Desfavorable

da, valuadas al costo estándar. En ia ilustración 7.3 se muestra la variación de la cantidad de materiales de las tres materias primas utilizadas en el proceso de empaque.

En este caso no hubo variación en el consumo de cajas de cartón, pues se utilizó la cantidad presupuestada. Sin embargo, se encontraron diferencias desfavorables en el consumo de bolsas de plástico y galletas a ser empacadas. Más importante que el cálculo de la variación, es encontrar las razones que provocaron un consumo excesivo de estos materiales. Entre otras razones que pudieron provocar el desperdicio se pueden citar la calidad de los materiales utilizados y el cuidado con el que los trabajadores utilizan los insumos. También pueden citarse factores no controlables por los operadores como desperdicios anormales causados por factores externos.

Como ya se describió, en la mano de obra directa se calculan las variaciones de tarifa y eficiencia. La *variación de tarifa* experimentada por Galletas Finas en el mes de noviembre se obtiene al comparar la tarifa estándar de materiales con la tarifa realmente pagada multiplicada por la cantidad de horas reales trabajadas de la siguiente forma:

$$\text{Variación de tarifa de mano de obra} =$$
$$\text{(Tarifa estándar – Tarifa real)} \times \text{Horas reales trabajadas}$$
$$(9.00 - 10.00) \times 2\,550 = (2\,550) \text{ Desfavorable}$$

En este caso la tarifa estándar resultó ser más baja que la tarifa real pagada, lo cual pudo haber sido causado por una mezcla distinta de trabajadores, pues éstos cobran más a medida que suben de categoría con base en criterios como la antigüedad, capacitación, etcétera. Si se utilizó el servicio de personal de mayor categoría, el pago por mano de obra debe ser mayor. Otra razón que puede ocasionar esta variación desfavorable es que se haya tenido que trabajar horas extras o en día festivo.

La otra variación relacionada con la mano de obra es ocasionada por la eficiencia con la que se realizaron las operaciones de producción. En este caso los datos a comparar son las horas estándar permitidas para la producción (horas aplicadas) y las horas que realmente fueron trabajadas multiplicadas por la tarifa estándar. La *variación de eficiencia* se calculó para el mes de noviembre como sigue:

Variación de la eficiencia de mano de obra =
(Horas aplicadas – Horas reales trabajadas) × Tarifa estándar
(2 500 – 2 550) × 9.00 = 450: Desfavorable

Las 2 500 horas aplicadas se obtienen de multiplicar 5 minutos por 30 000 cajas dividido entre 60 minutos por hora, lo cual provoca una variación de 450 (desfavorable), pues en la producción se utilizaron más horas de las que se habían planeado. Una vez que se han calculado todas las variaciones, es necesario realizar un reporte para análisis y evaluación del desempeño. Un formato para este reporte podría ser la ilustración 7.4.

Departamento de empaque
Reporte de desempeño departamental
al 30 de noviembre de 20X7

Variaciones de los materiales

Cantidad de materiales	Aplicado	Real	Variación
Insumo			
Galletas	675 000	715 500	(40 500) Desfavorable
Bolsas	22 500	22 725	(225) Desfavorable
Cajas	67 500	67 500	– Favorable
Suma de las variaciones			(40 725) Desfavorable
Precio de materiales			
Insumo			
Galletas	715 500	715 500	– Favorable
Bolsas	2 250	2 340	(90) Desfavorable
Cajas	84 375	67 500	16 875 Favorable
Suma de las variaciones			16 785 Favorable
Variaciones en mano de obra			
Eficiencia de mano de obra			
Horas a tarifa estándar	22 500	22 950	(450) Desfavorable
Tarifa de mano de obra			
Tarifa a horas reales	22 950	25 500	(2 550) Desfavorable
Variación total de mano de obra			(3 000) Desfavorable

Ilustración 7.4
Reporte del desempeño departamental.

Críticas a un sistema de costos estándar

Como herramienta de control ayuda a detectar áreas de oportunidad que los administradores principales no podrían detectar a causa del gran número de procesos, empleados y productos que pasan por la fábrica. Un sistema de costos estándar permite la aplicación de la **administración por excepción**, la cual se basa en el principio de que "las actividades o procesos que se cumplen de acuerdo con los planes no requieren supervisión, son aquellas actividades o procesos que arrojan resultados excepcionales que requieren atención especial por parte de la administración del negocio".

Un sistema de costos estándar es apropiado para empresas que poseen productos en los que los procesos se aplican de forma repetitiva y por largos periodos. Cuando esto ocurre, se obtienen los beneficios de las curvas de aprendizaje y se pretende ahorrar recursos al lograr pequeños cambios en los procesos de producción. Un sistema de costos estándar ha sido duramente criticado en los últimos años. Los argumentos más fuertes utilizados en su contra son:

1. La información proporcionada por el sistema es inoportuna, pues al estar ligada al sistema contable es presentada al final de cada periodo contable.
2. La información sobre las variaciones no especifica a qué línea, corrida o celda de producción corresponden.
3. Los sistemas de costos estándar se enfocan demasiado en el costo y eficiencia de la mano de obra, factores que en la actualidad se reducen en proporción a la materia prima y a los costos indirectos.
4. En sistemas de producción automatizados, las variaciones resultan ser mínimas o inexistentes, por lo que un sistema de costos estándar carece de importancia.
5. Ciclos de vida más cortos de los productos significan ciclos de vida más cortos para los procesos y por consecuencia para los estándares, que son la base para calcularlos. Al utilizar estándares inadecuados se presenta una base errónea para medir el desempeño y toma de decisiones. Por ejemplo, al utilizar sistemas de producción flexibles, es difícil tener un proceso productivo estable que permita la adecuada aplicación de estándares.

Las primeras dos críticas están relacionadas con la frecuencia y alcance de la información. En la actualidad los sistemas computacionales nos permiten ralizar un seguimiento detallado de unidades por procesos en tiempos reales. Manejar información en tiempo real permite generar reportes de variaciones para los recursos considerados variables con la frecuencia que la administración considere adecuada. La tercera y cuarta críticas están relacionadas con el grado de automatización del producto, en donde aún se consideran procesos de producción estables. La solución a estas dos críticas consiste en reconsiderar el uso de la mano de obra como *cost driver* para distribuir el costo indirecto. La quinta crítica se refiere al nivel de cambios en los procesos de producción. En este caso es necesario cuestionar si el sistema de costos es aún adecuado con base en un análisis de costo-beneficio.

Resumen conceptual

Los sistemas de costos estándar son una ayuda para evaluar el desempeño y el control administrativos. Estos sistemas proporcionan un modelo a seguir en los procesos de producción y brindan información útil para la investigación de las causas que provocan diferencias entre lo real y lo presupuestado. Sin embargo, los beneficios que brinda un sistema de costos estándar pueden ser nulos o contraproducentes si los estándares utilizados no son adecuados.

Los estándares utilizados deben ser razonables, ya que si son difíciles de alcanzar, probablemente provoquen desaliento en los trabajadores y generen un efecto contrario al que se buscaba. Por otro lado, si el estándar es demasiado holgado, se propician ineficiencias. Por ello, el estándar utilizado debe ser razonablemente alcanzable utilizando un esfuerzo adicional. Entre otros se pueden utilizar *estándares ideales*, que son aquellos que se pueden alcanzar en condiciones de trabajo óptimas; *estándares históricos*, que son estimados con base en la experiencia, y *estándares alcanzables para el periodo actual*, en los que periodo a periodo se cuestiona la cantidad de insumos a utilizar para la fijación de los estándares.

A la diferencia entre los estándares y los datos reales se le llama variaciones y son catalogadas como favorables o desfavorables. Se considera que existe una variación favorable cuando el valor real es menor que el valor estándar. La variación desfavorable se presenta cuando el valor real es mayor que el valor estándar.

El análisis de variaciones es utilizado para corregir anomalías en el proceso de producción y para buscar la eficiencia de las operaciones. Sin embargo, su significado es cuestionable pues están relacionadas unas con otras y es importante complementarlas con otros indicadores cualitativos.

Apéndice A: Asientos contables

En este capítulo se estudió el funcionamiento de los sistemas de costos estándar en relación con la materia prima y mano de obra. Para ilustrar los procedimientos contables necesarios para realizar el ajuste de los estados financieros es necesario hacer los siguientes asientos contables:

1. La variación de precio de materiales es reconocida en el momento de realizar la compra de materiales, por lo que el asiento para reconocer la compra y la variación de precio de materiales cuando el precio real es mayor que el estándar (variación desfavorable) es el siguiente:

—— • ——

Inventario de materias primas	XXX	
Variación de precio de los materiales	XXX	
Cuentas por pagar		XXX

Cuando la variación es favorable o bien el precio al cual las mercancías fueron realmente compradas es menor que el precio estándar, el asiento es el siguiente:

—— • ——

Inventario de materias primas	XXX	
Variación de precio de materiales		XXX
Cuentas por pagar		XXX

2. El asiento para reconocer la transferencia del costo de la materia prima al inventario de productos en proceso, bajo un sistema de costos con estándares, cuando la variación es desfavorable es:

———•———

Inventario de productos en proceso	XX	
Variación de la cantidad de materiales	XX	
Inventario de materias primas		XX

Cuando la variación es favorable se realiza el siguiente asiento contable:

———•———

Inventario de productos en proceso	XX	
Variación de la cantidad de materiales	XX	
Inventario de materias primas		XX

3. El asiento para registrar las variaciones de tarifa y eficiencia de mano de obra directa son reconocidas en el momento de pagar la mano de obra. Cuando la variación es desfavorable es:

———•———

Inventario de productos en proceso	XXX	
Variación de la tarifa de mano de obra	XXX	
Variación de la eficiencia de mano de obra	XXX	
Nómina de fábrica		XXX

Cuando la variación es favorable se realiza el siguiente asiento:

———•———

Inventario de productos en proceso	XX	
Variación de la tarifa de mano de obra		XX
Variación de eficiencia de mano de obra		XX
Nómina de fábrica		XX

Para ejemplificar los asientos anteriores se utilizará el ejemplo de Galletera Fina contenido en el presente capítulo.

1. Asiento donde se reconoce la variación de precio de los materiales.

———•———

Inventario de materias primas	802 125	
Variación de precio de los materiales	16 785	
Cuentas por pagar		785 340

En este asiento se registran la compra de bolsas y cajas en el periodo. Por ello, en el momento de la compra la variación total fue de 16 785 pesos de materiales [($90) de bolsas y 16 875 de cajas].

2. Asiento donde se reconoce la variación de la cantidad de materiales.

———•———

Inventario de productos en proceso 2	765 000	
Variación de la cantidad de materiales	40 725	
Almacén de materias primas		805 725

En este asiento se registra la materia prima (galletas, bolsas y cajas) al costo estándar en el almacén de productos en proceso. Sin embargo, la cantidad de materiales que realmente salió del almacén de materia prima es de 805 725 pesos, por lo que se está reconociendo una variación desfavorable en uso de materiales (40 500 en galletas y 225 en bolsas).

3. Asiento donde se reconocen las variaciones de tarifa y de eficiencia:

Inventario de productos en proceso 2	22 500	
Variación de eficiencia de mano de obra	$450	
Variación de tarifa de mano de obra	$2 550	
Nómina de fábrica		$25 500

En este asiento se reconoce una variación desfavorable de eficiencia de mano de obra por 450 pesos y una variación desfavorable de la tarifa de mano de obra por 2 550 pesos.

Apéndice B: Cálculo de la curva de aprendizaje

La **curva de aprendizaje** es aquella que representa el aumento de la eficiencia de los trabajadores al ganar experiencia por efectuar un proceso repetitivo. Este factor debe ser considerado en el momento de fijar los estándares de producción, así como en el de la evaluación del desempeño. El cálculo de la curva de aprendizaje es especialmente útil al evaluar las variaciones de tarifa y la eficiencia de mano de obra. Muchos negocios, al atravesar por crisis económicas o fuertes bajas en sus niveles de producción, se ven obligados a considerar recortes de personal. Decisiones como éstas traen consigo un deterioro de la productividad, pues al reactivarse la economía o recuperarse los niveles de producción normales, es necesario recontratar personal. Al hacerlo, se deben ofrecer cursos de capacitación y aprendizaje para tratar de alcanzar los niveles de eficiencia marcados por los estándares. Es posible determinar el tiempo y el costo que se necesitan para alcanzar los niveles de eficiencia marcados por los estándares, ayudando a mejorar la evaluación del desempeño y a tomar medidas correctivas en caso de no obtener los avances esperados de acuerdo con la curva de aprendizaje. Es también una herramienta para tener una mejor base para evaluar adecuadamente la decisión de retener el recurso humano. El procedimiento para calcular la curva de aprendizaje es el siguiente:

En el caso de la ilustración A.7.1 observamos que cada vez que se duplica la producción, disminuye 20% el tiempo promedio por unidad. Por ejemplo, cuando la producción acumulada cambia de 20 a 40 unidades, el tiempo promedio por unidad se reduce de 20 horas a 16, es decir 20%. De esta forma es posible estimar el tiempo en el que puede alcanzarse un estándar y la variación esperada. En ciertas ocasiones, negocios que operan bajo sistemas de costos estándar evalúan proyectos en los que es necesario hacer cambios en la producción, en cuyo caso es importante incluir en la evaluación del proyecto el costo adicional provocado por la falta de experiencia, utilizando el concepto de la curva de aprendizaje.

Cuando el concepto de curva de aprendizaje sea utilizado para calcular el aumento de eficiencia de otros recursos nos referiremos a la **curva de la experiencia**, en donde se observa el ahorro en el consumo de recursos, como podrían ser los costos indirectos variables como consecuencia de la experiencia acumulada en los procesos.

Cuestionario integral

C.7.1. Una herramienta que apoya el control administrativo y que promueve la evaluación del desempeño de los departamentos productivos y de servicio se denomina:

    a) Costeo estándar.
    b) Costos estimados.
    c) Costeo normal.
    d) Costeo histórico.

C.7.2. Cuando la predeterminación de los estándares se realiza de acuerdo con la experiencia adquirida en el proceso de producción, ¿a qué tipo de estándares nos referimos?

    a) Básico.
    b) Alcanzable.
    c) Ideal.
    d) Histórico.

C.7.3. Un sistema de costos estándar es irrelevante si el sistema de producción de la empresa es:

    a) Por proceso.
    b) Por órdenes.
    c) Automatizado.
    d) Manual.

C.7.4. A las diferencias que surgen al realizar una comparación entre los costos reales o históricos con los costos estándar se les conoce con el nombre de:

    a) Diferencia esperada.
    b) Variaciones.
    c) Diferencia estimada.
    d) Desviaciones.

C.7.5. Si los estándares se establecen bajo un escenario de condiciones óptimas en donde no existen factores difícilmente controlables, ¿a qué tipo de estándar nos referimos?

a) Básico.
b) Alcanzable.
c) Ideal.
d) Histórico.

C.7.6. El estándar que pretende determinar por unidad producida cuánto debe invertirse en cada uno de los elementos del costo con base en las circunstancias actuales del negocio se llama:

a) Básico.
b) Alcanzable.
c) Histórico.
d) Ideal.

C.7.7. Cuando el valor real de un insumo, materiales o mano de obra utilizado en la producción es mayor que el valor estándar, ¿qué tipo de variación se genera?

a) Favorable.
b) No se genera variación.
c) Desfavorable.
d) No se tiene la información suficiente.

C.7.8. Si el personal del departamento de compras no ha negociado con los proveedores precios competitivos de la materia prima para la empresa, ¿qué resultado obtendremos en la variación de cantidad de materia prima?

a) Favorable.
b) No se genera variación.
c) Desfavorable.
d) No se tiene la información suficiente.

C.7.9. Cuando en una empresa continuamente se presentan variaciones favorables, ¿qué podemos concluir?

a) Los estándares están bien fijados.
b) La productividad de la empresa se ha incrementado.
c) Los estándares están mal fijados.
d) Los gerentes de la empresa son extraordinarios.

C.7.10. Si se incrementa el salario de los trabajadores, ¿qué variación sería la afectada?

a) Variación de tarifa.
b) Variación de eficiencia
c) *a)* y *b)*.
d) Ninguna de las anteriores.

C.7.11. Si la motivación personal de los trabajadores se encuentra en niveles muy bajos, se puede inferir que se tendrá una variación de tarifa de mano de obra:

a) Favorable.
b) No existe.
c) Desfavorable.
d) Demasiado favorable.

C.7.12. Mecánica Martínez ha establecido un tiempo estándar de 2.3 horas por reparación de frenos de cierto tipo de automóviles. El salario por hora estándar de mano de obra es de 8.75 pesos. A lo largo de sus operaciones en el año 20X2, se realizó un total de 1 500 reparaciones que consumieron 5 000 horas de mano de obra pagadas a un costo total de 47 500 pesos. El gerente, Carlos Martínez, desea conocer la variación total de mano de obra. ¿A cuánto asciende esta variación?

a) $17 313
b) $3 750
c) $12 550
d) $13 563

C.7.13. La misma empresa desea ser un poco más específica en la variación de la mano de obra, por lo que pregunta: ¿Qué porcentaje de la variación total de mano de obra representa la variación de eficiencia?

a) 21.66%
b) 78.34%
c) 50.34%
d) 72.49%

C.7.14. Diseños Fedelishius es una empresa que se dedica a la confección de ropa fina tipo europea. Para la fabricación de su línea *Federrika* se requiere de la utilización de 2.6 metros de tela Alpha por pieza. El precio estándar de cada metro de esta tela es de 52 pesos. Se sabe que durante el mes de mayo de 20X4 se produjeron 10 200 vestidos, y que se utilizaron 30 600 metros de tela Alpha a un costo total de 1 377 000 pesos. No existían inventarios iniciales ni finales. La gerente, Federica Rodríguez, necesita saber cuál es la variación de precio de la materia prima.

a) $214 200: Desfavorable
b) $212 160: Desfavorable
c) $218 200: Favorable
d) $214 200: Favorable

C.7.15. La misma empresa desea conocer cuál es la variación de cantidad de materia prima:

a) $214 200: Favorable
b) $212 160: Desfavorable
c) $2 060: Favorable
d) $214 200: Desfavorable

C.7.16. Promex se dedica a la fabricación y comercialización de pinturas con características especificadas por sus clientes industriales. En el mes de noviembre de 20X1 se produjeron 12 500 botes de pintura tipo Betal. Para elaborar tal cantidad de botes, se utilizaron durante el mes 7 500 litros de aceite B3, que mostraba un inventario inicial de 3 000 litros y un inventario al final del mes de 2 500 litros. El costo del aceite B3 por litro comprado en este mes fue de 23.50 pesos. A los trabajadores se les pagó una tarifa de 10.20 por hora, pero existía una variación total desfavorable de mano de obra de 575 pesos. En cuanto a los estándares, se cuenta con la siguiente información: cada bote de pintura tipo Betal requiere .7 litros de aceite B3 cuyo costo es de 15.40 pesos; de la misma manera, el bote de pintura Betal necesita de .5 horas de mano de obra a un costo de 9.70 pesos cada hora.

Con esta información se pide contestar las siguientes preguntas: ¿Cuál es la variación en precio del aceite tipo B3?

a) $9 200: Desfavorable
b) $7 500: Desfavorable
c) $10 500: Desfavorable
d) $56 700: Desfavorable

C.7.17. ¿Cuál es la variación de cantidad de aceite tipo B3?

a) $27 500: Favorable
b) $37 500: Favorable
c) $12 500: Favorable
d) $19 250: Favorable

C.7.18. ¿Cuál es la variación total del aceite tipo B3?

a) $27 500
b) $650
c) $595
d) Ninguna de las anteriores

C.7.19. Calcular la variación de la tarifa de mano de obra de Promex.

a) $3 000: Desfavorable
b) $2 500: Desfavorable
c) $4 000: Desfavorable
d) $3 125: Desfavorable

C.7.20. ¿Cuál es la variación de eficiencia de la mano de obra de Promex?

a) $2 725: Favorable
b) $2 425: Favorable

c) $2 625: Favorable
d) $2 550: Favorable

Problemas

P.7.1. *Variaciones en materias primas*

Industriales Decoret fabrica tinas y toneles para uso doméstico e industrial. Para la fabricación de toneles del número 12 se requieren dos piezas de lámina cortada (una para la base y una para el costado). El costo estándar de cada lámina de acero es de 26 pesos. Durante el mes de junio se empezaron y terminaron 3 500 tinas; no existían inventarios iniciales y finales de materias primas y de productos en proceso. Los registros contables revelan que 7 350 láminas de acero fueron utilizadas durante junio, a un costo de 175 000 pesos. Suponiendo que la variación de precio se calcula en el momento en que se hacen las requisiciones de materiales, calcule para la producción de junio:

a) La variación de precio de los materiales.
b) La variación de cantidad de los materiales.

P.7.2. *Variaciones de mano de obra directa*

TONELSA ha establecido un tiempo estándar de 1.5 horas por producto ensamblado. El salario por hora estándar de mano de obra es de 9.3 pesos. Durante el mes de mayo se terminaron 848 toneles. El siguiente asiento se registró para considerar el pasivo por salarios de mano de obra directa del mes de mayo.

Nómina de fábrica (para 1 310 horas trabajadas)	12 576	
Salarios devengados por pagar		12 576

a) Calcule la variación total de mano de obra.
b) Calcule las variaciones en tarifa y eficiencia del mes de mayo.
c) Registre los asientos de diario del mes de mayo necesarios para reconocer las variaciones de eficiencia y tarifa de mano de obra.

P.7.3. *Variaciones de mano de obra*

Artesanías del Sur se dedica a la producción de piezas artesanales. En el mes de enero se produjeron 5 250 piezas. Se trabajaron 8 290 horas de mano de obra directa, las cuales son pagadas a 14.8 pesos cada una. La compañía maneja un estándar de 1 hora y 30 minutos por unidad terminada, mientras que la tarifa estándar por hora de mano de obra directa es de 14.3 pesos. Con base en lo anterior:

a) Calcule la variación de tarifa de mano de obra directa.
b) Calcule la variación de eficiencia de mano de obra directa.

P.7.4. *Variaciones de mano de obra directa*

El supervisor del departamento de producción recibe informes quincenales del costo estándar de mano de obra. El siguiente es el informe más reciente:

Departamento 2B
Fecha: noviembre 5 de 20X3
Informe de costos estándar de mano de obra
Periodo: del 1 al 31 de octubre 20X3

Total de mano de obra aplicada a producción	$80 750
Total de salarios pagados	$105 350
Variación desfavorable	$24 600
Horas aplicadas	8 500
Horas reales trabajadas	10 750

Con base en la experiencia de los pasados meses se le ha pedido al supervisor que explique las razones que originaron las variaciones desfavorables obtenidas.

Se pide:

a) Demuestre cómo se calcula la variación total de mano de obra.
b) Calcule las variaciones de tarifa y de eficiencia de mano de obra.
c) Cuál fue la cantidad de tarifa estándar y tarifa real del periodo.

P.7.5. *Análisis de variaciones de materia prima y de mano de obra directa*

Maquillajes Bonn elabora un solo producto, cuyo costo primo estándar por unidad es de:

Materiales (10 kilogramo a $1.50/kilogramo) 15 pesos
Mano de obra directa (1/2 hora a $4.0/hora) 1.50 pesos

El volumen de producción normal es de 5 000 unidades. Algunas transacciones seleccionadas del mes de noviembre de 19X8 fueron las siguientes:

- Se produjeron 3 900 unidades.
- Mano de obra directa: 1 890 horas.
- Salarios devengados por mano de obra directa: 6 290 pesos.
- Compras de materias primas: 3 130 kilogramos por 6 260 pesos.
- Total de materias primas utilizadas en producción: 38 600 kilogramos.

Con base en la información previamente presentada, calcule:

a) La variación de precio de los materiales y la variación de cantidad de los materiales.

b) La variación de tarifa y de eficiencia de mano de obra.
c) Registre los asientos necesarios para reconocer las variaciones antes calculadas.

P.7.6. *Análisis de variaciones en materia prima y mano de obra*
Fábricas Especiales hace artículos para campañas publicitarias y utiliza un sistema de costos estándar. Todos los insumos se compran en juegos a un proveedor extranjero. Los costos estándar por artículo terminado incluyen 135 pesos de materiales (1 juego de materias primas) y 4.40 pesos por mano de obra directa; la tarifa estándar de mano de obra es de 6.60 pesos por hora.

En el mes de septiembre se realizaron las siguientes transacciones:

Compras de material (precio $128/juego)	41 000 juegos
Materiales directos utilizados	37 000 juegos
Mano de obra directa	210 000 horas
Total de salarios devengados	$147 000
Unidades producidas	34 000 unidades

Se pide:

a) Calcule la variación de precio de materiales (el cual se determina al momento de la compra).
b) Calcule la variación de cantidad de materiales.
c) Calcule la variación de tarifa de mano de obra.
d) Calcule la variación de eficiencia de mano de obra.

P.7.7. *Variaciones de materia prima y mano de obra.*
En agosto de 20X7 la compañía Procesos de Hierro compró 27.5 toneladas de fierro, con un costo de 46 750 pesos y utilizó 35 toneladas en el mes de agosto de 20X7. En ese mismo mes, el costo de la mano de obra directa fue de 54 810 pesos (para 8 700 horas trabajadas) y la producción total del mes ascendió a 9 900 tubos de hierro, de los cuales se vendieron 4 850. Los costos primos estándar comprenden, 3.5 kilogramos a $1.8/kilogramos = 6.30 pesos por concepto de materiales y 0.7 horas a $6.50/horas = 4.55 pesos por concepto de mano de obra directa. Con base en la información presentada, calcule las variaciones relacionadas con la materia prima y con la mano de obra al 31 de agosto de 20X7.

P.7.8. *Variaciones de materia prima y mano de obra*
Plaza Confort se dedica a la fabricación de alfombras. En el mes de febrero de 20X9 se produjeron 10 000 alfombras tipo comercial. En ese mismo mes se utilizaron para la producción de dichas alfombras 580 000 metros cuadrados, de los cuales 50 000 fueron comprados en febrero a 8.5 pesos cada uno. En el mes se aumentó el sueldo a los trabajadores a 5 pesos la hora, pero aun así no existió variación

total de mano de obra. Para calcular las variaciones se tomaron los siguientes costos estándar por alfombra:

	Cantidad estándar de recursos por unidad terminada	Costo estándar de recursos por unidad terminada
Materiales	56 m²	$504
Mano de obra	2 horas	9

Con base en lo anterior, calcule:

a) La variación de precio de materia prima.
b) La variación de cantidad de materia prima.
c) La variación de tarifa de mano de obra.
d) La variación de eficiencia de mano de obra.

P.7.9. *Variación de materiales y mano de obra*
Antena se dedica a la producción de carpas promocionales. La compañía utiliza un sistema de costeo por órdenes de trabajo. Sin embargo, realiza el control de sus costos mediante estándares de producción. En el mes de enero se trabajaron las órdenes 2113, 2114 y 2115. En enero se compraron 1 200 metros de lona con un costo de 35 pesos cada uno. La información perteneciente al mes de enero de 20X0 es la siguiente:

Orden	Lonas	Requisiciones de materiales (m² lona)	Horas reales de mano de obra	Sueldos pagados por nómina de MOD
2113	10	280	140	$448
2114	6	170	72	201.6
2115	19	570	209	627

Los costos primos estándar de las carpas son los siguientes:

	Cantidad estándar de recursos por carpa terminada	Costo estándar por unidad de recurso
Materiales	28 m	$32.5/m²
Mano de obra	12 horas	$3/hora

Con base en lo anterior:

a) Calcule la variación de precio de materia prima.
b) Calcule la variación de cantidad de materia prima para cada orden.

c) Calcule la variación de la tarifa de mano de obra.
d) Calcule la variación de eficiencia de mano de obra para cada orden.

P.7.10. *Variaciones de materia prima y mano de obra*
La compañía Fuerza Plass se dedica a la producción de mangueras. La información estándar del departamento 1 es la siguiente:

	Cantidad estándar de recursos por manguera terminada	**Costo estándar por unidad de recurso**
Materiales	10 metros	$18/metro
Mano de obra	0.5 horas	$8/hora

La siguiente información corresponde a la actividades realizadas en el mes de agosto de 20X0:

- Se produjeron 45 000 mangueras.
- Nómina: 184 800 pesos
- Horas reales trabajadas: 22 000
- Las requisiciones de materiales fueron de 480 000 metros.
- El costo de la materia prima fue de 20 pesos por metro.

Considerando que no hubo inventarios iniciales o finales de materiales calcule:

a) La variación de precio de materia prima.
b) La variación de la cantidad de materia prima.
c) La variación de la tarifa de mano de obra.
d) La variación de eficiencia de mano de obra.

Contabilidad de costos estándar: análisis de costos indirectos

Capítulo

OBJETIVO GENERAL

Comprender el objeto y utilidad de los costos estándar, así como el cálculo y análisis de variaciones relacionadas con los costos indirectos.

OBJETIVOS ESPECÍFICOS

Al terminar de estudiar este capítulo, el alumno será capaz de:

- Comprender la composición de las variables que se incluyen para el cálculo de las tasas predeterminadas de CI.
- Explicar y comprender las diferencias entre CI presupuestado, CI real y CI aplicado.
- Calcular variaciones para realizar análisis de dos, tres y cuatro variaciones.
- Comprender el significado de cada una de las variaciones relacionadas con los CI.
- Identificar los factores que influyen en la generación de las variaciones.
- Obtener o calcular los datos necesarios para la aplicación de las fórmulas utilizadas en el cálculo de las variaciones.

En el capítulo anterior se explicó la mecánica de un sistema de costos estándar y se analizaron las variaciones relacionadas con la materia prima y la mano de obra. En el presente capítulo se analizarán las variaciones relacionadas con los costos indirectos, sus consecuencias e implicaciones.

Como punto de partida, es importante recordar la base en la que descansa un sistema de costos estándar. Como se mencionó en el capítulo anterior, en estos sistemas "todos los elementos del costo están registrados con base en los estándares preestablecidos y no en el costo real". En el registro de la materia prima y mano de obra se carga al producto la cantidad, tarifa o precio estándar. De la misma manera se registra el costo indirecto, utilizando una tasa estándar predeterminada de aplicación.

Cuando se utiliza en un sistema de costeo normal (ilustrado en los capítulos del 1 al 6) el CI se aplica con base en las horas reales trabajadas en la producción. En cambio, en un sistema de costos estándar esta partida se asigna o se aplica de acuerdo con el tiempo que debió haberse consumido para producir (horas estándar u horas aplicadas). Por lo tanto, existe una diferencia entre lo que se aplica de CI en un sistema de costos normal y en un sistema de costeo estándar. Esta diferencia se concilia al calcular las variaciones de materia prima, de mano de obra y de costo indirecto mediante los ajustes en los registros contables para generar los estados financieros que, de acuerdo con principios contables, deben ser presentados en cifras históricas. Recordemos que se manejan tres cantidades llamadas **costo indirecto** al aplicar un sistema de costos estándar, a saber:

- **CI presupuesto:** Es el que se estima al inicio del periodo con la finalidad de calcular la tasa predeterminada de costo indirecto que será utilizada para costear la producción.
- **CI real:** Es el total acumulado de recursos consumidos en la producción durante el periodo, los cuales fueron previamente definidos como parte del costo indirecto.
- **CI aplicado:** Es la cantidad de costo indirecto que ha sido asignada a los productos con base en la tasa predeterminada de costo indirecto, utilizando la base de aplicación estándar (por ejemplo: horas de mano de obra estándar, horas-máquina).

La variación total de costos indirectos (CI)

Al igual que en los sistemas de costeo normal, la variación total en los CI se calcula al comparar el CI real con el CI aplicado, sólo que en el sistema de costos estándar el CI se aplica a cada unidad producida de acuerdo con una base estándar. Es decir, el costo indirecto se reparte con base en el deber ser y no en la razón de consumo real de la base de aplicación. Si en un sistema de costos estándar se aplicara el costo indirecto de acuerdo con las horas de mano de obra y uno de sus productos tuviera un tiempo estándar de producción de 20 minutos, se aplicaría la tasa con base en 20 minutos a pesar de que en su elaboración se hubieran utilizado 30 minutos, 15 minutos u cualquier otra cantidad, tal como se hubiera hecho en un sistema de costeo normal.

La aplicación del costo indirecto con base en estándares ocasiona que el valor de los inventarios y del costo de ventas durante el periodo sea distinto a los recursos realmente invertidos. El análisis de la variación del costo indirecto puede ser considerado también en función de los costos fijos y variables, a fin de poder evaluar la controlabilidad de los factores que afectan al costo, así como al desempeño del personal de la fábrica. La fórmula para calcular la variación total del costo indirecto es la siguiente:

Costo indirecto aplicado – Costo indirecto real

(Tasa * Base aplicada) – Costo indirecto real

El costo indirecto aplicado es el resultado de multiplicar la tasa total del costo indirecto a razón de la base de asignación aplicada. Cuando el costo indirecto se distribuye con base en las horas de mano de obra, la tasa total se multiplica por las horas aplicadas, las cuales son el resultado de la multiplicación de las horas estándar por unidad a razón de la producción real. Es decir, un valor aplicado es resultado de multiplicar un valor estándar por un valor de actividad real.

Las tasas estándar de costo indirecto están calculadas con base en un presupuesto de producción que marca el nivel de actividad que se espera alcanzar. La tasa total de costo indirecto incluye una tasa variable y una tasa fija. Los cambios del nivel de producción afectan de manera distinta el costo de producción como consecuencia de la aplicación de las tasas.

Tasa total de costo indirecto = (CI fijo + CI variable)/Base de aplicación

Tasa total de CI = Tasa de CI fija + Tasa de CI variable

Tasa fija de CI = CI fijo presupuesto/Base de aplicación

Tasa variable de CI = CI variable presupuesto/Base de aplicación

Vale la pena mencionar que la tasa variable no siempre se calcula con base en el total de costo indirecto presupuestado, pues es el resumen de distintos factores con diversos grados de correlación con los niveles de producción y ventas. Pueden aplicarse distintos métodos para calcular la tasa variable y el costo indirecto variable. Uno de ellos consiste en aplicar el método gráfico, en donde se busca una relación entre las unidades producidas y el consumo total de costo indirecto. Otro de ellos es el método de mínimos cuadrados en donde se aplican fórmulas matemáticas para buscar un factor fijo y una razón de cambio variable. Una metodología más exacta consiste en correr una regresión lineal para estimar la razón de cambio variable, la cual representa nuestra tasa indirecta de costo variable.

Si las tasas de asignación de costos tienen dos valores, uno que depende de un presupuesto y otro con base en un nivel de actividad, las variaciones de costos se presentarán cuando alguno de los dos valores reales, el numerador o el denominador, sea distinto a los utilizados para calcular las tasas de costo indirecto. Por lo tanto, podemos afirmar que existen cuatro razones para que el costo indirecto aplicado sea distinto al costo indirecto real. Dos de estas razones se relacionan con el costo indirecto fijo y las otras dos con el costo indirecto variable. A efectos de ejemplificar el cálculo de variaciones tomaremos como ejemplo un negocio que tiene un solo proceso productivo cuya naturaleza justifica utilizar tasas de costo indirecto con base en horas de mano de obra. El proceso de cálculo de tasas de costo indirecto y su aplicación es similar al que se utiliza cuando se consideran otras bases de asignación de costos indirectos.

Variaciones de costo indirecto fijo

El costo fijo tiene la característica de permanecer constante a pesar de los cambios del nivel de actividad del negocio. Por ello podemos decir que no existe en el corto plazo una relación directa entre el cambio de costo y el nivel de actividad. Cuando los negocios aplican costeo absorbente, es necesario repartir parte del costo fijo entre las unidades producidas. La cantidad de costo fijo a recibir por las unidades producidas es inversamente proporcional a éstas. Aun cuando el nivel de actividad presupuestado fuera igual al nivel de actividad real, puede existir diferencia entre el costo indirecto fijo aplicado y el costo indirecto real, lo cual se debe a que la cantidad que se presupuestó para repartir el costo fijo puede ser distinta a la cantidad real de costo indirecto fijo. Por ejemplo, si se esperaba que el costo fijo de un periodo determinado fuera de 100 000 pesos y en realidad se gastaron 110 000, el costo indirecto aplicado será distinto, pues la tasa de costo indirecta fue preparada para distribuir 100 000 pesos, no 110 000. Existen entonces dos variaciones de costo indirecto, a saber:

- Variación en volumen de costo indirecto.
- Variación en cantidad de costo indirecto.

Variación en volumen de costo indirecto

Dado que los CI fijos se distribuyen con base en una tasa al igual que los variables, un cambio del volumen de producción modifica la cantidad de costos indirectos fijos que se distribuye entre los productos. A este cambio se le conoce como **variación en volumen**. Por ejemplo, suponga que la compañía S espera producir 10 000 unidades de su producto S1 y presupuesta invertir 100 000 pesos de costo indirecto fijo en la producción. El estándar de tiempo de mano de obra por unidad es de 2 horas, por lo cual la tasa de costo indirecto fijo se puede calcular de la siguiente manera:

Tasa fija de CI = Costo indirecto fijo/Horas presupuesto

Tasa fija de CI = \$100 000/(10 000 uds × 2 horas/ud)

Tasa fija de CI = \$100 000/20 000 horas = 5 pesos/unidad

La tasa fija de costo indirecto de 5 pesos por unidad será correcta sólo si el costo indirecto fijo real es de 100 000 pesos y se producen 10 000 unidades. Si la cantidad de unidades producidas fuera diferente, por ejemplo 11 000 unidades, se habrá aplicado 110 000 pesos de CI fijo (2 horas y $5 × 11 000 unidades). Si se producen 8 000 unidades se habrán aplicado 80 000 pesos de CI fijo. En cualquier caso debieron haberse aplicado 100 000 pesos a la producción, por lo cual debe hacerse un ajuste para corregir la diferencia entre el costo indirecto fijo aplicado y el costo indirecto fijo presupuesto. Esta variación puede ser calculada utilizando la siguiente fórmula:

CI fijo aplicado – CI fijo presupuesto

(Base aplicada – Base presupuesto) * Tasa de CI fijo

(Horas aplicadas – Horas presupuesto) * Tasa de CI fijo

(Horas aplicadas – Horas presupuesto) *

(CI fijo presupuesto/Horas presupuesto)

Si se producen 11 000 unidades en lugar de 10 000 unidades, entonces:

$$[(11\ 000 \times 2) - (10\ 000 \times 2)] \times [\$100\ 000/(10\ 000 \times 2)]$$
$$(22\ 000 - 20\ 000) \times 5 = 10\ 000 \text{ pesos}$$

Como puede observarse, si el nivel de producción real de 10 000 unidades hubiera sido igual al nivel de producción presupuestado, la variación en volumen sería cero, pues las horas aplicadas y las horas presupuestadas hubieran sido iguales. La variación en volumen de CI representa la cantidad de costo indirecto fijo que se aplicó de más o de menos a causa de la diferencia entre lo que se planeaba producir y lo que realmente se produjo.

El resultado positivo al calcular la variación mediante la fórmula precedente significa que se aplicó una cantidad mayor a la que debió haberse aplicado para distribuir los costos indirectos fijos, por lo que el costo de los productos está registrado por arriba del valor estimado. Al corregir esta variación el costo de los productos será menor, por lo que podemos interpretar la diferencia o variación como favorable. En el caso contrario, cuando el resultado es negativo, se entiende que no se alcanzó a distribuir todo el costo indirecto fijo y que será necesario hacer un ajuste para aumentar la diferencia al costo de ventas o a los inventarios, con lo cual estos valores aparecerán con un valor mayor, por lo que podemos interpretar la diferencia o variación como desfavorable. En realidad, el resultado de esta variación no representa un consumo mayor o menor de recursos, sino una equivocada estimación del nivel de actividad para distribuir el costo indirecto fijo al presentarse condiciones de operación distintas a las esperadas. Tampoco indica que el personal involucrado en la producción haya sido más o menos eficiente en el consumo de recursos como podría ser en el caso de variación de eficiencia de costo indirecto.

Variación de cantidad fija de CI

La variación de cantidad fija representa la diferencia entre el costo indirecto fijo presupuestado y el costo indirecto fijo real. Esta variación indica un consumo mayor o menor de recursos considerados fijos. Algunos de los costos indirectos fijos pueden ser controlados por la administración del negocio y otros no. Por ejemplo, la renta del local de una fábrica es afectada por la cantidad convenida en el contrato de renta. Suponga que se hacen los presupuestos para un periodo de operación y que el contrato de renta termina a mediados del mismo. Será trabajo de quien elabora los presupuestos estimar la cantidad de renta que se pagará de acuerdo con el nuevo contrato. Esta estimación puede ser incorrecta sin ser responsabilidad del personal que trabaja en la planta. Una situación similar puede presentarse cuando, sin estar incluidas en el presupuesto, se hacen compras de equipo o reparaciones capitalizables a éste. Las adiciones de equipo provocarán un aumento de la cantidad de depreciación a incluirse en el costo indirecto fijo. Existen otros costos indirectos fijos en donde pueden existir áreas de oportunidad para ahorrar recursos. Por ejemplo, considere el consumo de luz, agua y teléfono de la fábrica, que aumentan o disminuyen entre periodos, pero que no cambian directamente en relación con la producción. Es obligación del personal de la planta tratar de lograr que el consumo de estos recursos sea lo más bajo posible.

Cuando las cantidades fijas de costo indirecto presupuestadas y reales son diferentes, el costo indirecto aplicado es incorrecto, pues el numerador de la tasa de costo indirecto fijo resulta equivocado. Esta variación puede ser calculada como sigue:

$$CI \text{ fijo presupuesto} - CI \text{ fijo real}$$

Variaciones de costo indirecto variable

El costo indirecto variable es una estimación de muchos recursos que cambian en función del nivel de producción. La razón de consumo del costo indirecto variable o tasa de costo indirecto variable se calcula de acuerdo con estimaciones del comportamiento del costo en relación con el nivel de producción y se aplican en función de una base de aplicación determinada. Por lo tanto, nuevamente puede haber dos factores que contribuyan a que el costo indirecto variable aplicado sea distinto al costo indirecto aplicado real. Puede ser que la razón de consumo variable o tasa variable sea incorrecta, en razón del cambio en alguna de las partidas que la componen, o puede ser que la razón de consumo de la base de aplicación sea distinta a la real. Por ejemplo, suponga que la compañía *S* encontró una relación entre el consumo del costo indirecto variable y el consumo de horas de mano de obra. En este caso, la tasa de costo indirecto variable estará expresada en términos de pesos por hora de mano de obra directa. Supongamos que la relación encontrada fue de 10 pesos por hora de mano de obra directa. Aunque la producción real pudo haber sido igual, mayor o menor a 10 000 unidades como supusimos al calcular las horas presupuestadas de la variación de costo indirecto fijo, esto no provocará una variación del costo indirecto variable. Las variaciones de costo indirecto variable surgirán si la tasa es diferente a la razón de consumo real, o si la razón de aplicación estándar es diferente a la real. Es decir, si la razón de consumo del costo indirecto variable es una función de las horas de mano de obra, el costo indirecto se generará en función de las horas reales trabajadas de costo indirecto y no de las horas de mano de obra que debieron haberse consumido, u horas aplicadas, que son las que se utilizan para asignar el costo en un sistema de costos estándar. Analicemos las dos variaciones en costo indirecto variable, a saber, las variaciones en eficiencia de costo indirecto y de la cantidad variable de costo indirecto.

Variación en eficiencia de CI

Esta variación se debe a la forma en la que los costos indirectos se aplican en un sistema de costos estándar. Si la tasa está calculada con base en horas de mano de obra, existirá una variación de eficiencia de costo indirecto si las horas aplicadas a la producción son distintas a las horas que realmente fueron trabajadas. Por ejemplo, suponga que la compañía S determinó que la tasa de costo indirecto variable es de 10 pesos la hora de mano de obra y que se produjeron 10 000 unidades. En este caso la cantidad de horas aplicadas sería de 20 000 (2 horas/ud × 10 000 unidades). El total de costo indirecto variable aplicado sería 200 000 pesos ($10/hora × 20 000). Existiría una variación en el costo indirecto variable si las horas realmente trabajadas no fueran 20 000. Si fueran 20 500, la variación en eficiencia sería igual a 5 000 pesos. Esto significa que de haberse trabajado al nivel esperado de dos horas por unidad, se habrían ahorrado 5 000 pesos de costo indirecto variable.

Variación en eficiencia de CI = (Horas aplicadas – Horas reales) × Tasa de CI variable

Variación en eficiencia de CI = (20 000 horas – 20 500 horas) × $10/hora

Variación en eficiencia de CI = (500 horas) × $10/hora = ($5 000) Desfavorable

Cuando el costo indirecto mantiene una relación directa con las horas de mano de obra, una variación desfavorable en este rubro lleva consigo una variación desfavorable de costo indirecto variable. Para calcular esta variación se comparan las horas aplicadas y las horas reales, cuya diferencia en razón de la tasa variable será la variación en eficiencia de costo indirecto variable. Como puede observarse, la fórmula de la variación en eficiencia de costo indirecto es similar a la de eficiencia de mano de obra: la diferencia radica en que en la variación en eficiencia de mano de obra, la diferencia en horas se multiplica por la tarifa estándar de mano de obra. En la variación en eficiencia de CI, la diferencia en horas se multiplica por la tasa variable de CI.

Variación de cantidad variable de CI

La parte variable de la variación total de costo indirecto se compone de las variaciones en eficiencia y en cantidad variable. Esta última cuestiona la razón de consumo variable o la tasa variable. Dado que la tasa variable se compone de la mezcla de consumo de diversos conceptos de costo indirecto variable, como por ejemplo, materiales indirectos, mano de obra indirecta, consumo de energía eléctrica o algún otro energético para mantener la maquinaria en funcionamiento, cualquier variación en el consumo de los valores de estos conceptos afectará la razón de consumo de costo indirecto variable. Al final del periodo contable se conocerá el consumo real de los conceptos incluidos en el costo indirecto variable, por lo que podrán ser comparados con la cantidad de costo indirecto variable que debió haberse incurrido en el mismo nivel de actividad. La variación en cantidad de costo indirecto variable puede calcularse utilizando la siguiente fórmula:

$$(\text{Horas reales} \times \text{Tasa CI variable}) - \text{CI variable real}$$

Al multiplicar las horas reales por la tasa de costo indirecto variable se calcula la cantidad estándar de costo indirecto variable que se debió generar en caso de que la tasa fuera correcta, pues el costo indirecto variable real fue generado a razón del mismo nivel de actividad. La cantidad obtenida mediante la fórmula muestra el ahorro o exceso de recursos invertidos en la producción a causa de cambios en la mezcla de factores variables, o bien, el valor a corregir en los estados financieros para presentar la información en cifras reales.

Adicionalmente al cálculo de la variación, es necesario calcular cuál fue la razón de consumo real o tasa real en el periodo de producción con la finalidad de investigar la razón de ahorro o consumo excesivo de recursos. La tasa real puede ser calculada al dividir el total de costo indirecto variable entre base de aplicación al nivel real de actividad, que para este caso serían las horas de mano de obra.

Suponga que la compañía *S* tuvo un consumo real de costo indirecto variable de 225 500 pesos. La variación en cantidad variable sería:

$$\text{Variación en cantidad variable} = (20\,500 \text{ horas} \times 10/\text{hora}) - \$225\,500$$
$$\text{Variación en cantidad variable} = (\$20\,500) \text{ Desfavorable}$$

La razón de consumo real de costos indirectos variables sería de 11 pesos la hora ($225 500/20 500). Es necesario investigar la causa de esta diferencia entre la razón de consumo presupuestada o tasa predeterminada de costo indirecto variable de 10 pesos por hora y la razón de consumo real o tasa real de consumo de costo indirecto variable. De esta manera es posible determinar si se puede atacar un área de mejora en la producción, o bien si es necesario corregir el estándar.

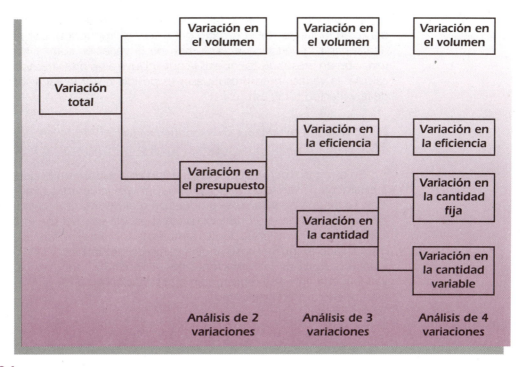

Ilustración 8.1
Árbol de variaciones de costo indirecto.

Análisis de las variaciones en costo indirecto

La variación total debe ser analizada e investigada a fin de controlar el costo indirecto real y corregir el costo de ventas o, en su caso, el valor del costo de ventas y de los inventarios si la variación total es significativamente grande. En ciertas ocasiones los administradores acostumbran analizar sólo alguna o algunas de las causas que provocaron la variación total en el costo indirecto. La variación total puede ser descompuesta en partes como se observa en el árbol de variaciones del costo indirecto que se presenta en la ilustración 8.1.

Análisis de dos variaciones

El grado de profundidad del análisis de las variaciones de costo indirecto depende de las características de la empresa que aplica un sistema de costos estándar. Pensemos, por ejemplo, en una empresa que ha trabajado con un proceso muy controlado en el que tiene mucha experiencia de trabajo, y que se encuentra en un ambiente económico estable. Un negocio de este tipo probablemente muestre variaciones pequeñas, o bien tal vez no sea conveniente hacer un análisis muy completo de los factores que hacen que el costo indirecto real sea distinto al aplicado. Tal vez el factor que más afecta a la variación total del costo indirecto sea el cambio del nivel de producción, por lo que convendría separar la variación en volumen de la variación total y llamarle al resto variación en presupuesto, que es la que incluye a las otras tres variaciones. Para calcular la variación en presupuesto es posible restar la variación en volumen de la variación total, esto es:

> Variación en presupuesto = Variación total en CI – Variación en volumen

En este caso, para calcular la variación en presupuesto es necesario calcular previamente la variación total y la variación en volumen. La variación en volumen se origina al existir una producción real distinta a la presupuestada. Por otra parte, cuando la producción presupuestada y la real son iguales, las horas aplicadas y las horas presupuesto también lo son. En ese caso, el costo indirecto fijo aplicado es igual al costo indirecto fijo presupuestado y la variación total es igual a la suma de las variaciones en eficiencia, la cantidad fija y la cantidad variable que en suma representan a la variación en presupuesto. La variación total puede desglosarse como:

> [(Tasa CI variable + Tasa de CI fijo)* Horas aplicadas] – CI real total

Si de la fórmula de la variación total multiplicamos la tasa fija de CI por las horas presupuestadas quedará expresado el CI fijo presupuestado, por lo cual el efecto de la variación en volumen no aparecerá en la variación total, por lo que la fórmula de la variación en presupuesto sería:

> [(Tasa CI variable * Horas aplicadas) + CI fijo presupuestado] – CI real total

El resultado de la fórmula antes descrita indica o compara la cantidad de CI que debió haberse invertido en el volumen de producción real con la cantidad que realmente se invirtió. Si el resultado de esta operación es negativo, significa que el CI real es mayor al presupuestado y por lo tanto existe una variación desfavorable. En el caso contrario, si el resultado es positivo, se estima que se gastó una cantidad menor a la que se había presupuestado, por lo cual la variación es favorable.

El análisis de dos variaciones consiste en el estudio de la variación en volumen y la variación en presupuesto. Cuando la variación de presupuesto es significativamente grande, es recomendable hacer un análisis más profundo.

Análisis de tres variaciones

En este análisis lo que se busca es descomponer la variación en presupuesto en sus componentes. El presupuesto puede variar a causa de una mala estimación de la cantidad de costos fijos o variables utilizados para calcular las tasas, o debido a que se trabajó más o menos de lo que se debió haber trabajado respecto al nivel de producción real al aplicar el costo indirecto variable. El resultado final de este análisis será la variación en volumen, la variación en cantidad y la variación en eficiencia de costo indirecto.

Cuando el costo indirecto es aplicado con base en horas de mano de obra, la variación en eficiencia de CI está directamente relacionada con la variación en eficiencia de mano de obra. Por lo tanto, si los trabajadores trabajan más lento o más rápido de lo que se esperaba, no sólo cambia la cantidad de dinero que se carga por concepto de mano de obra, sino que también cambia la utilización de los recursos considerados como costo indirecto. No existirá variación en eficiencia cuando la cantidad de horas aplicadas y reales sea similar. Si quisiéramos eliminar la variación en eficiencia de la variación de presupuesto sería necesario sustituir las horas aplicadas por las horas reales, con lo cual obtendríamos la fórmula de la variación en cantidad, que al igual que la variación en presupuesto puede ser calculada por diferencia.

$$\text{Variación en cantidad} = \text{Variación en presupuesto} - \text{Variación en eficiencia de CI}$$

o

$$\text{Variación en cantidad} = [(\text{Tasa CI variable} * \text{Horas reales}) + \text{CI fijo presupuesto}] - \text{CI real total}$$

El cálculo de esta variación es similar al que se hace para calcular la variación en presupuesto, a diferencia de que en dicho cálculo se utilizan las horas aplicadas, mientras que en la variación en cantidad se utilizan las horas reales. En el análisis de esta variación se puede interpretar que si el resultado es positivo se llevó a cabo un gasto menor al que debió haberse incurrido de acuerdo con el presupuesto elaborado al inicio del periodo para el nivel de producción al que se trabajó, por lo que se obtiene una variación favorable. Cuando el resultado es negativo, quiere decir que se tuvo un gasto mayor al que debió haberse incurrido de acuerdo con lo presupuestado, por lo que la variación es desfavorable. Al realizar el análisis de tres variaciones es posible comprobar si los resultados de las variaciones son correctos. La suma de las variaciones en cantidad y eficiencia debe ser igual a la variación en presupuesto, la cual al ser sumada a la variación en volumen debe ser igual a la variación total.

Análisis de cuatro variaciones

El análisis de cuatro variaciones no es más que una extensión del análisis de tres variaciones. La cuarta variación surge al descomponer la variación en cantidad en su parte fija y su parte variable. Este análisis nos indica en cuál de los dos tipos de costos, fijos o variables, se cometió un error al hacer la presupuestación. La separación de la variación en cantidad como fija o variable será:

Variación en cantidad = Variación en cantidad fija +
Variación en cantidad variable

Variación en cantidad fija = CI fijo presupuesto – CI fijo real

Variación en cantidad variable = (Horas reales * Tasa CI variable) –
CI variable real

La suma de las variaciones de cantidad fija y variable debe ser igual a la variación en cantidad. Una vez calculadas las cuatro variaciones es posible comprobar si éstas fueron bien calculadas, pues el resultado de las cuatro variaciones debe ser igual a la variación total de CI.

Todas las variaciones deben cerrarse contablemente contra la sub o sobreaplicación de CI y éstas a su vez deben cerrarse contra el costo de ventas del periodo. El proceso de reconocimiento y cierre de variaciones será ejemplificado en el apéndice de asientos contables al final del capítulo.

Ejemplo integrador de costeo estándar

Controles Industriales utiliza un sistema de costos estándar. La capacidad normal de su proceso productivo es de 2 250 horas al mes. Al inicio del mes de febrero se presupuestó consumir 15 225 pesos de costos indirectos fijos. Se esperaba producir 725 unidades que requerirían costo indirecto variable a razón de 5 pesos la hora. Cada unidad tiene un tiempo estándar de fabricación de 3 horas con tarifa estándar de 2 pesos cada una. Durante el mes de febrero la cuenta control de costos indirectos arrojó un saldo de 26 840 pesos, de los cuales 11 840 son variables, alcanzando una producción de 750 unidades. El departamento de nóminas reportó que se pagaron a los trabajadores por concepto de mano de obra directa un total de 8 250 pesos correspondiente a 2363 horas. A los productos de Controles Industriales se les carga 3 kilogramos de materia prima a un precio estándar de 12 pesos cada uno. Durante el mes se compraron 2 500 kilogramos de materiales pagando en total 28 500 pesos. Debido al corto tiempo de producción, no existen inventarios de productos en proceso y las compras son realizadas en periodos muy cortos, pues el material puede adquirirse con mucha facilidad, por lo cual prácticamente no existen inventarios de materias primas. La cantidad de inventario de productos terminados no mostró algún cambio significativo durante el periodo contable. Para analizar las diferencias entre el costo cargado a la producción y el costo realmente incurrido a ser reflejado en los estados financieros, los responsables del departamento de costos de Controles Industriales prepararon un reporte que muestra las variaciones de los tres elementos del costo, para medir el desempeño del personal de la fábrica.

El primer paso fue calcular la variación total de los CI que surgió al final del mes de febrero. Bajo el sistema de costos estándar se aplicó el CI con base en el tiempo estándar que se requiere para procesar las 750 unidades que fueron fabricadas, el cual ascendió a 27 000 pesos. Esta cantidad se calculó al multiplicar 750 unidades por 3 horas por la tasa de CI de 12 pesos la hora. Al CI aplicado le fue restado el CI real para obtener la variación total que ascendió a 160 pesos, favorable (F).

$$\text{Variación total} = (\text{Tasa total} \times \text{Horas aplicadas}) - \text{CI real}$$
$$(12 \times 2\,250) - 26\,840 = 160\ F$$

El resultado positivo indica que se aplicó más cantidad de costos indirectos de los que realmente se incurrieron, de manera que para reconocer el costo real en el estado de resultados tendrá que disminuirse en 160 pesos el costo de ventas. El siguiente paso es explicar por qué el gasto fue mayor al que se había presupuestado. Para ello se puede hacer un análisis de dos variaciones en el que se determine la variación en costo indirecto causada por el cambio en volumen de producción y la diferencia en el presupuesto.

Desde el momento que el presupuesto de producción no fue del todo acertado es necesario determinar el error de costos calculando la variación en volumen. Esta variación se obtiene al comparar las horas aplicadas con las horas que se presupuestó trabajar al calcular la tasa de costos indirectos fijos. Las horas aplicadas se obtienen al multiplicar el tiempo que tarda cada unidad en fabricarse por el número de unidades producidas (3 * 750 = 2 250 horas). La tasa fija de costos indirectos se obtiene al dividir el total de costos indirectos fijos presupuestados, 15 225 pesos, entre las horas de trabajo presupuestadas, 2 175 horas (3 * 725). La tasa fija de CI es de 7 pesos la hora de mano de obra. La variación en volumen se calculó de la siguiente manera:

Variación en volumen =	(Horas aplicadas	–	Horas presupuesto	)	×	Tasa CI fija		
	(2 250	–	2 175	)	×	7	=	525 F

Esto significa que se aplicaron durante el mes de febrero 525 pesos más de lo necesario para repartir los 15 225 pesos de costos indirectos fijos en el periodo, por lo que para corregir este exceso se tendrá que disminuir el costo de los productos. Dado que la variación total es de 160 pesos favorable y la de volumen es de 525 pesos favorable, la variación en presupuesto es 365 pesos desfavorable, pues la variación en presupuesto puede obtenerse restando a la variación total, la variación en volumen.

Variación en presupuesto de CI	=	Var. total	–	Var. volumen		
	=	160	–	525	=	(365) Desfavorable

Dado que existe una variación desfavorable en el presupuesto, es necesario determinar por qué el presupuesto fue mayor que la cantidad realmente incurrida. Dos posibles razones son:

1. Se trabajó con mayor o menor eficiencia de lo que se había planeado en el presupuesto.

2. La cantidad total que se esperaba invertir en el costo indirecto fue mayor o menor por alguna razón.

Es posible descomponer la variación en presupuesto en variación en eficiencia y variación en cantidad. La variación en eficiencia de CI se calcula de la misma manera que la variación en eficiencia de mano de obra directa al comparar el total de horas aplicadas con el total de horas reales trabajadas, sólo que en lugar de multiplicar por la tarifa de mano de obra se multiplica por la tasa de CI variable.

Variación en	(Horas aplicadas	–	Horas reales)	×	Tasa CI var.		
eficiencia de CI =	(2 250	–	2 363	) ×	5	=	(565) Desfavorable

En este caso se trabajó una cantidad mayor a la permitida por los estándares para la producción de las 750 unidades, por lo que se gastaron 565 pesos de más en costo indirecto como consecuencia de la ineficiencia de la mano de obra.

Lo que se compara en la fórmula de la variación en cantidad o monto es la cantidad total de CI que debió haberse erogado de acuerdo con las horas realmente trabajadas con la cantidad de CI que realmente se consumió. En este caso se incurrió en una cantidad de CI menor a la que permitía el presupuesto adecuado a las horas reales, por lo que la variación es favorable.

Variación en =	(2 363 * 5)	+	15 225	–	26 840	=	200: Favorable
cantidad de CI	(Horas reales * Tasa CI var.)	+ Tasa CI fija presupuesto		– Tasa CI real			

Como se ha mencionado, en el presupuesto de CI se incluyen costos fijos y costos variables. Para evaluar qué tan apegadas a la realidad fueron estas cantidades, se calculan las variaciones de cantidad de CI fijo y cantidad de CI variable. Estas variaciones se obtienen al descomponer la fórmula de la variación de cantidad. La variación de cantidad variable se obtiene de la siguiente manera:

Variación en	(2 363	×	5	)	–	11 840	=	(25) Desfavorable
cantidad variable de CI =	Horas reales	*	Tasa CI var.		–	CI var. real		

En este caso la cantidad variable de CI que debió haberse consumido de acuerdo a la tasa variable, fue menor que el consumo real de CI variable, provocando un consumo no esperado de 25 pesos. Dado que la variación en cantidad total fue de 200 pesos, la variación en cantidad fija debe ser igual a 225 pesos favorable. Esto puede comprobarse al aplicar la fórmula para calcular la variación de cantidad fija, la cual consiste en comparar el costo indirecto fijo presupuestado con el costo indirecto fijo real.

Variación en	CI fijo presupuesto	–	CI fijo real		
cantidad fija de CI =	15 225	–	15 000	=	225: Favorable

Por alguna razón la cantidad de CI fijos reales aumentó, por lo que debe averiguarse si este cambio es permanente y también conocer cuál es su causa.

Ahora se procederá a mostrar el cálculo de las variaciones en los materiales, que son las correspondientes en la cantidad y en precio. Es importante recordar que la variación en precio de materiales es reconocida cada vez que se realiza una compra, de manera que se presentarán tantas variaciones en precio como compras de materias primas sean realizadas. También es importante recordar que la suma de las variaciones en precio y cantidad de materiales no dan como resultado una variación total de materiales, porque no son actividades que se realizan una supeditada a la otra, a menos que no existan inventarios de materiales, es decir, todo lo que se compra se utiliza, o bien que la cantidad de inventarios iniciales y finales de materiales permanezcan sin cambio de un periodo a otro. La variación en precio de materiales fue calculada para el mes de febrero como sigue:

Variación en precio de materiales =	(Precio estándar	–	Precio real)	×	MP comprada	=	
	(12	–	11.40)	×	2 500	=	1 500: Favorable

Para el cálculo de esta variación se dividió el total de las compras entre el total de kilogramos de materiales comprados durante el mes de febrero. El monto total de estas compras fue de 28 500 pesos para un total de 2 500 kilogramos de material, da como resultado un precio promedio real de 11.40 pesos el kilogramo. En este caso hubo un ahorro de 1 500 pesos de lo que debió haberse pagado de acuerdo con el precio estándar.

La eficiencia en la utilización del material se refleja en la variación de cantidad de materiales. En esta variación se compara la cantidad de materiales que debió haberse utilizado con la cantidad de materiales que realmente fue utilizada. La variación de cantidad de materiales es una diferencia que físicamente se presenta en kilogramos, en este caso, pero que en los registros contables se expresa en dinero, por lo que es necesario valuarla al precio estándar, pues la cantidad de materiales que se cargó a la producción incluía el precio estándar. De utilizarse el precio real para calcular esta variación se estarían mezclando dos razones por las que la cantidad en pesos que debe tener la producción no es igual al consumo real de recursos de materiales. En el mes de febrero, Controles Industriales mostró la siguiente variación en cantidad de materiales:

Variación en cantidad de materiales =	(MP aplicada	–	MP utilizada)	×	Precio estándar	=	
	(2 250	–	2 500)	×	12	=	(3 000) Desfavorable

En este caso se puede observar que se utilizaron 250 kilogramos más de materiales de los permitidos por el estándar de producción. Estos 250 kilogramos fueron dados de alta a la planta al precio estándar de 12 pesos por kilogramo y no existen inventarios iniciales o finales de materiales, por lo que es posible calcular una variación total de materia prima, la cual sería igual a la diferencia entre la variación en precio y la variación en cantidad de materiales, la cual asciende a 1 500 pesos desfavorable.

Por último, es necesario calcular las variaciones en mano de obra, es decir, las variaciones en tarifa y en eficiencia. Al igual que las variaciones de materiales, en la mano de obra se mide el costo del recurso y la eficiencia de su utilización. La variación que mide el cambio de costo del recurso es la de tarifa de mano de obra. Al igual que la variación en precio de materiales, en la variación de tarifa se compara el costo unitario del recurso (mano de obra), el cual es medido en horas. La tarifa estándar de mano de obra fue de 2 pesos la hora. Para calcular esta variación se dividió el pago total hecho a los trabajadores considerados como mano de obra directa entre las horas reales trabajadas, lo cual dio como resultado una tarifa real promedio de 3.49 pesos la hora de mano de obra. La variación en tarifa fue la siguiente:

Variación en tarifa de mano de obra =	(Tarifa estándar (2	– –	Tarifa real) 3.49)	× ×	Horas reales 2 363	= = (3 524) Desfavorable

La variación en eficiencia de mano de obra mide la utilización del tiempo empleado por los trabajadores en la producción, se comparan las horas aplicadas, que representan la horas permitidas por el estándar de tiempo, con las horas que realmente se invirtieron en la producción. El resultado de la variación en eficiencia de mano de obra directa del mes de febrero fue:

Variación en eficiencia de mano de obra =	(Horas aplicadas (2 250	– –	Horas reales) 2 363	) ×	× Tarifa estándar 2	= = (226) Desfavorable

En este caso se obtuvo una variación desfavorable de tarifa que significa que, de acuerdo con el tiempo trabajado, se pagaron 226 pesos más con respecto al estándar preestablecido de 2 pesos la hora de mano de obra directa.

Análisis de las variaciones de Controles Industriales

Al iniciar esta sección, en el capítulo anterior se mencionaba que la contabilidad de costos estándar es una herramienta diseñada para ayudar a la presupuestación y al control administrativos. El sistema de costos estándar ayuda a proporcionar pautas para encontrar síntomas u oportunidades de mejora del desempeño del personal que realiza labores repetitivas. En ocasiones, los sistemas de costos estándar proporcionan mucha información a los administradores, por lo que es importante contar con criterios que sirvan como base para aprovechar al máximo la información que presenta.

Las variaciones deben ser revisadas en función de su importancia relativa. Cuando el negocio es relativamente pequeño, es factible investigar en detalle cada una de las variaciones de costo indirecto. Sin embargo, cuando el negocio es muy grande, investigar todas las variaciones de los tres elementos del costo es extremadamente laborioso y tal vez hasta infructuoso. Por lo tanto, es necesario aplicar el concepto de administración por excepción, el cual indica que se debe aplicar control a aquellos segmentos del negocio que reciban evaluaciones negativas o en los que se presenta una mayor oportunidad de mejora. Esto nos haría pensar que, en primer lugar, deberíamos prestar atención a las variaciones desfavorables y después a las favorables. Sin embargo, el tamaño de la variación también nos puede indicar áreas de oportunidad de mejora. Por ejemplo, una variación favorable muy grande puede indicar que el estándar ha dejado de ser adecuado para medir el desempeño y que es necesario revisarlo. Por ejemplo, si el tiempo real de un proceso manual está muy por debajo del estándar, se presentará una variación favorable de eficiencia. Esto puede haber sido causado por una falta de consideración de la curva de aprendizaje por la que pasan los trabajadores. La curva de aprendizaje representa el ahorro de tiempo o recursos que se va generando a medida que se gana experiencia en el trabajo. Esta curva muestra grandes ahorros al principio, los cuales disminuyen proporcionalmente a medida que pasa el tiempo. Es necesario calcular el efecto de la curva de aprendizaje e incorporarlo dentro de la fijación de estándares de producción. Cuando los estándares holgados no son corregidos, se ocasiona falta de productividad que influye en la rentabilidad de la empresa.

Una variación desfavorable muy grande también puede ser un indicio de que el estándar es inadecuado para medir el desempeño. Por ejemplo, un estándar en el precio de los materiales o en la tarifa de mano de obra es muy susceptible de caer en la obsolescencia, en especial en países en donde existen altas tasas de inflación. Una solución a este problema puede ser medir el estándar del precio de materiales o la tarifa de mano de obra en términos de alguna moneda fuerte, como podría ser el dólar estadounidense, el marco alemán, etcétera. Un problema con esta alternativa es que el valor de la moneda local con respecto a la moneda fuerte utilizada como base para el estándar puede sufrir apreciaciones o depreciaciones en términos reales con respecto a la moneda local que distorsionen el resultado de la variación. Otra solución alternativa es aplicar el efecto de la inflación sobre la moneda nacional para manejar el estándar en valor constante, aunque también habrá diferencias entre el valor actualizado del estándar y el valor de mercado al que pueden adquirirse los insumos.

También pueden ser causas de variaciones los cambios que se introducen a los procesos de producción y que en ocasiones no son considerados importantes, o en su defecto son vistos de manera separada al sistema contable. Por ejemplo, cambios en especificaciones de materiales, materiales sustitutos, cambios en las características de la maquinaria o herramientas de trabajo, cambios en la distribución física de la planta, o rotación de personal, entre otros.

Las variaciones pueden ser también examinadas con base en su tendencia. Es decir, pueden existir variaciones pequeñas que crecen paulatinamente al paso del tiempo. Por ejemplo, una variación en eficiencia de mano de obra que va en aumento puede ser un indicio de la existencia de problemas laborales entre los trabajadores y el encargado de la producción. También puede ser síntoma de problemas con el flujo de materiales o de la aparición de un cuello de botella, que de ser detectado a tiempo puede generar ahorros de recursos al negocio. Otro criterio para decidir por dónde investigar las causas de variaciones es la frecuencia con la que éstas se presentan. Existen variaciones que, aunque pequeñas, se presentan repetidamente en los informes de fin de periodo, éstas pueden representar problemas en la producción que no han sido resueltos.

A continuación se procederá a analizar las variaciones que en el mes de febrero presentó la empresa Controles Industriales. El resumen de las variaciones del mes es el que se presenta en la ilustración 8.2.

Controles Industriales
Reporte de variaciones de costos
del mes de febrero de 19X8

Variaciones	Cantidad	Resultado
Materia prima		
Precio	1 500	Favorable
Cantidad	(3 000)	Desfavorable
Mano de obra total	(3 750)	Desfavorable
Tarifa	(3 524)	Desfavorable
Eficiencia	(226)	Desfavorable
Costo indirecto total	160	Favorable
Volumen	525	Favorable
Presupuesto	(365)	Desfavorable
Eficiencia	(565)	Desfavorable
Cantidad	200	Favorable
Cantidad variable	(25)	Desfavorable
Cantidad fija	225	Favorable

Ilustración 8.2
Reportes de
variaciones de costo.

Si tomamos en cuenta como criterio el tamaño de la variación, es importante empezar a analizar las variaciones en cantidad de materiales y en la tarifa de mano de obra, así como en la de cantidad fija y volumen de costo indirecto. La variación más grande en el mes de febrero fue la de cantidad en materiales, debido a que se utilizaron 250 kilogramos más de materiales con respecto al estándar.

Al entrevistar al encargado del almacén, éste comentó que para cubrir las necesidades de materiales en la producción se compraron 2 250 kilogramos a un precio de $11.50/kilogramos de los cuales se encontró que 250 kilogramos venían en mal estado, por lo que fue necesario hacer una devolución al proveedor que no fue aceptada. Por lo que se consiguió con otro proveedor los 250 kilogramos de material a un precio de $10.50/kilogramo.

Al entrevistar al gerente de producción, éste confirmó que habían tenido problemas con el material, lo cual ocasionó que se tuviera que trabajar tiempo extra, en donde el pago por hora de mano de obra es a razón de dos a uno. Ello provocó las variaciones de eficiencia de mano de obra y de costo indirecto, así como la variación de tarifa de mano de obra. También comentó que al buscar la causa del problema de los materiales se encontró que era posible modificar las bandas transportadoras de material para reducir el tiempo de carga y descarga de las máquinas y el desperdicio de materiales indirectos, a lo cual atribuyó el ahorro en costos indirectos variables.

Por último se entrevistó al contador de la empresa, el cual informó que en el periodo se habían pagado algunas modificaciones a la maquinaria de la fábrica que ocasionaron que la depreciación de equipo aumentara. También comentó que se produjo un aumento de la póliza de seguro del local, lo cual sumado a lo anterior, justificaba los 225 pesos de la variación favorable de cantidad fija. Ello, aunado al aumento de la producción real respecto de la producción presupuestada de 25 unidades que provocó una variación favorable en volumen de costo indirecto, propició que la variación de costos indirectos fijos fuera favorable.

Herramientas electrónicas

El cálculo de las variaciones de costo indirecto puede hacerse por medio de hojas electrónicas. Esta herramienta facilita la parte mecánica del proceso y ayuda a comprender las relaciones que se presentan entre las variables que afectan los resultados que arroja el sistema de costos estándar. En la ilustración 8.3 se presenta una propuesta para programar el cálculo de variaciones en Excel. Para ello es necesario hacer una lista que incluya todos los datos que pueden necesitarse para llevar a cabo el llenado de las fórmulas de variaciones. Luego se procede a detallar cómo obtener los datos de la tabla, que corresponden a las operaciones del mes de febrero de Controles Industriales que fueron utilizados como ejemplo para explicar el cálculo de las variaciones en costo indirecto.

Renglón	Concepto	Forma de obtenerlo
1	Horas estándar unitarias	Dato
2	Producción presupuesto	Dato
3	Producción real	Dato
4	Horas presupuesto	Renglón 1 × renglón 2
5	Horas aplicadas	Renglón 1 × renglón 3
6	Horas reales	Dato
7	CI fijo real	Dato
8	CI variable real	Dato
9	CI total real	Renglón 7 + renglón 8
10	CI fijo presupuesto	Dato
11	CI variable presupuesto	Dato
12	CI total presupuesto	Renglón 10 + renglón 11
13	Tasa de CI fija	Renglón 10/renglón 4
14	Tasa de CI variable	Renglón 11/renglón 4
15	Tasa de CI total	Renglón 12/renglón 4
16	CI aplicado	Renglón 15 × renglón 5
17	Tarifa estándar	Dato
18	Pago total de MOD	Dato
19	Tarifa real de MOD	Renglón 18/renglón 6
20	Cantidad estándar unidades de MP	Dato
21	Cantidad aplicada de MP	Renglón 20 × renglón 3
22	Cantidad comprada de MP	Dato
23	Cantidad utilizada de MP	Dato
24	Precio estándar MP	Dato
25	Pago en compras de MP	Dato
26	Precio real de MP	Renglón 25/renglón 22

Ilustración 8.3
Cálculo de variaciones por medio de hoja electrónica.

Resumen conceptual

En el sistema de costos estándar todos los elementos de costo están registrados con base en estándares preestablecidos y no en el costo real. Dentro de los costos indirectos se pueden observar tres dimensiones: los costos indirectos calculados con base en una tasa predeterminada (CI presupuesto), los costos indirectos reales y los costos indirectos aplicados.

Las diferencias que pueden surgir entre el CI presupuesto, CI real y CI aplicado pueden explicarse a través del análisis de las diferentes variaciones de CI. La variación total de CI es calculada al comparar el CI real con el CI aplicado.

El análisis de dos variaciones comprende la variación en volumen y la variación en presupuesto. En el análisis de tres variaciones se descompone la variación en presupuesto en sus partes: variación en monto o cantidad y variación en eficiencia, de tal manera que el análisis de tres variaciones está formado por la variación en volumen, la variación en monto o cantidad y variación en eficiencia.

En el análisis de cuatro variaciones se descompone la variación en cantidad o monto en su parte fija y en su parte variable, de tal manera que el análisis de cuatro variaciones está formado por la variación en monto o cantidad variable, monto o cantidad fija, en eficiencia y en volumen.

Apéndice A: Asientos contables

CI aplicado	$27 000	
Variación en eficiencia (D)	565	
Variación en cantidad (D)	25	
CI real		$26 840
Variación en cantidad fija (F)		225
Variación en volumen (F)		525

Para cerrar el costo indirecto aplicado contra el costo real.

Variación en cantidad fija	$225	
Variación en volumen	525	
Variación en eficiencia		$565
Variación en cantidad variable		25
Costo de ventas		160

Para cerrar las variaciones en costo indirecto y ajustar el costo de ventas.

Inventario de materiales	$30 000	
Cuenta por pagar		$28 500
Variación en precio de materia prima (F)		1 500

Para reconocer la variación en precio de materia prima.

Inventario inicial de producción en proceso	$27 000	
Variación en cantidad de materia prima (D)	3 000	
Inventario de materiales		$30 000

Para reconocer la variación en cantidad de materia prima.

Inventario de producción en proceso	$11 250	
Variación en eficiencia de mano de obra (D)	565	
Sueldos por pagar		$8 250
Variación en tarifa de mano de obra (F)		3 565

Para reconocer las variaciones en tarifa y eficiencia de mano de obra.

Variación en precio de materia prima	$1 500	
Variación en tarifa de mano de obra	3 565	
Variación en cantidad de materia prima		$3 000
Variación en eficiencia de mano de obra		565
Costo de ventas		1 500

Para cerrar las variaciones de mano de obra y materia prima y ajustar el costo de ventas.

Apéndice B: Estimación del costo variable

Debido a que el costo indirecto variable puede estar compuesto por una gran variedad de conceptos tales como el consumo de energéticos, materiales indirectos, tiempo de supervisión, etcétera, para la estimación de tasas variables de costo indirecto en ocasiones es necesario utilizar alguna técnica de estimación que proporcione una buena aproximación del consumo de costo indirecto variable, al cual llamamos **tasa variable**. Existen diversos métodos para realizar una adecuada segregación de costos variables, entre ellos los siguientes:

* *Método gráfico.* Este método consiste en graficar en un plano de dos dimensiones las variables de costo total y unidades producidas. Se observa la cantidad mínima de costo en el nivel de producción más bajo y en el nivel de producción más alto, y se busca una relación directa entre el aumento de costo con relación al aumento de unidades.
* Método de punto alto punto bajo.
* Método de mínimos cuadrados.
* Regresión lineal.

Por razones prácticas se sugiere la regresión lineal como el método más conveniente para calcular el costo indirecto variable. Históricamente este método se ha dejado a un lado debido a su complejidad y a la necesidad de conocimientos estadísticos para ser puesto en práctica. Sin embargo, en la actualidad su aplicación es relativamente sencilla. Con el apoyo de una computadora personal y una hoja de cálculo como pudiera ser Lotus 123 o Excel, es posible una rápida aplicación de este método. A continuación se procederá a explicar la forma de aplicarlo en Excel.

Método recíproco

En este apéndice se muestra la manera de aplicar el método recíproco cuando existen más de dos departamentos de apoyo. Suponga que la compañía Andrómeda tiene tres departamentos de apoyo, a los cuales se les denomina

S1, S2 y S3, y tres departamentos de producción denominados P1, P2 y P3. Si la compañía Andrómeda quisiera repartir el costo indirecto en base a tasas departamentales, tendría que elegir entre alguno de los métodos de reasignación de costos indirectos. A continuación se presenta la mecánica para repartir el costo de los departamentos de apoyo a los departamentos de producción P1, P2 y P3, aplicando el método recíproco.

En este método se trata de repartir los costos de los departamentos de apoyo de la manera más justa posible, esto es, repartiendo a cada departamento el costo relacionado con los servicios recibidos de otros departamentos. Cuando se tienen más de dos departamentos de apoyo es necesario el uso de matrices. En el caso de la compañía Andrómeda existen tres departamentos de apoyo. Para reasignar el costo de S1, S2 y S3 es necesario expresar su costo en forma de ecuaciones, para posteriormente armar las matrices. Los departamentos de apoyo dan servicio a los demás de la siguiente manera:

S1 dedica servicios a los demás departamentos en la siguiente proporción: 20% a S2, 10% a S3, 30% a P1, 25% a P2 y el resto a P3. El departamento S2 dedica 10% de su tiempo a S1, 15% a S3, 20% a P1, 20% a P2 y el resto a P3. Por su parte S3 dedica 15% de su tiempo a S1, 5% a S2, 15% a P1, 30% a P2 y el restante 35% a P3.

(1) $S1 = 0.20S2 + 0.10S3 + 0.30P1 + 0.25P2 + 0.15P3$

(2) $S2 = 0.10S1 + 0.15S3 + 0.20P1 + 0.20P2 + 0.35P3$

(3) $S3 = 0.15S1 + 0.05S2 + 0.15P1 + 0.30P2 + 0.35P3$

Se espera que los departamentos de producción consuman costos indirectos a razón de $15 000 P1, P2 $20 000 y P3 $25 000, y los departamentos de apoyo consuman recursos a razón de $3 000 en S1, $2 500 en S2 y $5 000 en S3. Las ecuaciones mostradas anteriormente se muestran en las columnas de la matriz que se muestra a continuación:

A	B	C	D	E	F	G	H	I
1			Prestó servicio a:					
2			S1	S2	S3	P1	P2	P3
3	Recibió servicio de:	S1	−1	0.1	0.15	0	0	0
4		S2	0.2	−1	0.05	0	0	0
5		S3	0.1	0.15	−1	0	0	0
6		P1	0.3	0.2	0.15	1	0	0
7		P2	0.25	0.2	0.3	0	1	0
8		P3	0.15	0.35	0.35	0	0	1

En las columnas correspondientes a los departamentos de producción sólo se anotó un 1 (uno) en el reglón en el que coincide con su respectivo renglón y el resto de la columna se rellenó con 0 (cero). La lectura de la columna 1 podría interpretarse: (–1) como el total de costo que se va a repartir del departamento S1 para ser repartido 20% a S2, 10% a S3, 30% a P1, 25% a P2 y 15% a P3. Las columnas muestran a quién se le dio servicio, mientras que en el caso de los departamentos de apoyo se observa que el valor que aparece en donde se cruza el renglón y la columna del departamento es –1, con la finalidad de expresar que el departamento repartirá el total de su costo entre los demás departamentos. Los renglones de la matriz muestran el servicio que los departamentos de apoyo recibieron de los demás departamentos. Las últimas tres columnas presentan ceros y unos, pues los tres departamentos de producción no reasignarán costo a ningún departamento, sino a los productos que pasen por ellos cuando se calculen las tasas departamentales.

Para hacer la reasignación del costo es necesario obtener la inversa a la matriz, que puede ser calculada manualmente con operaciones de columna y renglón, utilizando una calculadora que permita operaciones con matrices, o bien utilizando una hoja de cálculo. Para hacer el cálculo de una matriz inversa utilizando Excel es necesario sombrear un espacio similar al que ocupa la matriz original. En este caso, el área sería de seis renglones por seis columnas, pues ésta es el área en la que esperamos obtener los resultados o la matriz inversa. Es necesario teclear =MINVERSE (rango matriz) y después teclear al mismo tiempo CTRL SHIFT ENTER. Si la matriz original estuviera en las celdas D3 a 18 por lo que la fórmula sería =MINVERSE(D3:I8) y teclear al terminar de escribir la fórmula CTRL SHIFT ENTER al mismo tiempo. Suponga que se hubiera decidido que la matriz inversa estuviera en el rango sombreado de L3 a Q8, la matriz inversa quedaría como aparece a continuación:

	K	L	M	N	O	P	Q
2		S1	S2	S3	P1	P2	P3
3	S1	−1.041995	−0.128609	−0.16273	0	0	0
4	S2	−0.215223	−1.034121	−0.08399	0	0	0
5	S3	−0.136483	−0.167979	−1.028871	0	0	0
6	P1	0.376115	0.270604	0.219948	1	0	0
7	P2	0.344488	0.28937	0.366142	0	1	0
8	P3	0.279396	0.440026	0.413911	0	0	1

Los valores expresados en esta matriz contienen los valores que deberán ser utilizados para multiplicarse por los costos directos de los departamentos de apoyo y de producción. Al multiplicar los valores de las columnas de la matriz por los costos directos de los departamentos se obtendrán los costos asignados de un departamento a otro. En el caso de S1 se multiplicará su costo original por –1, pues S1 ha recibido costo de los otros dos departamentos de apoyo. Los costos asignados a los departamentos de producción los obtenemos de los últimos tres renglones de la matriz, en ellas se observa cuánto ha recibido cada departamento de producción de cada departamento de servicio. El cálculo del costo asignado a cada departamento será:

		S1	**S2**	**S3**	**P1**	**P2**	**P3**	**Total**
Costo a repartir		3 000	2 500	5 000	15 000	20 000	25 000	70 500
	S1	–3 125.98	–321.52	–813.65	0	0	0	
	S2	–645.67	–2 585.30	–419.95	0	0	0	
	S3	–409.45	–419.95	–5 144.36	0	0	0	
Costo asignado a	P1	1 128.35	676.51	1 099.74	15 000	0	0	17 904.59
Costo asignado a	P2	1 033.46	723.43	1 830.71	0	20 000	0	23 587.60
Costo asignado a	P3	838.19	1 100.07	2 069.55	0	0	25 000	29 007.81
								70 500.00

En la última columna de la tabla se observa el total de costos que tienen los departamentos de producción después de la reasignación por el método recíproco. En el último renglón de la última columna aparece como total $70 500 que es el mismo costo que se tenía antes de la reasignación pero ahora asignado sólo en los tres departamentos de producción. Los valores presentados en las columnas de esta tabla se calcularon multiplicando los valores de la matriz inversa por los costos de cada departamento. El resultado de las columnas se muestra en las siguientes tablas:

Costo a repartir			Columna 1		Costo asignado
S1	3 000	×	–1.041995	=	–3 125.98
S2	3 000	×	–0.215223	=	–645.67
S3	3 000	×	–0.136483	=	–409.45
P1	3 000	×	0.376115	=	1 128.35
P2	3 000	×	0.344488	=	1 033.46
P3	3 000	×	0.279396	=	838.19

Costo a repartir			Columna 2		Costo asignado
S1	2 500	×	–0.128609	=	–321.52
S2	2 500	×	–1.034121	=	–2 585.30
S3	2 500	×	–0.167979	=	–419.95
P1	2 500	×	0.270604	=	676.51
P2	2 500	×	0.28937	=	723.43
P3	2 500	×	0.440026	=	1 100.07

Costo a repartir			Columna 3		Costo asignado
S1	5 000	×	–0.16273	=	–813.65
S2	5 000	×	–0.08399	=	–419.95
S3	5 000	×	–1.028871	=	–5 144.36
P1	5 000	×	0.219948	=	1 099.74
P2	5 000	×	0.366142	=	1 830.71
P3	5 000	×	0.413911	=	2 069.55

Los costos asignados a los departamentos de producción fueron calculados de la siguiente manera:

Costo del departamento de producción P1:

$$P1 = 1\ 128 + 676.51 + 1\ 099.74 + 15\ 000 + 0 + 0 = 17\ 904.59$$

Costo del departamento de producción P2:

$$P2 = 1\ 033.46 + 723.43 + 1\ 830.71 + 0 + 20\ 000 + 0 = 23\ 587.60$$

Costo del departamento de producción P2:

$$P3 = 838.19 + 1\ 100.07 + 2\ 069.55 + 0 + 0 + 25\ 000 = 29\ 007.81$$

El costo total de los departamentos de producción P1, P2 y P3 mostrados arriba son los costos a utilizarse para calcular las tasas departamentales para repartir el costo a los productos que pasan por cada departamento de producción de la compañía Andrómeda.

Cuestionario integral

C.8.1. Al utilizar un sistema de costos estándar el costo indirecto que se obtiene al inicio del periodo y que se emplea para el cálculo de la tasa predeterminada de CI es el:

a) CI real.
b) CI presupuestado.
c) CI estándar.
d) CI histórico.

C.8.2. La suma de todos los gastos que realmente se erogaron y que se consideran parte del CI es el:

a) CI estándar.
b) CI presupuestado.
c) CI real.
d) CI absorbente.

C.8.3. Si en Televisión del Centro los costos indirectos se aplican con base en horas reales trabajadas en la producción, se está utilizando un sistema de costos con:

a) Estándares.
b) Costo real.
c) Costeo normal.
d) Costo variable.

C.8.4. Si el costo indirecto estándar es mayor que el costo indirecto real, ¿cómo será la variación total de CI?

a) Favorable.
b) No se genera variación.
c) Desfavorable.
d) No se tiene la información.

C.8.5. Un cambio en el nivel de producción hace variar la cantidad de CI fijos que se distribuyen entre los productos. A este cambio se le conoce con el nombre de:

a) Variación total de CI.
b) Variación en eficiencia de CI.
c) Variación en volumen de CI.
d) Variación en monto fijo.

C.8.6. Si a las horas estándar por unidad las multiplicamos por la producción equivalente, ¿qué es lo que se obtiene?

a) Horas aplicadas.
b) Horas reales.
c) Horas normales.
d) Horas estimadas.

C.8.7. Cuando se dice que no se alcanzó a repartir todo el costo indirecto fijo, ¿qué debe usted entender que existe?

a) Variación desfavorable en eficiencia.
b) Variación desfavorable en monto fijo.
c) Variación desfavorable en volumen.
d) Variación favorable en monto fijo.

C.8.8. A la diferencia que existe entre la presupuestación del costo indirecto y los costos indirectos reales incurridos se le conoce con el nombre de:

a) Variación en presupuesto.
b) Variación en volumen.
c) Variación total.
d) Variación en eficiencia.

C.8.9. Si los trabajadores han aumentado su productividad, ¿cuál será la variación que será favorable?

a) Variación en eficiencia de CI.
b) Variación en volumen de CI.
c) Variación en eficiencia de MOD.
d) Los incisos *a)* y *c)*.

C.8.10. Si se incurrió en un costo menor al que debió haberse tenido de acuerdo con el presupuesto elaborado al inicio del periodo para el nivel de producción al que se trabajó, ¿qué variación sería la afectada y de qué forma?

a) Variación desfavorable en eficiencia.
b) Variación favorable en monto.
c) Variación favorable en volumen.
d) Variación desfavorable en monto fijo.

C.8.11. La Malinche es una empresa dedicada a la producción de telas finas que utiliza un sistema de costeo estándar en su proceso productivo. Para la elaboración de sus tasas de costos indirectos se utilizó la siguiente información:

Porcentaje de capacidad	100%
Horas-máquina	40 000
CI variable presupuestado	$250 000
CI fijo presupuestado	$320 000

Se sabe que La Malinche operó a 93% de su capacidad en el año de 20X2, y los costos indirectos son aplicados con base en las horas de utilización de la maquinaria. Tuvo costos indirectos reales de 575 000 pesos. Con esta información se pide contestar esta pregunta y las siguientes cuatro.

¿Cuál es la tasa de costo indirecto fijo a utilizar?

a) $6.25/h
b) $8/h
c) $9.25/h
d) $14.25/h

C.8.12. ¿Cuál es la tasa de costo indirecto variable?

a) $6.25/h
b) $14.25/h
c) $9.25/h
d) $8.00/h

C.8.13. ¿Cuál es la variación en presupuesto de costo indirecto que tuvo La Malinche?

a) $32 500: Desfavorable
b) $37 500: Desfavorable
c) $22 500: Desfavorable
d) $32 500: Desfavorable

C.8.14. ¿Cuál es la variación en volumen de costo indirecto de La Malinche?

a) $23 400: Desfavorable
b) $32 400: Desfavorable
c) $21 400: Desfavorable
d) $22 400: Favorable

C.8.15. ¿Cuál es la variación total de costo indirecto de La Malinche?

a) $44 900: Favorable
b) $24 900: Desfavorable
c) $44 900: Desfavorable
d) $34 900: Favorable

C.8.16. Industrias Tellez es una empresa que se dedica a la producción y comercialización de dulces típicos del estado de Michoacán. Utiliza un sistema de costos estándar en su producción. De antemano ha fijado sus tasas de aplicación de costos indirectos variables y fijos, a 8.5 pesos la hora de MOD y 13.60 pesos la hora de MOD. Cada caja de dulces de 500 kilos requiere la utilización de 1.50 horas de mano de obra directa, de acuerdo con estudios de ingeniería industrial realizados en la planta. Durante el mes de junio de 20X4 se presupuestó producir 12 750 cajas de dulces, pero sólo fueron elaboradas 11 350. Para el desarrollo de esta producción se emplearon un total de 24 970 horas de mano de obra. El costo indirecto variable fue de 150 000 pesos y el fijo fue de 225 000 pesos. El administrador de este negocio ha solicitado responder los siguientes cinco cuestionamientos:

¿Cuál es la variación en volumen de CI fijo en el mes de junio de 20X4?

a) $28 560: Favorable
b) $29 560: Desfavorable
c) $30 560: Desfavorable
d) $28 560: Desfavorable

C.8.17. ¿Cuál es la variación en eficiencia de costos indirectos de Industrias Tellez?

a) $67 532.50: Favorable
b) $77 532.50: Desfavorable
c) $67 532.50: Desfavorable
d) $47 532.50: Favorable

C.8.18. ¿Cuál es la variación en monto variable del costo indirecto?

a) $60 545: Desfavorable
b) $62 245: Favorable
c) $62 245: Desfavorable
d) $60 545: Favorable

C.8.19. ¿Cuál es la variación en monto fijo del costo indirecto?

a) $35 100: Desfavorable
b) $25 100: Favorable
c) $35 100: Favorable
d) $25 100: Desfavorable

C.8.20. ¿Cuál es la variación total en costo indirecto de Industrias Tellez?

a) $1 352: Desfavorable
b) $1 152.50: Favorable
c) $1 225.50: Favorable
d) $1 532.50: Desfavorable

Problemas

P.8.1. Constantec utiliza un sistema de costos estándar y preparó un presupuesto flexible para calcular sus tasas de aplicación de costo indirecto con base en horas de mano de obra directa para el año 20X1. El gerente de producción de Constantec esperaba trabajar a capacidad normal y utilizó la tasa total de 9 pesos la hora MOD. Pero, en realidad, operó 20% por arriba de lo planeado, por lo que el CI control al final de 20X1 ascendió a 1 167 200 pesos.

	Capacidad normal	Capacidad máxima
Porcentaje de capacidad	80%	100%
Horas de MOD	120 000	150 000
CI variable presupuestado	$480 000	$600 000
CI fijo presupuestado	$600 000	$600 000
Tasa total de CI	$9	$8

El gerente de producción necesita justificar la diferencia entre el CI real y el aplicado, por lo que necesita calcular:

a) El total de CI aplicado durante 20X1.
b) La variación total en CI.
c) La variación en volumen de CI y explicar por qué se originó esta variación.
d) La variación en presupuesto de CI.

P.8.2. Comedores de Cedro, que utiliza un sistema de costos estándar, operó a 75% de su capacidad durante 20X0, pero aplicó el CI con base en la tasa calculada de 100% de capacidad, por lo que preparó la siguiente información para 20X0:

	Capacidad máxima
Porcentaje de capacidad	100%
Horas de MOD	50 000
CI variable presupuestado	$330 000
CI fijo presupuestado	$220 000
Tasa total de CI	$11

Suponiendo que el CI real fue de 450 220 pesos, que 210 000 pesos de dicha cantidad corresponde a costo indirecto fijo, y que en la producción realmente se trabajaron 39 000 horas, conteste las siguientes preguntas:

a) ¿Cuál es la variación total en costo indirecto?
b) ¿A cuánto asciende la variación en volumen?
c) ¿A cuánto asciende la variación en cantidad fija?
d) ¿Cuál fue la tasa de CI variable utilizada?
e) ¿Cuál es la variación en cantidad variable?
f) ¿Cómo se calculó la tasa de CI fijo?
g) ¿Cómo se calculó la variación en eficiencia de CI?

P.8.3. El jefe de producción de Colchones Ortorrest necesita hacer un análisis de 4 variaciones del mes de octubre de 20X5 y le pide le ayude a calcularlas, tomando en cuenta la siguiente información:

CI real	$167 600
CI fijo real	$117 800
CI fijo presupuestado	$123 500
Horas presupuestadas	13 000
Horas reales	12 120
Tasa variable de CI	$3.40/hora
Horas aplicadas	12 300

P.8.4. WOW aplica un sistema de costos estándar y utiliza como base anual para la elaboración de sus tasas de CI 175 500 horas de MOD. Con base en los costos indirectos proyectados para 20X1 se calcularon las siguientes tasas para aplicarse a los productos:

Tasa variable de CI	$8/hora
Tasa fija de CI	$10/hora
Tasa total de CI	$18/hora

A los productos fabricados por WOW se les aplica un total de 1.5 horas de mano de obra por unidad producida. Durante enero se presupuestó producir 9 750 unidades. Sin embargo, la producción real fue 11 800 unidades. La nómina reflejó un total de 19 500 horas trabajadas. La cuenta de CI control arrojó un total de 318 000 pesos, de los cuales 146 000 fueron de CI fijo y el resto fue variable. Es necesario calcular:

a) Variación en volumen
b) Variación en eficiencia
c) Variación en monto fijo
d) Variación en monto variable

P.8.5. IUPAC estima que operará a un nivel de capacidad de 320 000 horas de mano de obra directa en el año. También se estima que el CI fijo presupuestado será de 256 000 pesos. Por lo tanto, la tasa de CI variable será de 1.2 pesos la hora de MOD o 6 pesos la unidad. Los datos reales del año son los siguientes:

Unidades terminadas	66 000
Total de horas reales	325 000
CI variable real	$406 250
CI fijo real	$260 000

Es necesario calcular:

a) Variación en volumen.
b) Variación en eficiencia de CI.
c) Variación en monto fijo de CI.
d) Variación en monto variable de CI.

P.8.6. Textiles Velusa, que emplea un sistema de costos estándar, utiliza la siguiente hoja de costos estándar para fabricar su producto:

Hoja de costos	
Materiales	$16.40
Mano de obra (2 horas a $7)	14.00
CI (2 horas a $9.5)	19.00
Costo estándar total por unidad	49.40

La tasa de CI se calcula con base en la capacidad anual de 720 000 horas de MOD. La compañía planea producir 30 000 unidades en cada mes de 20X3. El CI variable anual presupuestado fue de 2 520 000 pesos y el fijo de 4 320 000 pesos. Durante el mes de abril, la compañía produjo 29 000 unidades, se trabajaron 60 200 horas de mano de obra directa con un costo total de 433 440 pesos. En ese mismo mes los CI reales fueron de 205 000 pesos variables y 365 000 fijos.

Con los datos antes presentados calcule para el mes de abril de 20X3:

a) Análisis de 2 variaciones.
b) Análisis de 3 variaciones.
c) Análisis de 4 variaciones.
d) Tarifa real de mano de obra.
e) Variación en tarifa de mano de obra.
f) ¿En qué difieren las variaciones en eficiencia de mano de obra y en eficiencia de costo indirecto?

P.8.7. Jugus, que utiliza un sistema de costos estándar, le proporciona información para calcular variaciones (señale si son favorables o desfavorables):

a) Variaciones en materiales.
b) Variaciones en mano de obra.
c) Variaciones en CI.

Horas presupuesto	1 000 hrs
Mano de obra	720 hrs a $6.5/h
Producción presupuestada	2000 unidades
Materiales comprados	30 uds a $12/ud
Materiales utilizados	1 540 unidades
MP estándar/unidades	1 unidad a $14 c/u
CI variable presupuesto	$3 750
CI real total	$11 455
CI real fijo	$8 200
Tarifa estándar MOD/h	$7/h
Producción real	1 850 unidades
CI fijo presupuesto	$8 250

P.8.8. Pelucas Benni utiliza un sistema de costos estándar. Durante el mes de junio del 20X9 se estimaba producir 16 200 unidades. Los costos estándar de un producto terminado incluyen 4 unidades de materia prima a 6.70 pesos cada una y 3 horas MOD valuadas a tarifa estándar de 5.15 pesos la hora. La nómina total pagada en junio por mano de obra directa fue de 259 435 pesos para un total de 48 950 horas trabajadas. La siguiente información de ese periodo se proporciona para el cálculo de las variaciones:

Materiales comprados	75 000 unidades a $547 500 (total)
Materiales utilizados	70 980 unidades
CI real fijo	$59 000
CI real variable	$210 485
Unidades producidas	16 900
CI presupuesto fijo	$60 750
Tasa de CI variable	$4.25/hora de MOD

Calcule las siguientes variaciones e indique si son favorables o desfavorables:

a) Variación en precio de materiales.
b) Variación en cantidad de materiales.
c) Variación en tarifa de mano de obra.
d) Variación en eficiencia de mano de obra.
e) Variación total de CI.
f) Variación de CI en volumen.
g) Variación en presupuesto.
h) Variación de CI en eficiencia.
i) Variación de CI en monto variable.
j) Variación de CI en monto fijo.

P.8.9. Fragancias Esteer sufrió una pérdida de información y solicita ayuda para recalcular todas las variaciones relacionadas con los costos indirectos. Para tal efecto se presenta información relacionada con el sistema de costos estándar:

- La variación en eficiencia de mano de obra directa fue de 2 000 pesos desfavorable, mientras que la variación total de mano de obra fue de 100 pesos desfavorable. No hubo inventarios iniciales ni finales de materias primas y se compró la cantidad necesaria para la producción presupuestada.
- Al inicio del periodo se presupuestó producir 25 000 unidades.
- La producción real ascendió a 24 500 unidades.
- El total en la cuenta de CI control fue de 96 000 pesos.
- La variación en cantidad fija fue de 3 000 pesos, favorable.
- El CI fijo presupuestado fue de 70 000 pesos.
- La variación en precio de materiales fue de 2 000 pesos, favorable.
- El costo estándar por unidad de producto incluye:

Materiales (3.4 kg a $3/kg)	$10.20
Mano de obra directa (2 horas a $4/hora)	$8.00
Costo indirecto (aplicado con base en horas MOD)	$4.00
Costo estándar por unidad de producto	$22.20

P.8.10. A continuación se presentan datos con el fin de que complete la información faltante en los espacios en blanco.

Horas presupuesto	3 000	Tarifa estándar	
Hora estándar		Tarifa real	
Horas aplicadas		Cantidad aplicada de MP	10 560
Horas reales		Cantidad real de MP	9 600
CI variable presupuesto		CI aplicado	
CI fijo presupuesto		Variación total de MOD	−$7 680.00
CI total presupuesto		Variación en tarifa de MOD	
CI variable real		Variación en eficiencia de MOD	
CI fijo real	$14 900	Variación en precio de MP	$28 800.00
CI total real	$34 900	Variación de cantidad de MP	
Tasa de CI variable		Variación total de CI	−$3 220.00
Tasa de CI fijo		Variación en volumen	
Tasa de CI		Variación en presupuesto	
Producción presupuesto	5 000	Variación de eficiencia CI	
Producción real	4 800	Variación en cantidad/monto	$3 140.00
Precio estándar		Variación en monto variable	
Precio real	$20.00	Variación de monto fijo	$100.00
Compras de MP(unidades)		Nómina pagada	$24 960.00

**Nota: No existen inventarios finales ni iniciales.

P.8.11. Con base en los resultados del problema anterior, se pide completar los siguientes espacios en blanco con las iniciales NC (no cambia), A (aumenta), D (disminuye), en la columna 1, si la tasa de CI variable fuera de 5 pesos y en la columna 2 si el CI variable real fuera de 18 000 pesos.

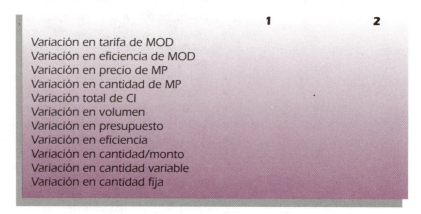

	1	2
Variación en tarifa de MOD		
Variación en eficiencia de MOD		
Variación en precio de MP		
Variación en cantidad de MP		
Variación total de CI		
Variación en volumen		
Variación en presupuesto		
Variación en eficiencia		
Variación en cantidad/monto		
Variación en cantidad variable		
Variación en cantidad fija		

P.8.12. Maquilados Ramones produce un solo producto y utiliza un sistema de costeo estándar en su fábrica. El jefe de producción le ha pedido al contador que calcule las variaciones de los tres elementos del costo durante el mes de marzo, para lo cual le entrega la siguiente información recopilada:

Estándares de producción (por unidad)	
Materiales directos (5 kilogramos)	$80.00
Mano de obra ($4/hora)	1.60
CI (aplicado con base en horas MOD)	4.60
Costo unitario	$86.20

El contador cuenta con la siguiente información adicional:

- La variación total de CI es de cero.
- La producción presupuestada es de 2 500 unidades, para un total de 1 000 horas.
- La variación de monto variable es de 2 725 pesos favorable, pues el costo indirecto variable presupuestado es de 7 500 pesos.
- Las horas aplicadas son 310 menos que las horas reales empleadas.
- Se compró un total de 11 340 kilogramos de materiales directos por 170 100 pesos. La variación en precio, es de 11 340 pesos favorable.
- La variación total de mano de obra es de (1 955) desfavorable y la variación en eficiencia de MOD es de (1 240) desfavorable.

- A fin de mes se verificó que cada unidad de producto terminado había requerido de 6.3 kilogramos. La producción del mes fue 12% mayor que la presupuestada.

Algunas cuentas de gastos del mes de marzo se presentan a continuación:

Impuesto sobre la renta	$10 000
Mano de obra indirecta	3 000
Comisiones sobre ventas	6 000
Depreciación de fábrica	900
Materiales indirectos	3 100
Servicios públicos de fábrica	4 000
Gasto de publicidad	2 000
Mantenimiento, equipo de fábrica	1·880

P.8.13. Gilligan fabrica pequeños barcos veleros de fibra de vidrio. Cuenta con un solo modelo, el SSUND, un velero de 4 metros de largo con cabina abierta, cuyo precio es de 22 650 pesos. Se utiliza un sistema de costos estándar y se han establecido los siguientes estándares de producción:

Materiales:	Tela de vidrio: 40 m² a 50 pesos	$2 000
	Mezcla de vidrio: 80 kilogramos a 38 pesos	3 040
Mano de obra:	Mezclado: 5 horas a 20 pesos	100
	Moldeado: 1 hora a 20 pesos	200
Costos indirectos*		300
Costo total – departamento de moldeado		5 640

* El volumen normal de operaciones para efectos de cálculo del CI es de 500 cascos al mes. La ecuación para el cálculo mensual del CI es: Presupuesto = $120 × unidad + $9 000.

El proceso de manufactura consiste básicamente en tres procesos: mezclado, moldeado y ensamble. En el proceso de moldeado se mezclan todos los ingredientes para hacer el casco de fibra de vidrio, luego se hacen los moldes y se extrae el casco del molde. El proceso de terminado consiste en algunas modificaciones manuales en el casco, reforzar el mástil y pulir el casco. En el proceso de ensamble se unen las distintas partes del velero y se lleva a cabo la inspección final para preparar el barco para su almacenaje o envío.

Mezclar y moldear los cascos de fibra de vidrio, aunque aparentemente es fácil, requiere de mucha experiencia. Agregar demasiada o insuficiente cantidad de catalizador, utilizar mucho o poco calor, o no dejar suficiente tiempo para curar el material, podría ocasionar que un casco careciese de los requerimientos adecuados. Igualmente, dedicar demasiado tiempo a ajustes del equipo de moldeado o mezclado, o bien a supervisión "personal" de cada casco, puede causar serios problemas por falta de producción. Una vez que la mezcla de fibra de vidrio está lista, tiene que aplicarse rápidamente, pues se puede endurecer en la caldera y estropearse. En el departamento de moldeado, se tiene cuidado con respecto a utilizar muy poca mezcla o "cocer" el casco demasiado tiempo. Se trata de evitar el desperdicio de partes de un casco, ya que la mezcla de vidrio es escasa.

Análisis de las operaciones

Al revisar los resultados del mes más reciente, se obtuvieron los siguientes costos reales de producción de 430 cascos:

Materiales	
Compras	20 000 m² de tela de vidrio a 48 pesos
	40 000 kilogramos de mezcla de vidrio a 41 pesos
Utilizado	19 000 m² de tela de vidrio
	38 000 kilogramos de mezcla de vidrio
Mano de obra:	Mezclado: 2 100 horas a 21.40 pesos
	Moldeado: 4 800 horas a 20 pesos
CI:	131 400 pesos

Se pide:

a) Determine las variaciones de los tres elementos del costo de producción de los departamentos de mezclado y moldeado, y explique las causas de las mismas.

b) Suponga que los costos, tanto reales como estándares, de otros departamentos (no se incluyen mezclado y moldeado) ascienden a 9 145 pesos por bote, y que se vendieron 450 botes. Prepare un estado de resultados (presentando la utilidad bruta) presupuestado y real del mes, bajo el supuesto de que se había planeado vender 500 botes.

Enfoques alternativos en la contabilización de costos indirectos

Capítulo

OBJETIVO GENERAL

Distinguir y evaluar las diferentes alternativas que existen para la asignación de los costos indirectos (CI), las ventajas y desventajas de cada uno de ellos y la conveniencia de utilizarlos en los distintos ambientes de producción.

OBJETIVOS ESPECÍFICOS

Al terminar de estudiar este capítulo, el alumno será capaz de:

- Reconocer la importancia que el CI representa para el costo total del producto.
- Identificar las alternativas disponibles para su asignación a los productos.
- Conocer la base de aplicación más adecuada para el cálculo de la tasa predeterminada de CI que debe aplicarse a la producción.
- Reconocer la diferencia en el costo de producción que surge al utilizar una tasa global o una tasa departamental de CI.
- Comprender y utilizar cada uno de los métodos que existen para la asignación de CI entre los diferentes departamentos.
- Evaluar la conveniencia de la utilización de métodos para repartir el CI a los departamentos productivos, como son los métodos directo, escalonado y recíproco.
- Comprender la lógica y razón de un sistema de costeo por actividades como herramienta para asignar CI.
- Conocer los pasos a seguir para utilizar el costeo por actividades en la asignación de CI.
- Identificar los diferentes factores que se deben analizar para disminuir la arbitrariedad en la asignación de CI.

Debido a la automatización de los procesos de algunas ramas industriales y al aumento de la complejidad de los sistemas administrativos, que requieren cada vez más recursos para apoyar el desarrollo de los negocios, el costo indirecto adquiere cada vez mayor relevancia en el costo total de los productos. El costo indirecto se ha convertido, en muchos negocios, en el más grande de los elementos del costo. En negocios en donde la mano de obra es el factor preponderante de cambio y en donde se requiere poco apoyo de otros recursos para la producción, la mano de obra es una buena base para distribuir el costo indirecto entre los productos. Sin embargo, muchas de las industrias y negocios que operan hoy en día utilizan una gran cantidad de recursos y apoyos para sacar adelante la producción. En estos negocios es importante encontrar una forma adecuada de distribuir el costo indirecto, pues un solo factor puede originar una inadecuada asignación del costo y, en consecuencia, una mala base para la toma de decisiones.

Resulta fácil decir que los sistemas tradicionales de costos son erróneos y anticuados, pero es importante evaluarlos en razón del entorno en el que fueron diseñados. El objetivo de este capítulo es analizar y evaluar las distintas alternativas para contabilizar el costo indirecto.

> *El método de asignación de gastos de fabricación ilustrado a lo largo de este texto se basa en asignar los costos indirectos de acuerdo con una tasa global basada en las horas de mano de obra*.

Este método de asignación de gastos fue diseñado cuando la mayoría de los procesos eran manuales y la proporción de costos indirectos con respecto al total de costos directos era relativamente pequeña. En ese ambiente de producción, el factor que encarecía un producto era el total de mano de obra invertida, de manera que lo importante era asignar el costo cuidando los elementos relevantes, en este caso, la materia prima y la mano de obra. En un ambiente de producción como éste, es lógico pensar que el elemento que *agregaba valor* al producto era la mano de obra y por lo tanto debía tomarse como base de asignación, que es la misma lógica utilizada por los precursores de herramientas modernas de asignación de costos indirectos de fabricación, tales como el costeo basado en actividades. Así es que, es sabio aprender del pasado y no tirar en saco roto la experiencia de quien vivió épocas distintas a las nuestras. En negocios que trabajan en ambientes de manufactura en donde aún la mano de obra es el principal elemento del costo y la que agrega valor a los productos, es factible utilizar las horas de mano de obra como base de asignación de los costos indirectos.

Horas-máquina como base de aplicación del costo indirecto

Otra alternativa para asignar el costo indirecto es repartirlo con base en horas-máquina. Esta base de aplicación se empezó a utilizar cuando se detectó que los procesos ya no eran del todo manuales y que el tiempo de máquinas era relevante en los procesos de producción. En este entorno productivo la maquinaria juega un papel importante, pues las actividades de producción giran alrededor de ella y se generan algunos cambios o gastos a causa de la misma, entre otros, espacio de local, luz, agua y gas. En este entorno se supone que el factor que agrega valor al producto es el uso de la maquinaria. Cuando se tiene una sola máquina o un solo tipo de maquinaria que se utiliza indistintamente en la producción, incorporando el mismo valor agregado a los productos, es factible utilizar una tasa de asignación global de los costos indirectos con base en horas-máquina.

El uso de tasas de asignación de costo indirecto con base en horas-máquina resulta válido cuando los costos por hora de las máquinas utilizadas en la producción no varían entre un tipo de maquinaria y otro, y cuando el uso de la misma es lo que agrega valor a la producción. Por lo tanto, negocios manufactureros que tengan procesos mecánicos en donde éstos sean los que principalmente agregan valor a la producción deben utilizar este método de asignación de costos indirectos. Aunque apoyado en la misma lógica de la aplicación de la base horas-hombre, este método presenta una debilidad, pues "no todas las máquinas consumen los mismos recursos ni incorporan el mismo valor agregado a los productos", por lo que es importante diferenciar el costo que genera cada una de ellas y cuáles de esos costos son relevantes en la acumulación del costo a los productos. Por lo tanto, se diseñó el método de asignación del costo indirecto de fabricación con base en tasas departamentales.

Tasas departamentales como base de aplicación de costos indirectos

Cuando se amplían, los negocios se reorganizan y tratan de agrupar las actividades que se relacionan entre sí creando departamentos productivos, los cuales, por lo general, tienen un encargado y un espacio o lugar especial dentro del negocio. Además, se empiezan a crear departamentos de apoyo a la producción, lo cual genera una nueva infraestructura administrativa y un aumento de los costos indirectos.

La utilización de este método de asignación de costos indirectos surge cuando se trabaja en industrias medianas o grandes en donde existe más de un departamento de producción y más de un departamento de apoyo o servicio que apoya a aquéllos. Lo que se trata de diferenciar son los recursos que los distintos departamentos generan para asignarse de una manera más justa a la producción.

Al reconocerse que en la práctica no todos los productos requieren el mismo esfuerzo de fabricación ni pasan por los mismos departamentos de producción ni reciben el mismo respaldo de los departamentos de apoyo (mantenimiento, investigación y desarrollo, etc.), se pensó en diferenciar por departamento los procesos o servicios caros de los que no lo son. Cuando se utiliza el método de asignación de tasas departamentales es necesario diferenciar el costo indirecto que genera cada departamento, definir la base de aplicación más adecuada de cada uno de éstos (que puede ser diferente del de los demás departamentos) y calcular una tasa departamental para aplicarla sólo a los productos que pasan por ese departamento.

Una de las ventajas de este método es que permite reconocer el factor que en cada departamento aporta más valor agregado y asignarlo a los productos bajo la misma lógica utilizada por el método de asignación con base en horas-hombre: "asignar el costo con base en el factor que agrega valor". En este enfoque se reconoce que al asignarse una tasa uniforme a todos los productos se puede estar subsidiando a unos y castigando a otros. El costo de producción se utiliza para fijar el precio de venta, y aunque en ocasiones el precio de un producto está fijado por el mercado, la decisión acerca de seguirlo produciendo o no descansa en el margen de contribución que surge al comparar el precio con el costo de producción. Cuando el costo está mal calculado, el sistema de información contable engaña a los usuarios, haciéndoles creer que existen utilidades cuando en realidad puede haber pérdidas. El uso de tasas departamentales de costos indirectos ayuda a reconocer estas distorsiones en la asignación del costo. De esta manera los productos que pasan por los departamentos con mayores costos indirectos recibirán una mayor proporción de éstos.

Para ilustrar la diferencia entre la aplicación de una tasa global de costos indirectos y una tasa departamental observemos los datos de Industrias Tamesi. Esta empresa que tiene dos departamentos productivos, corte y ensamble, fabrica dos productos: R1 y R2. Los datos de costos de estos departamentos y productos se muestran en la ilustración 9.1.

En la ilustración 9.2 se muestra el costo total de los productos R1 y R2. Observe que el costo primo de ambos productos es similar, pues ambos tienen un costo de materiales de 100 pesos y requieren en total 10 horas de mano de obra directa. Al aplicar el costo indirecto con base en la tasa global de 70 pesos por hora de mano de obra obtenemos que a ambos productos se les aplica 700 pesos de costo indirecto, mientras que el costo total de cada uno es de 900 pesos.

Aunque al utilizar la tasa global de asignación de costo indirecto ambos productos muestran el mismo costo, es evidente que el departamento de en-

	Tasas departamentales		Tasa global
	Corte	**Ensamble**	
CI variable estimado	40 000	240 000	280 000
Mano de obra directa estimada	2 000	2 000	4 000
Tasa de asignación de CI	20	120	70
Producto	**R1**	**R2**	
Costo de materia prima	$100	$100	
Mano de obra directa:			Total
Corte (horas)	7	3	10
Ensamble (horas)	3	7	10

Ilustración 9.1
Datos de costos de Industrias Tamesi.

Producto			R1			R2
Materia prima		100	100			
Mano de obra directa:	Horas	Costo/hora		Horas	Costo/hora	
Corte (horas)	7	10	70	3	10	30
Ensamble (horas)	3	10	30	7	10	70
Costos primos		200				200
Costo indirecto aplicado	10	70	700	10	70	700
Costo total			900			900

Ilustración 9.2
Costo total de los productos elaborados por Industrias Tamesi, en donde el costo indirecto es aplicado con base en una tasa global.

samble tiene una operación mucho más costosa que el de corte (240 000 contra 40 000). Debido a que el producto R2 consume más tiempo del departamento de ensamble, debería recibir una cantidad mayor de CI de la que recibe el producto R1. En este caso, el producto R1 está subsidiando al producto R2. Esto puede ser demostrado si se utilizan tasas departamentales de asignación de CI en lugar de una tasa global. El cálculo de la asignación de CI con base en tasas departamentales se muestra en la ilustración 9.3.

Como se puede observar en la ilustración 9.3, la cantidad de CI asignada a cada producto cambió. Al producto R1 se le habían asignado 700 pesos; utilizando tasas departamentales sólo se le asignarían 500 pesos [(7*20) + (3*120)]. De la misma manera, el CI aplicado al producto R2 al utilizar tasas departamentales sería de 900 pesos [(3*20) + (7*120)] en lugar de 700. La asignación de costos por tasas departamentales o con base en una tasa global arroja diferencias significativas tanto en el costo indirecto asignado a los productos como en el costo total de los mismos. La ilustración 9.4 muestra una relevancia de tales diferencias.

Industrias Tamesi acostumbra fijar sus precios con base en el costo. Al utilizar una tasa global, el precio de venta sería de 1 080 pesos para cada unidad de R1 y de R2. Para los administradores de Industrias Tamesi no representa diferencia promover la venta de R1 o de R2, pues al utilizar una tasa global de asignación de costos ambos productos tienen el mismo costo y precio. Observemos en la ilustración 9.5 el estado de resultados de Industrias Tamesi en caso de que trabajara a capacidad máxima, produciendo y vendiendo 200 unidades de R1 y 200 unidades de R2.

Ilustración 9.3
Cálculo de la asignación de CI con base en tasas departamentales para los productos de industrias Tamesi.

Producto	R1			R2		
	Horas	Tasa	Total	Horas	Tasa	Total
Costo indirecto asignado						
Corte	7	20	140	3	20	60
Ensamble	3	120	360	7	120	840
Total asignado a producto			500			900

CI aplicado al producto	R1	R2
Método de asignación		
Tasa departamental	500	900
Tasa global	700	700
Diferencia	–200	200
Cambio porcentual en CI	–28.57%	28.57%
Costo total del producto	**R1**	**R2**
Método de asignación		
Tasa departamental	700	1 100
Tasa global	900	900
Diferencia	–200	200
Cambio porcentual en costo total unitario	–22.22%	22.22%

Ilustración 9.4
Comparación entre la asignación de costos por tasas departamentales y la basada en una tasa global.

Al utilizar una tasa global de asignación de costo indirecto ambos productos generan la misma utilidad, pero los resultados son distintos si se aplican tasas departamentales de costo indirecto. Si se conservan los mismos precios y sólo se reasigna el costo indirecto de manera distinta observamos que R1 muestra una utilidad de 76 000 pesos, mientras que R2 presenta una pérdida de 4 000 pesos, como se observa en la ilustración 9.6.

Dado que los costos reales de producción tenderán a aproximarse más a los que resultan cuando utilizamos tasas departamentales, es probable que surjan dificultades para vender el producto R2 mientras que será relativamente fácil vender el R1. Observemos cómo cambia la utilidad cuando las ventas de R1 aumentan a 300 unidades y las de R2 disminuyen a 100 unidades. Si ajustamos el número de ventas que teníamos en la ilustración 9.5 de esta manera y utilizamos la tasa global de costo indirecto, la utilidad que aparecerá en el estado de resultados seguirá siendo de 20 000 pesos. Sin embargo, como se muestra en la ilustración 9.7 al asignar el costo indirecto con base en tasas departamentales, la utilidad cambia, a 60 000 pesos y por otro lado sugiere una pérdida.

Industrias Tamesi
Estado de resultados del año 200X

Tasa	200uds R1	200uds R2	Total
Ventas	216 000	216 000	432 000
Costo de ventas	180 000	180 000	360 000
Utilidad bruta	36 000	36 000	72 000
Gastos de operación			52 000
Utilidad de operación			20 000

Ilustración 9.5
Estado de resultados de Industrias Tamesi considerando una tasa global de asignación de CI.

**Industrias Tamesi
Estado de resultados del
año 200X**

Asignación departamental	200 R1	200 R2	Total
Ventas	216 000	216 000	432 000
Costo de ventas	140 000	220 000	360 000
Utilidad bruta	76 000	(4 000)	72 000
Gastos de operación			52 000
Utilidad de operación			20 000

Ilustración 9.6
Estado de resultados de Industrias Tamesi considerando tasas departamentales de CI.

Bajo el enfoque de tasas departamentales se aprecia que es más conveniente promocionar el producto R1. El uso de tasas departamentales ayuda de manera práctica y económica a eliminar la distorsión de costos que puede originarse al contar con procesos productivos comparativamente caros con relación al resto de los procesos utilizados en la planta. Aunque no toda la distorsión de costos puede ser eliminada por medio del método de tasas departamentales, su aplicación es sencilla y económica, pues los datos para su aplicación por lo general están disponibles. En este caso, la distorsión que puede presentarse está relacionada con las diferentes actividades que se realizan dentro de los mismos departamentos productivos. El siguiente método en cuanto a complejidad se refiere, es el de costear las actividades de producción independientemente de los departamentos en las que éstas se generan, enfoque conocido como costeo por actividades, el cual aplicado correctamente ayuda a reducir aún más las distorsiones en la asignación de costos. En el siguiente capítulo se explica con detalle el funcionamiento del costeo por actividades.

Reasignación de costos departamentales

Un aspecto importante a considerar en la aplicación de este método es la acumulación justa de los costos indirectos a los departamentos para efecto de

**Industrias Tamesi
Estado de resultados del
año 200X**

Asignación departamental	300 R1	100 R2	Total
Ventas	324 000	108 000	432 000
Costo de ventas	210 000	110 000	320 000
Utilidad bruta	114 000	(2 000)	112 000
Gastos de operación			52 000
Utilidad de operación			60 000

Ilustración 9.7
Diferencias en la utilidad de dos productos al utilizar tasas departamentales.

calcular las tasas departamentales. En la manufactura de productos existen divisiones que ofrecen servicio a los departamentos que directamente elaboran los productos, también conocidos como departamentos de apoyo. Como ejemplos de estas divisiones de servicios podemos mencionar: investigación y desarrollo, mantenimiento, compras, etcétera. Estos departamentos generan costos indirectos de producción. Cuando se utiliza una tasa global para asignar el costo indirecto, el costo de estos departamentos se incluye en el presupuesto de CI y en la cuenta de CI control. Por lo general, estos departamentos son evaluados en función de su cumplimiento con respecto al presupuesto de gastos de cada periodo en comparación con los resultados reales. Cuando se decide aplicar el CI con base en tasas departamentales y en la fábrica existen departamentos de servicio o apoyo, es necesario identificar el costo que éstos generan a causa de los departamentos productivos a los que apoyan. Para este fin, estudiaremos tres métodos de reasignación de costos indirectos, a saber:

- Método directo.
- Método escalonado.
- Método recíproco.

Método directo de asignación de CI

Cuando se aplica este método de asignación se distribuye directamente el costo de los departamentos de apoyo entre los departamentos de producción, pues no se considera el servicio que aquéllos pueden prestarse entre sí. Sólo toma en cuenta las relaciones de servicio de cada departamento de apoyo con los productivos. La mecánica que se utiliza es muy sencilla, pues únicamente consiste en calcular de los servicios prestados a los departamentos productivos la proporción que corresponde a cada departamento. Para ilustrar el método directo de asignación de costos indirectos tomemos como ejemplo a la Compañía X, la cual tiene dos departamentos productivos (corte y ensamble), los cuales reciben el soporte de los departamentos de servicio (inspección y mantenimiento). En la ilustración 9.8 se muestran los costos indirectos estimados de los departamentos y sus bases de aplicación para el año 200X.

Las horas-máquina trabajadas en el departamento de inspección fueron 2 500, de las cuales 2 000 fueron invertidas en el departamento de corte y 500 en el de ensamble. Por otro lado, en el de mantenimiento se invirtieron un total de 3 700 horas de mano de obra directa, de las cuales 1 890 fueron invertidas

Ilustración 9.8
Relación de costo estimado y base de aplicación para los diferentes departamentos de la Compañía X en el año 200X.

Departamento	Costo estimado	Base de aplicación
Corte	$350 000	
Ensamble	$410 000	
Inspección	248 000	Horas-máquina
Mantenimiento	280 000	Horas de mano de obra

Inspección	Horas-máquina	Proporción	Costo a reasignar	Costo aplicado
Corte	2 000	80%	248 000	198 400
Ensamble	500	20%	248 000	49 600
Total	2 500	100%		248 000

Ilustración 9.9
Reasignación de costos del departamento de inspección de la Compañía X.

en el departamento de corte, 810 en el de ensamble y 1 000 en el de inspección.

La asignación de los costos indirectos de los departamentos de apoyo a los productivos se realiza de acuerdo con la base de aplicación que se utiliza en cada departamento. Es importante notar que aunque el de mantenimiento invirtió 1 000 horas de servicio en el de inspección, estas horas son ignoradas en el cálculo de la tasa o razón de asignación, pues en el método directo no se asigna costo de un departamento de servicio o apoyo a otro departamento similar. La asignación de los costos al utilizar el método directo se basa en tomar el total de horas invertidas en los departamentos productivos como 100% y calcular para cada departamento un porcentaje para multiplicarlo por el costo total a asignar. En la ilustración 9.9 se muestra una tabla donde se reasignan los costos del departamento de inspección a los departamentos productivos de corte y ensamble.

El mismo procedimiento utilizado en el departamento de inspección es utilizado en el de mantenimiento. Aunque el total de horas trabajadas en éste fueron 3 700, sólo se toman en cuenta para calcular la razón de prorrateo 2 700, que son las horas invertidas en los departamentos productivos. La ilustración 9.10 muestra la reasignación de los costos del departamento de mantenimiento.

Basada en los datos obtenidos en las tablas de asignación de gastos de los departamentos de servicio, la ilustración 9.11 muestra los costos indirectos totales que tendrán los departamentos de corte y ensamble para ser utilizados en el cálculo de las tasas departamentales.

Método escalonado de asignación de CI

Cuando se utiliza el método escalonado de asignación de costos indirectos se considera que los recursos invertidos por los departamentos de apoyo en otros

Mantenimiento	Horas de mano de obra	Proporción	Costo a reasignar	Costo aplicado
Corte	1 890	70%	280 000	196 000
Ensamble	810	30%	280 000	84 000
Total	2 700	100%		280 000

Ilustración 9.10
Reasignación de costos del departamento de mantenimiento de la Compañía X.

	Departamentos de apoyo		Departamentos productivos	
	Inspección	Mantenimiento	Corte	Ensamble
CI estimado	248 000	280 000	350 000	410 000
Inspección			198 400	49 600
Mantenimiento			196 000	84 000
	(248 000)	(280 000)		
Total	–	–	744 400	543 600

Ilustración 9.11
Costos indirectos totales de los departamentos de corte y ensamble de la Compañía X.

similares deben ser considerados a la hora de distribuir su costo entre los departamentos de producción. Este método considera que es importante repartir el costo de los departamentos de apoyo entre los demás (de apoyo y producción) pues ello permite precisar con mayor exactitud el costo total en que incurre cada departamento de apoyo, con lo cual la asignación a los departamentos productivos es más justa. Para ilustrar la mecánica de este método tomemos como ejemplo a la compañía Sandox, que tiene tres departamentos productivos: ensamble, pintura y acabado. Estos departamentos productivos reciben servicios de los departamentos de reparaciones e inspección. Los costos indirectos estimados de cada departamento y sus bases de aplicación en 200X se muestran en la ilustración 9.12.

Debido a que realiza una operación predominantemente manual, el departamento de reparaciones utiliza como base de aplicación las horas de mano de obra directa. El total de horas de mano de obra directa trabajadas en el departamento de reparaciones en 200X fueron 1 950, de las cuales 975 fueron invertidas en el departamento de ensamble, 585 en el de pintura, 195 en el de acabado y 195 en el de inspección.

El departamento de inspección realiza su operación utilizando procesos mecánicos, por lo que se decidió tomar como base de aplicación de costo indirecto el total de horas-máquina invertidas en los demás departamentos. En 200X el total de horas trabajadas en el departamento de inspección fueron 1 600, de las cuales 960 se invirtieron en el departamento de ensamble, 320 en el de pintura y 320 en el de acabado. En la ilustración 9.13 se decidió asignar primero el costo del departamento de reparaciones y después el costo de inspección en los departamentos productivos. En la siguiente tabla se muestra la asignación

Departamento	Costo	Base de aplicación
Ensamble	112 000	
Pintura	156 000	
Acabado	98 000	
Reparaciones	140 000	Horas de mano de obra
Inspección	116 000	Horas-máquina

Ilustración 9.12
Costos indirectos de los departamentos con que cuenta la compañía Sandox.

Reparaciones	Horas de MO aplicadas	Razón de asignación	Costo a asignar	Costo asignado
Inspección	195	10%	140 000	14 000
Ensamble	975	50%	140 000	70 000
Pintura	585	30%	140 000	42 000
Acabado	195	10%	140 000	14 000
Total	1 950	100%		140 000

Ilustración 9.13
Asignación del CI del departamento de reparaciones de la compañía Sandox con el método escalonado.

del costo indirecto del departamento de reparaciones entre los demás departamentos utilizando el método escalonado.

En este caso, el costo indirecto generado en el departamento de inspección será asignado total y directamente a los departamentos productivos de ensamble, pintura y acabado de la misma forma en que se hubiera hecho con el método directo, como podemos observar en la ilustración 9.14.

En la ilustración 9.15 se muestra la asignación de los costos de reparación e inspección entre los departamentos de ensamble, pintura y acabado. A diferencia del método directo, el departamento de reparación le cargó al de inspección las horas trabajadas en él. Sin embargo, es importante mencionar que aunque el departamento de inspección hubiera dado servicio al de reparaciones, el mismo no habría sido cargado a éste, pues el total de su costo ya ha sido distribuido. En la ilustración 9.15 se muestra la tabla con los valores asignados de los departamentos de servicio a producción cuando se utiliza el método escalonado.

Método recíproco para asignar costos indirectos

Este método, a diferencia de los expuestos anteriormente, considera para reasignar el costo de los departamentos de apoyo entre los departamentos de producción, el servicio que los departamentos de apoyo se prestan entre sí. Para la aplicación de este método es necesario considerar el costo de los departamentos de apoyo como la sumatoria de los costos directos incurridos en el departamento y los costos asignados de otros departamentos de apoyo.

Inspección	Horas-máquina	Razón de asignación	Costo a asignar	Costo asignado
Inspección	–	0%	130 000	–
Ensamble	960	60%	130 000	78 000
Pintura	320	20%	130 000	26 000
Acabado	320	20%	130 000	26 000
Total	1 600	100%		130 000

Ilustración 9.14
Asignación del CI del departamento de inspección de la compañía Sandox.

	Departamentos de apoyo		Departamentos de producción		
	Reparaciones	Inspección	Ensamble	Pintura	Acabado
Reparaciones	140 000	116 000	112 000	156 000	98 000
	(140 000)	14 000	70 000	42 000	14 000
Inspección		(130 000)	78 000	26 000	26 000
Total	–	–	260 000	224 000	138 000

Ilustración 9.15
Asignación de los costos de reparación e inspección.

Costo total = Costo directo + Costo asignado

Costo total depto. A = Costo directo A + Costo depto. B*(%) + Costo depto. C*(%) + · · · + Costo depto. N*(%)

El costo total de un departamento de apoyo está determinado por su costo directo más la proporción de recursos que recibió de cada uno de los departamentos de servicio. Una vez que se ha calculado el costo total de uno de estos últimos, se procede a repartirlo utilizando la mecánica del método directo. Cuando se tienen dos departamentos de apoyo, la asignación puede resolverse mediante ecuaciones simultáneas.

En el caso de la Compañía X se contaba con dos departamentos de apoyo (inspección y mantenimiento). Por lo tanto, si quisiéramos aplicar el método recíproco necesitaríamos determinar los recursos que estos departamentos dedicaron a todos los demás, incluyendo los de apoyo. Supongamos que la relación de trabajo completa hubiera sido como se muestra en la ilustración 9.16.

Con la información de la ilustración 9.16 podemos desarrollar las ecuaciones que representan el costo total de los departamentos de inspección y mantenimiento:

$$\text{Inspección} \quad i = 248\,000 + (10/100m)$$
$$\text{Mantenimiento} \quad m = 280\,000 + (1/6i)$$

Ilustración 9.16
Relación de los departamentos de apoyo con los demás que conforman la Compañía X.

	Inspección		Mantenimiento	
	Horas-máquina	Proporción	Horas MOD	Proporción
Inspección		0.00%	300	10/100
Mantenimiento	500	1/6		0.00%
Corte	2 000	4/6	1 890	63/100
Ensamble	500	1/6	810	27/100
Total	3 000	100.00%	3 000	100.00%

El proceso consiste en incluir el valor de una de las ecuaciones en la otra. Tomemos la ecuación del departamento de mantenimiento para incluir su valor dentro de la ecuación del departamento de inspección:

$$i = 248\,000 + 1/10m$$
$$i = 248\,000 + 1/10(280\,000 + 1/6i)$$

Una vez que se ha sustituido m por su valor se procede a factorizar hasta obtener el valor de i que resultó ser 280 677.97

$$i = \quad 248\,000 + 28\,000 + 1/60i$$
$$i - 1/60i = 248\,000 + 28\,000$$
$$(59/60)i = 248\,000 + 28\,000$$
$$i = \quad 276\,000 * (60/59) = 280\,677.97$$

Una vez que se conoce el valor de i se procede a sustituirlo en la ecuación de m, en donde el valor de m será 326 779.67:

$$m = 280\,000 + (1/6 * 280\,677.97) = 326\,779.67$$

El proceso para calcular el costo a distribuir entre los departamentos de servicio pudo haber sido en otro orden, sustituyendo m en i. El procedimiento para encontrar el valor de m arrojará el mismo resultado que se obtuvo al sustituir el valor de i en m.

$$m = \quad 280\,000 + 1/6i$$
$$m = \quad 280\,000 + 1/6(248\,000 + 1/10m)$$
$$m = \quad 280\,000 + 41\,333.33 + 1/60m$$
$$m = \quad 321\,333.33 + 1/60m$$
$$(1 - 1/60)m = 321\,333.33$$
$$(59/60)m = \quad 321\,333.33$$
$$m = \quad 321\,333.33 * (60/59)$$
$$m = \quad 326\,779.67$$

El costo de los departamentos de apoyo, es decir, inspección y mantenimiento, es de 280 677.97 y 326 779.67 pesos respectivamente, valores que serán distribuidos como si no existiera relación entre inspección y mantenimiento utilizando el método directo. Los cálculos para distribuir los costos entre los departamentos ya no considerarán el tiempo o porcentaje de recursos entre los departamentos de apoyo. Por lo tanto, de aquí en adelante la reasignación

Compañía X

Inspección	Horas-máquina	Proporción	Costo a reasignar	Costo aplicado
Corte	2 000	67%	280 677.97	187 118.64
Ensamble	500	17%	280 677.97	46 779.66
				233 898.31

Ilustración 9.17
Distribución del costo del departamento de inspección de la Compañía X.

de costos es similar al método directo, sólo que en lugar de utilizar los valores de costo originales de los departamentos de apoyo se utilizarán los valores calculados mediante ecuaciones simultáneas o matrices.

Para asignar los 280 677.97 pesos del departamento de inspección se debe tomar en cuenta sólo el porcentaje de tiempo de horas-máquina aplicadas a los departamentos de corte y de ensamble, pues el porcentaje de tiempo que fue aplicado al departamento de mantenimiento ya fue tomado en cuenta.

Resumen conceptual

El sistema de asignación de los costos indirectos que generalmente se emplea es el que utiliza una tasa global basada en las horas de mano de obra, ya que para este tipo de empresas la mano de obra es el principal elemento del costo y el que incorpora valor agregado a los productos, pero hay otras maneras de asignar los costos indirectos que pueden ser menos arbitrarias, ya que existen empresas en las que la mano de obra tiene relevancia.

Una manera de asignar los costos indirectos es utilizar como base las horas-máquina, método que se emplea en empresas en las que es muy relevante el tiempo de máquinas. La debilidad de este método es que no todas las maquinarias consumen los mismos recursos ni incorporan el mismo valor agregado a los productos. Debido a las deficiencias de los métodos anteriores, se diseñó el método de asignación de los costos indirectos con base en tasas departamentales. Este método se aplica en empresas en las que más de un departamento de producción y/o más de uno de apoyo auxilia a los departamentos de producción. De esta manera, al calcular la tasa departamental, ésta se aplica sólo a los productos que pasan por dicho departamento.

Compañía X

Mantenimiento	Horas de mano de obra	Proporción	Costo a reasignar	Costo aplicado
Corte	1 890	63%	326 779.66	205 871.19
Ensamble	810	27%	326 779.66	88 230.51
Total				294 101.69

Ilustración 9.18
Distribución del departamento de mantenimiento de la Compañía X.

Compañía X					
	Departamentos de apoyo		**Departamentos productivos**		
	Inspección	**Mantenimiento**	**Corte**	**Ensamble**	**Total**
CI estimado	280 678	326 780	350 000	410 000	1 367 458
Inspección			187 119	46 780	233 898
Mantenimiento			205 871	88 231	1 601 356
	(280 678)	(326 780)			
Total	–	–	742 990	545 010	1 288 000

Ilustración 9.19
Método recíproco para asignar costos indirectos.

Los métodos utilizados para prorratear los costos indirectos por tasas departamentales son:

- Método directo, el cual sólo distribuye los costos de los departamentos de apoyo entre los departamentos de producción.
- Método escalonado, el cual distribuye los costos de los departamentos de apoyo entre los departamentos de apoyo y producción.
- Método recíproco.

Cuestionario integral

C.9.1. En la fábrica de circuitos electrónicos Altir, 85% de sus procesos son automatizados, ¿Cuál debe ser la base de aplicación de CI?

   a) Horas-hombre.
   b) Costo MOD.
   c) Horas-máquina.
   d) Ninguna de las anteriores.

C.9.2. Cigarrera San Carlos se tienen tres departamentos de producción y tres de servicio. El gerente Carlos Martinez no sabe de qué manera asignar el costo indirecto de la planta a los productos que fabrica ni tampoco sabe lo que le agrega valor al producto. ¿Qué le recomienda usted utilizar?

   a) Tasa global de CI.
   b) Tasa departamental.
   c) Costeo por actividades.
   d) Ninguna de las anteriores.

C.9.3. El método de asignación de CI en el que se reparte el costo de los departamentos de apoyo solamente entre los departamentos de producción se denomina:

a) Recíproco.
b) Escalonado.
c) Combinado.
d) Directo.

C.9.4. Los departamentos de inspección y de mantenimiento son ejemplos típicos de departamentos de:

a) Producción.
b) Servicios.
c) Supervisión.
d) Ninguno de las anteriores.

C.9.5. El método de asignación de CI que considera que los recursos invertidos por los departamentos de apoyo en otros departamentos de apoyo deben ser considerados se llama:

a) Directo.
b) Escalonado.
c) Recíproco.
d) Método de recuperación del costo.

C.9.6. ¿Cuál es la mejor forma para asignar el costo indirecto de una empresa en donde este elemento del costo de producción es más grande que el costo de la mano de obra y de la materia prima?

a) Tasa global de CI.
b) Tasas departamentales.
c) Costeo por actividades.
d) Costeo absorbente.

C.9.7. En una empresa en la que su proceso de producción es automatizado, pero el consumo de recursos de las máquinas es muy variado, ¿qué método de asignación de costos pudiera ser apropiado?

a) Tasa global de CI.
b) Tasas departamentales.
c) Costeo por actividades.
d) Costeo directo.

C.9.8. La herramienta que depura o ayuda a reducir los costos de producción al investigar cuáles son las actividades que no generan valor y eliminarlas se conoce como:

a) Control administrativo.
b) Auditoría financiera.
c) Auditoría administrativa.
d) Ninguna de las anteriores.

C.9.9. La compañía La Dama es una empresa dedicada a la maquila de componentes para aparatos electrónicos que tienen dos departamentos productivos: ensamble y empaque. A su vez, consta con dos departamentos de apoyo, mantenimiento e informática. Los costos indirectos de fabricación de los departamentos de apoyo se prorratean entre los departamentos productivos de acuerdo al método directo. Los costos indirectos de fabricación presupuestos para el año 20X3 y el nivel de actividad para cada departamento son los siguientes:

	Nivel de actividad	Costo indirecto
Mantenimiento	3 120 horas MOD	280 800
Informática	1 400 horas MOD	140 000
Ensamble	2 880 horas maq.	806 400
Empaque	2 160 horas MOD	518 400

Se han realizado estudios estadísticos del tiempo que ocupan los departamentos de apoyo para atender las diferentes solicitudes de otros departamentos y de ellos mismos. El estudio arrojó la siguiente información:

	Mantenimiento	Informática	Ensamble	Empaque
Mantenimiento	0%	20%	45%	35%
Informática	15%	10%	55%	20%

Utilizando el método directo, ¿cuántas horas dedica el departamento de matenimiento al de empaque?

a) 624
b) 1 092
c) 1 404
d) 592.8

C.9.10. Tomando como referencia los datos de la pregunta C.9.9, ¿cuál es el costo indirecto total del departamento de ensamble utilizando el método directo?

a) $1 076 611
b) $668 989
c) $1 067 017
d) $678 583

C.9.11. ¿Cuál es el costo total indirecto que le corresponde al departamento de empaque de la empresa La Dama de la pregunta C.9.9 utilizando el método directo?

a) $1 076 611
b) $678 583

c) $1 067 017
d) $668 989

C.9.12. Con base en los datos de la pregunta C.9.9, al utilizar el método escalonado, ¿cuál es el costo indirecto asignado del departamento de mantenimiento al departamento de informática?

a) 21 000
b) 56 160
c) 30 334
d) 0

C.9.13. Con base en los mismos datos, al utilizar el método escalonado, ¿cuál es el costo indirecto asignado del departamento de informática al departamento de mantenimiento?

a) 21 000
b) 56 160
c) 30 334
d) 0

C.9.14. Con base en los mismos datos, al utilizar el método escalonado, ¿cuál es el costo indirecto total asignado al departamento de ensamble?

a) 668 989
b) 1 067 017
c) 1 745 600
d) 1 076 611

C.9.15. Con base en los mismos datos, al utilizar el método escalonado, ¿cuál es el costo indirecto total asignado al departamento de empaque?

a) 668 989
b) 1 067 017
c) 1 745 600
d) 1 076 611

C.9.16. Con base en los mismos datos, al utilizar el método recíproco, ¿cuál es el costo indirecto total asignado al departamento de empaque?

a) 668 989
b) 687 965
c) 678 583
d) 687 589

C.9.17. Con base en los mismos datos, al utilizar el método recíproco, ¿cuál es el costo indirecto total asignado al departamento de ensamble?

a) 1 076 611
b) 1 067 017
c) 1 057 635
d) 1 745 600

C.9.18. Con base en los mismos datos, al utilizar el método recíproco, ¿cuál es el costo indirecto asignado del departamento de mantenimiento al departamento de informática?

a) 30 434.8
b) 30 334.4
c) 30 626.6
d) 30 266.8

C.9.19. Con base en los mismos datos, al utilizar el método recíproco, ¿cuál es el costo indirecto asignado del departamento de informática al departamento de mantenimiento?

a) 61 334.4
b) 62 226.8
c) 62 334.6
d) 61 226.6

C.9.20. ¿Cuál de los métodos utilizados para repartir el costo entre los departamentos de producción asigna más costo al de ensamble?

a) Combinado.
b) Directo.
c) Escalonado.
d) Recíproco.

Problemas

P.9.1. La compañía Fundas tiene dos departamentos productivos, moldeado y secado, los cuales reciben el soporte de dos departamentos de apoyo: supervisión y limpieza. La compañía prorratea los costos indirectos de los departamentos de apoyo entre los departamentos productivos utilizando el método directo. Los costos indirectos presupuestados para 20X2 y el nivel de actividad de los departamentos es el siguiente:

Departamento	Presupuesto	Nivel de actividad
Moldeado	450 000 pesos	125 000 horas MO
Secado	480 000 pesos	70 000 horas-máquina
Supervisión	270 000 pesos	35 000 horas MO
Limpieza	115 000 pesos	8 000 horas MO

De acuerdo con las estadísticas de los departamentos de apoyo, los supervisores determinaron que el tiempo que se emplea para los demás departamentos se distribuye de la siguiente manera:

	Moldeado	Secado	Supervisión	Limpieza
Supervisión	60%	30%	0%	10%
Limpieza	40%	40%	20%	0%

Asuma que el departamento de moldeado asigna el costo indirecto tomando como base horas de mano de obra y el secado asigna el costo indirecto tomando como base horas-máquina. Para efecto de calcular las tasas de asignación de CI para los departamentos de moldeado y secado, es necesario:

a) Asignar el costo de los departamentos de apoyo a los departamentos de producción utilizando el método directo.
b) Calcular las tasas de asignación de costo indirecto de los departamentos de moldeado y secado.

P.9.2. Suponga que Fundas está considerando cambiar el método directo. Tomando en cuenta la información presentada en el problema anterior, calcule:

a) El costo asignado a los departamentos de moldeado y secado utilizando el método escalonado de manera que se reparta primero al departamento de limpieza y después al de supervisión.
b) Con base en la información calculada en el inciso anterior, calcule las tasas departamentales de los departamentos de moldeado y secado
c) Determine el costo asignado a los departamentos de moldeado y secado utilizando el método recíproco.
d) Tomando como base la información calculada en el inciso anterior, calcule las tasas departamentales de los departamentos de moldeado y secado.

P.9.3. Suponga que la compañía Fundas espera operar un nuevo departamento de servicio, el departamento de capacitación continua. Este departamento generará un gasto mensual de $72 500 y dará capacitación a los departamentos en función al número de empleados que éstos tengan. La relación de empleados es la siguiente:

Departamento	Núm. de empleados
Moldeado	32
Secado	24
Supervisión	16
Limpieza	8
Capacitación	4

La adopción de este nuevo departamento de servicio afectará el costo de la producción. La administración está en el proceso de evaluar el mejor método para asignar el costo indirecto generado por los departamentos de apoyo. Para la asignación de gastos bajo el método escalonado se repartirá primero el costo del departamento de capacitación, luego el de limpieza y después el de supervisión. ¿Cuál de los métodos de asignación sugiere se utilice después de la adopción del nuevo departamento? Justifique su respuesta.

P.9.4. Industrias R ha elaborado los siguientes presupuestos y le pide le ayude a repartir el costo de los departamentos de apoyo (DSS, DSL y DSR) entre los departamentos productivos (DPM, DPC y DPA).

Departamento	Presupuesto	Nivel de actividad
DPM	$450 000	30 000 horas MO
DPC	$540 000	60 000 horas-máquina
DPA	$640 000	80 000 horas MO
DSS	$270 000	18 000 horas MO
DSL	$120 000	8 000 horas MO
DSR	$ 72 500	84 empleados

De acuerdo con las estadísticas de los departamentos de apoyo, los supervisores determinaron que sus recursos se aplican a los demás departamentos de la siguiente manera:

	DPM	DPC	DPA	DSS	DSL	DSR
DSS	25%	25%	20%	0%	20%	10%
DSL	25%	35%	15%	20%	0%	5%
DSR	20%	30%	25%	15%	10%	0%

a) Resuelva el problema anterior utilizando el método recíproco. Se recomienda utilizar una hoja electrónica para resolverlo.

b) Calcule las tasas departamentales de DPM, DPC y DPA.

P.9.5. Fábricas G está preparando sus presupuestos para el siguiente año. La finalidad es calcular las tasas de costo indirecto que serán utilizadas para costear sus productos. La empresa tiene cuatro departamentos productivos y tres de apoyo, todos los cuales han calculado el costo indirecto en que esperan incurrir para el nivel presupuestado de producción de 1 000 unidades. En este momento el jefe de presupuestos está considerando cambiar el método de asignación utilizado para repartir el costo de los departamentos de apoyo entre los departamentos productivos. Los costos indirectos presupuestados antes de la reasignación son los siguientes:

Departamentos productivos		Departamentos de apoyo	
Corte	$25 000	Mantenimiento	$10 500
Soldadura	31 000	Almacén	5 500
Pulido	16 000	Seguridad interna	2 000
Pintura	55 000		

Fábricas G reparte los costos de los departamentos de apoyo utilizando las siguientes bases:

Departamento	Mantenimiento, número de máquinas	Almacén, número de requisiciones	Seguridad interna, m²
Corte	27	6 200	440
Soldadura	19	350	90
Pulido	14	100	130
Pintura	16	740	580
Mantenimiento	11	1 650	30
Almacén	8	90	1 500
Seguridad interna	0	0	40
Totales	95	9 130	2 810

Actualmente se utiliza el método escalonado, que primero distribuye el costo del departamento de seguridad interna, después el de almacén y por último el de mantenimiento. Para decidir si se cambia al método directo, es necesario calcular el total de costo indirecto presupuestado después de la asignación a los departamentos productivos. Utilice:

a) El método directo.
b) El método escalonado.

P.9.6. Suponga que Fábricas G utiliza tasas departamentales para costear sus productos. Los productos que fabrica son el 1004, 1005 y 1009, los cuales consumen recursos de los departamentos productivos de la siguiente manera:

Horas de mano de obra directa por unidad

	Departamento				
Producto	Corte	Soldadura	Pulido	Pintura	Total
1004	2	3	2.5	4	11.5 horas
1005	2.5	2	1	3	8.5 horas
1009	5	7	6	9	27.0 horas

Horas-máquina por unidad

Departamento

Producto	Corte	Soldadura	Pulido	Pintura	Total
1004	1	1.5	3	3	8.5 horas
1005	2.5	1	1	3	7.5 horas
1009	3	4	6	6	19.0 horas

La capacidad máxima medida en horas-máquina y horas de mano de obra directa para los departamentos de:

	Corte	Soldadura	Pulido	Pintura	Total
Horas-máquina	2 700	2 600	3 950	5 700	14 950
Horas MOD	3 900	4 650	3 550	6 800	18 900
Costo presupuestado*	$34 054	$34 031	$18 218	$58 697	$145 000

*Incluye costo asignado de departamentos de servicio por método directo.

Con base en los totales de CI asignado a los departamentos productivos, calcule:

a) Tasa de costo indirecto global con base en horas de mano de obra directa.
b) Tasas de costo indirecto de cada departamento basado en horas-máquina.
c) Tasas de costo indirecto de cada departamento basado en horas de mano de obra.
d) Suponiendo que se calculan tasas departamentales y que los departamentos de corte y de soldadura utilizan como base de aplicación las horas de mano de obra directa, y los departamentos de pulido y pintura las horas-máquina, calcule el costo indirecto aplicado a cada producto.
e) El costo indirecto aplicado a cada producto con base en la tasa global.

P.9.7. La Encantada es una cadena de restaurantes que tiene dos departamentos de servicio: logística (S1) y mantenimiento (S2), los cuales dan soporte a dos departamentos de operación: cocina (P1) y abastecimientos (P2). Como auditor interno, usted está revisando los procedimientos de la compañía para asignar costos. Se sabe que se asignaron 30 000 pesos a P1 del departamento S1, pero no se sabe cuánto es la cantidad que se asignó a P1 de S2. De la misma forma se sabe que a P2 se le asignaron 16 000 pesos de S2, pero no se sabe cuánto le corresponde a P2 por los servicios recibidos de S1. El total de costos de los dos departamentos de servicio asciende a 100 000 pesos. El departamento S2 distribuye 30% de sus servicios a S1, 50% a P1 y 20% a P2. Actualmente se utiliza el método escalonado de asignación de costos.

Se requiere saber:

a) ¿Cuánto se asignó al departamento P2 de los departamentos de servicio?
b) ¿Cuánto se asignó al departamento P1 de los departamentos de servicio?
c) ¿Cuánto recibirían P1 y P2 de S1 y S2 si se utilizara el método directo?

P.9.8. DMC tiene tres departamentos de apoyo (administrativo, mantenimiento y cafetería) y dos departamentos de producción (fresado y ensamble). Un resumen de costos y datos departamentales antes de la reasignación de costos a los departamentos productivos del año terminado el 31/12/X4 es el siguiente:

	Administrativo	Mantenimiento	Cafetería	Fresado	Ensamble
Materiales directos		$ 70 000	$100 000	$2 530 000	$ 900 000
Mano de obra	$120 000	180 000	80 000	920 000	2 000 000
Costo indirecto	80 000	50 000	70 000	950 000	1 800 000
Total	200 000	300 000	250 000	4 400 000	4 700 000

Los departamentos de apoyo reparten sus costos a los departamentos de producción con base en los siguientes criterios:

Departamento administrativo	Horas de mano de obra
Departamento de mantenimiento	Metros cuadrados
Cafetería	Número de empleados

Los consumos presupuestados de horas de mano de obra, metros cuadrados y número de empleados por departamento es el siguiente:

	Administrativo	Mantenimiento	Cafetería	Fresado	Ensamble
Horas MOD	20 000	30 000	50 000	400 000	600 000
m² ocupados	16 000	12 000	4 800	72 000	72 000
Núm. de empleados	90	30	20	300	180

Con base en la información presentada, conteste las siguientes preguntas de opción múltiple:

1. Suponga que se utiliza el método directo. La cantidad asignada del departamento administrativo al departamento de ensamble será:

   a) 0 pesos.
   b) 80 000 pesos.
   c) 120 000 pesos.
   d) 161 250 pesos.
   e) Ninguna de las anteriores.

2. Suponga que se utiliza el método escalonado para repartir primero el costo de la cafetería, después el de mantenimiento y por último el administrativo. La cantidad de costo que se asigna de la cafetería al departamento de fresado es:

   a) 0 pesos.
   b) 250 000 pesos.
   c) 75 000 pesos.
   d) 125 000 pesos.
   e) Ninguna de las anteriores.

3. Suponga que el método escalonado es utilizado para repartir primero el costo de la cafetería, después el de mantenimiento y por último el administrativo. La cantidad de costo de mantenimiento asignado a la cafetería es:

   a) 0 pesos.
   b) 5 787 pesos.
   c) 5 856 pesos.
   d) 148 910 pesos.
   e) Ninguna de las anteriores.

4. Suponga que el método escalonado es utilizado para repartir primero el costo de la cafetería, después el de mantenimiento y por último el administrativo. La cantidad de costo asignado a los departamentos de producción del departamento de mantenimiento será:

   a) 0 pesos.
   b) 312 500 pesos.
   c) 281 250 pesos.
   d) 300 000 pesos.
   e) 140 625 pesos.

5. Suponga que el método escalonado es utilizado para repartir primero el costo de la cafetería, después el de mantenimiento y por último del administrativo. La cantidad de costo asignado a los departamentos de producción del departamento administrativo será:

   a) 231 500 pesos.
   b) 237 500 pesos.
   c) 161 250 pesos.
   d) 268 750 pesos.
   e) 107 500 pesos.

6. Asuma que el método directo es utilizado para asignar primero el costo de la cafetería, después mantenimiento y por último del administrativo. La cantidad de costo asignado a los departamentos de producción del departamento de cafetería será:

   a) 212 500 pesos.
   b) 237 500 pesos.
   c) 0 pesos.
   d) 200 000 pesos.
   e) 250 000 pesos.

7. Suponga que el método directo es utilizado para asignar primero el costo de mantenimiento, después el administrativo y por último el de cafetería. La cantidad de costo asignado al departamento administrativo del departamento de mantenimiento será:

   a) 0 pesos.
   b) 37 500 pesos.
   c) 300 000 pesos.
   d) 30 000 pesos.
   e) Ninguna de las anteriores.

El costeo por actividades como herramienta de reasignación de costos

Capítulo

OBJETIVO GENERAL

Comprender y aplicar el costeo por actividades como una herramienta para la asignación de costos indirectos.

OBJETIVOS ESPECÍFICOS

Al terminar de estudiar este capítulo, el alumno será capaz de:

- Comprender el concepto y la finalidad del uso de los costos indirectos.
- Aprender el concepto de asignación de costos.
- Asignar el costo indirecto con base en horas o costo de mano de obra.
- Manejar el sistema de costeo por actividades.
- Entender el concepto de *cost driver* o conductos de actividad.
- Comprender el concepto de centro de actividades.
- Definir actividades relevantes.
- Utilizar la administración de actividades.

En este capítulo se analizará el costeo por actividades como una herramienta para asignación de costos indirectos. Vale la pena recordar que los costos indirectos son aquellos que no son identificables con los productos y que por lo mismo requieren de criterios de asignación para el cálculo correcto de los costos de productos y servicios. A diferencia de los costos directos, que pueden ser identificados con los productos, los indirectos son asignados a los productos. Los costos indirectos han tomado importancia en las últimas décadas debido a la complejidad que poco a poco han adoptado los sistemas administrativos y de producción, los productos y los servicios asociados con la venta de un producto, que en conjunto forman el paquete que recibe el cliente y mediante el cual se generan las utilidades.

El problema de la inadecuada asignación se presenta a causa de la falta de atención a los sistemas contables. Cada vez que existe un cambio en los sistemas de producción, distribución y ventas existe un cambio asociado con el consumo de recursos, los cuales pueden ser favorables o desfavorables y, en consecuencia, deben ser contabilizados para evaluar su efecto sobre las utilidades. Se han producido grandes cambios en la forma de preparar la información financiera, pues aunque es difícil de creer, hace apenas 20 años eran muy pocos los negocios que utilizaban computadoras personales para su operación diaria como lo hacemos hoy en día. Hace escasos 30 años empezaban a aparecer las primeras calculadoras. Los sistemas contables que hemos aprendido y utilizado son mucho más antiguos que las computadoras y las calculadoras, por lo cual están diseñados con base en atajos numéricos. Es decir, mucha de la información presentada en los sistemas contables se calcula para evitar cálculos numéricos. Como ejemplos tenemos la asignación de costos conjuntos en donde a los coproductos que generan poco ingreso se les denomina subproductos y se les otorga un tratamiento contable diferente basado en el principio de importancia relativa. Otro ejemplo es el tratamiento de la sub o sobreaplicación de costos indirectos para ajustarse a los inventarios y al costo de ventas. El tratamiento contable de esta partida debería ajustar siempre el error en la aplicación del costo indirecto a los inventarios y al costo de ventas, y no sólo a este último como se hace en la práctica. La justificación que se esgrime para mantener esta práctica se basa en el resultado final que presentará la información cuando se hace de una u otra manera. Sin embargo, en la actualidad no cuesta trabajo hacer el cálculo y aplicarlo correctamente al costo de ventas y a los inventarios, pues se hace mediante sistemas computacionales.

La asignación del costo indirecto a los productos con base en horas o costo de la mano de obra obedece a esta misma lógica, pues cuando los sistemas de costos fueron puestos en práctica, la mayoría de los procesos se basaban fuertemente en el uso de la mano de obra. Por lo tanto, los productos que estaban más tiempo en los departamentos de producción recibían mayor cantidad de mano de obra y utilizaban mayor cantidad de recursos de la planta, por lo que la relación de consumo de costos indirectos era clara: a mayor tiempo, mayor costo indirecto. Desde entonces era claro que el criterio de asignación basado en la mano de obra no era perfecto ni adecuado en todos los casos, pero cumplía una regla general. En caso de que fuera incorrecto, existía otra cuestión: el total de costo indirecto en relación con los costos directos era pequeño, por lo que el error podría no ser muy significativo. A cambio, se contaba con un sistema de asignación sencillo y fácil de aplicar. Esto es, una sola tasa, que requería poco cálculo numérico.

Muchas veces, para tratar de amplificar o exaltar las bondades del costeo por actividades se compara el sistema de asignación con base en una sola tasa de asignación de costo indirecto y el costeo por actividades, lo cual hace pensar que el error en la asignación es demasiado obvio y que los negocios utilizan una sola tasa. En el capítulo anterior se expusieron formas de asignar el costo indirecto con base en tasas departamentales y la asignación de costo de departamentos de servicio a productivos para posteriormente asignarlos a los productos. En algunos casos se dice que el costeo por actividades es una extensión de la asignación departamental. Esto es cierto y falso a la vez, pues es cierto que el costeo por actividades es el paso adicional en cuanto a nivel de complejidad, pero es incorrecto dado que no respeta las divisiones departamentales para la asignación de costos. Es decir, no considera la relación departamental de recursos para asignar el costo. Desde este punto de vista el costeo por actividades no es un agregado a la asignación departamental, sino una nueva forma de asignar los costos indirectos a los productos.

El costeo por actividades es un método que distribuye los costos entre las actividades para después asignarlos a los productos o servicios basado en el consumo de dichas actividades. Visto de esta manera, si los administradores de un negocio desean disminuir el consumo de recursos, tendrán que reducir o eliminar algunas actividades consumidas por los productos. Supongamos que en un proceso es necesario hacer una cierta cantidad de inspecciones. Si bien es cierto que éstas no se pueden evitar de un día para otro, es cierto también que al tener conciencia del costo de estas inspecciones, es posible cambiar el diseño del producto o de la línea de producción para disminuir el total de inspecciones requeridas para garantizar el resultado final del proceso.

Consideraciones respecto al costeo por actividades

Muchas personas no entienden el resultado final de la información que genera un sistema de costos, pues ninguno de éstos genera costos. Los sistemas de costos asignan los recursos utilizados en un negocio a los objetos de costo. Un **objeto de costo** es aquello que se quiere contabilizar o evaluar, cuyo ejemplo más claro es el artículo que sale de una línea de producción. Sin embargo, un negocio podría estar interesado en costear el servicio que se le otorga a un grupo de clientes en particular, y cada uno de los clientes podría ser un objeto de costos. Otro ejemplo podrían ser los proveedores, pues con cada uno de ellos se negocian diferentes asuntos que afectan el costo de los insumos que de ellos se obtienen.

Al utilizarse diferentes sistemas de costos se generan diferentes costos de producción asignados a los productos, lo cual puede interpretarse como una arbitrariedad pues el costo de un producto asume un valor bajo una metodología y un valor distinto según otra. No hay que olvidar que el costo generado en la producción será el mismo, hasta que se tomen acciones que puedan modificarlos, independientemente del sistema de costeo utilizado. La diferencia entre usar un sistema de costeo y otro son los criterios utilizados, la cantidad de detalle con la que los costos son asignados y la información que puede utilizarse para administrar la producción. El costeo por actividades proporciona mayor información que los sistemas tradicionales de costos, lo que permite generar una mejor base para negociar, fijar precios de productos o evaluar la eliminación de productos o servicios.

En la aplicación de un sistema de costeo por actividades se utilizan los llamados *cost drivers* como base para asignar el costo de las actividades. Un **cost driver** o **conductor de actividad** es un evento que hace que una actividad se genere y que, como consecuencia, afecte al costo asociado con ella. Cuando los encargados de la producción conocen los *cost drivers* tienen la posibilidad de administrar la producción a su favor. Por lo tanto, cuando se conocen, se busca evitar su consumo para disminuir costos. Por ejemplo, suponga que el arranque de la maquinaria de producción es una de varias actividades relevantes. Se sabe que el costo de arranque de máquinas está en función del tamaño de los lotes de producción, de manera que a mayores lotes de producción, menor cantidad de arranques de máquina y, por lo tanto, menor costo. El *cost driver* de esta actividad será el número de corridas de producción. Cuando los administradores conocen este hecho, pueden evitar las corridas pequeñas o bien recalcular el precio de estas órdenes para reflejar el costo de esta actividad.

La aplicación de un sistema de costeo por actividades no es tarea exclusiva del departamento de contabilidad, pues es necesaria la colaboración de un equipo formado por profesionales del área de sistemas, producción, ventas o mercadotecnia, así como la intervención de la dirección general, pues durante la instalación y mantenimiento del sistema es necesaria la participación de toda la empresa. La designación y razonabilidad de los *cost drivers* y la determinación de las actividades relevantes dependen de la experiencia y conocimiento de las personas que directamente desarrollan dichas actividades.

Factores que generan costos

El consumo de recursos está ligado principalmente a dos factores: volumen de producción y complejidad. Resulta fácil entender que a mayor nivel de producción, mayor será el consumo de recursos, por lo menos de los variables. Pero, ¿cuál es el rol que juega la complejidad en el consumo de recursos? Una variable está asociada con la cantidad de recursos llamados fijos o de infraestructura requeridos, como es el caso de la tecnología; la otra está relacionada con la complejidad del sistema de trabajo.

Suponga que existen dos compañías que producen bebidas gaseosas embotelladas. Bebidas Uno fabrica un solo sabor de bebida, mientras que su competidor, Multisabores, ofrece 15 sabores diferentes. Además, Bebidas Uno maneja una sola presentación de bebida, mientras que Multisabores maneja tres tamaños en cada sabor con empaque retornable y no retornable. Ello genera una combinación de 15 por 3 por 2 igual a 90 productos diferentes.

Si suponemos que ambas compañías tienen instalaciones similares, es fácil entender que Multisabores podrá fabricar una cantidad menor de productos, porque debe realizar una mayor cantidad de arranque de máquinas, tendrá que limpiarlas de manera más frecuente y efectuar una inspección más rigurosa de la producción. Además, es más factible que no tenga todos los recursos a la mano todo el tiempo, por lo que tendrá una mayor cantidad de tiempos de espera. Deberá contar con una infraestructura mayor para garantizar el suministro de materiales y el manejo de los mismos y una cantidad mayor de inventarios de productos terminados para garantizar el abasto. Multibebidas tendrá una programación de la producción mucho más compleja y probablemente requiera de más personas e información. Asimismo, su red de logística y distribución deberá ser mucho más compleja, pues debe considerar más variables, combinación de sabores, tamaños y presentaciones en los camiones repartidores. Deberá enfrentar una cantidad mayor de proveedores con quienes negociar y atender. Todos estos factores influirán sobre los costos de producción, almacenaje, mercadotecnia y distribución de productos. Por lo general, el número de actividades que consumen recursos estará en función de la complejidad del negocio y el número de *cost drivers* aumenta a medida que la compañía incrementa sus niveles de automatización y complejidad.

El concepto de costeo por actividades se basa en reagrupar la información de costos para encontrar una relación de causa-efecto entre los recursos que consume una actividad que a su vez es utilizada para producir un artículo o brindar un servicio, lo cual puede representarse de la siguiente manera:

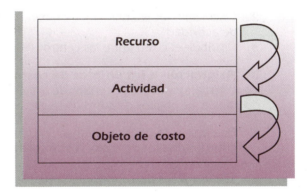

El método de costeo por actividades puede ser resumido en los siguientes pasos:

I. Análisis de actividades   El análisis de actividades tiene por objetivo detectar las actividades críticas de los procesos de producción o generación de servicios. Este proceso puede visualizarse en dos fases:

1. El proceso empieza por realizar un análisis de las actividades realizadas en el negocio. De ellas se separan aquellas que son requeridas para la elaboración de los productos o servicios. En el resto de las actividades se encuentran tareas que no generan valor agregado, dentro de las cuales existen aquellas que son no eliminables y otras a cuya eliminación se impone.

2. Actividades candidatas a ser eliminadas:

a) *Almacenamiento.* Tener materiales o productos semiterminados en almacén tiene un costo asociado, lo cual no siempre genera un valor agregado a la producción.

b) *Movimientos de lugar dentro de la planta.* Mover de lugar materiales o productos semiterminados no agrega valor al producto final, por lo que esta actividad debe reducirse al mínimo indispensable.

c) *Tiempo de espera para iniciar procesos de producción.* Los tiempos de espera no dan valor a la producción, por lo cual deben utilizarse para aprovechar al máximo los recursos más escasos.

II. Definición de centros de actividades   Un centro de actividades se define como una unidad organizacional que incluye todos los recursos necesarios para que la actividad pueda ser llevada a cabo. Por ejemplo, tiempo de empleados (no se refiere a mano de obra directa), instalaciones (rentas, depreciaciones), servicios públicos (energía eléctrica, agua, gas), depreciaciones de equipo, utensilios, herramientas y materiales indirectos.

1. Una vez definidos los centros de actividad, es necesario definir los **conductores de recurso**, es decir los criterios mediante los que serán asignados los costos o gastos generales a los centros de actividad.

2. Calcular las tasas a utilizar para repartir el costo de la planta entre los centros de actividad.

3. Distribuir el costo entre los centros de actividad.

III. Asignación a los objetos de costo   Una vez que se han determinado los costos asignados a los centros de actividad, es momento de asignar el costo de éstos a los objetos de costo. Para ello es necesario:

1. Determinar la base de asignación para repartir el costo de las actividades entre los objetos de costo. A este criterio se le llama conductor de actividad o *cost driver.*

2. Calcular tasas de asignación para aplicar el costo de las actividades.

$$\text{Tasa predeterminada de actividad} = \frac{\text{Costo presupuestado de la actividad}}{\text{Base presupuestada de asignación}}$$

Repartir el costo de las actividades entre los objetos de costo utilizando las tasas de asignación.

Elección de los conductores de recurso y actividad

Para determinar los conductores de recursos y de actividad pueden aplicarse tres criterios:

1. Relación causa-efecto: Éste es el criterio ideal, pues es el conductor de recurso o actividad el que genera o provoca el consumo del recurso y es evidente la relación entre el conductor y el objeto de costo.

2. Con base en el beneficio recibido: En ocasiones no existe una relación causa-efecto entre la actividad y el objeto de costo; sin embargo, se puede utilizar un conductor que si bien no genera la actividad o el consumo de recursos, refleje el beneficio recibido por los objetos de costos.

3. Razonabilidad: Este criterio se utiliza cuando no es posible aplicar alguno de los anteriores. Se busca de una manera arbitraria repartir a juicio particular la manera que mejor represente justicia en la asignación de recursos.

A continuación se muestran algunos ejemplos:

- Horas-máquina
- Horas de mano de obra o costo de la mano de obra directa
- Peso de material transportado
- Número de arranques de máquina
- Número de órdenes de compra
- Número de inspecciones de calidad
- Número de empleados
- Tiempo de computadora
- Número de clientes
- Cantidad de órdenes de retrabajo
- Horas de vuelo
- Metros cuadrados de construcción
- Cantidad de artículos producidos o vendidos
- Número de partes o especificaciones de producto
- Cantidad de clientes atendidos
- Cantidad de reportes atendidos
- Cantidad de empleados atendidos
- Kilómetros recorridos

Aplicación de la metodología

Suponga que Componentes AC, S.A., utiliza una sola tasa para repartir el costo indirecto de fabricación calculada con base en horas máquina. Entre otros muchos componentes se fabrica la tarjeta OR7. Para un nivel de 1 800 000 horas máquina al año, se esperaba producir 600 000 de estas tarjetas entre otros muchos productos. El costo indirecto anual presupuestado fue de 252 000 000 de pesos, por lo que en el presente año se aplica el costo indirecto a razón de 140 pesos la hora-máquina (252 000 000/1 800 000). El costo de los materiales utilizados en la fabricación de una tarjeta OR7 es de 45 pesos y el costo de la mano de obra es de 2 pesos por tarjeta, cada una de las cuales recibe en total 40 minutos de hora-máquina. Existen dudas acerca de la razonabilidad de la información proporcionada por el sistema de costos con base en horas-máquina, por lo que se propone implantar un sistema de costeo por actividades. A continuación se muestra la información obtenida por el equipo que se encargó de implantar el nuevo sistema.

1. Actividades relevantes: A partir del análisis de las actividades se detectaron las siguientes:

   a) Compra de materiales
   b) Preparación de máquinas
   c) Ensamblar los componentes
   d) Soldadura
   e) Prueba de calidad

2. En este proceso en particular no se detectaron actividades intrascendentes sujetas a eliminación.

3. Se determinaron los siguientes costos indirectos ligados a las actividades relevantes:

   a) Los costos del personal que trabaja en el departamento de compras, es decir, aquel que inspecciona y almacena el material, ascienden a 3 000 000 de pesos al año.
   b) Los costos del personal que prepara el software para programar la máquina que se encargará de hacer las perforaciones a la tarjeta o material base son de 5 400 000 pesos al año.
   c) El costo de mantenimiento y operación de las máquinas que ensamblan los componentes requeridos en la tarjeta así como los sueldos de las personas que operan las máquinas ascienden a 21 600 000 pesos anuales.
   d) El costo de mantenimiento y operación de las máquinas que sueldan los componentes ensamblados en la tarjeta ascienden a 30 000 000 de pesos al año.
   e) El costo de mantenimiento y operación de las máquinas que revisan que las tarjetas terminadas cumplan con los requerimientos de producción, así como los sueldos de las personas que operan las máquinas, suma 3 000 000 de pesos al año.

4. Dado que la fabricación de las tarjetas se lleva a cabo en un ambiente altamente automatizado, el costo de la mano de obra directa es mínimo en relación con el costo del producto, por lo que se decide considerarlo dentro de los costos indirectos. Para las cinco actividades relevantes en este proceso se determinaron los siguientes *cost drivers* o conductores de actividad:

Actividad	Base de aplicación
Compra de materiales	Número de partes de cada tarjeta
Arranque de máquinas	Número de arranque
Ensamble de componentes	Número de ensambles por tarjeta
Soldadura	Número de tarjetas soldadas
Prueba de calidad	Número de horas de prueba por tarjeta

Sobre estas bases de aplicación se estimó el nivel de actividad requerido en el año para la producción de 100 000 tarjetas.

Base de aplicación	Nivel estimado de actividad
Número de partes de cada tarjeta	30 000 000 de partes
Número de arranques	6 000 arranques
Número de ensambles por tarjeta	2 700 000 ensambles
Número de tarjetas soldadas	600 000 tarjetas
Número de horas de prueba por tarjeta	150 000 horas

5. Una vez calculado el costo estimado de cada actividad y el nivel estimado de las mismas se procede a calcular las tasas de costo indirecto de las actividades.

Actividad	Costo estimado de actividad	Nivel estimado de actividad	Tasa de actividad
Compra de materiales	$ 3 000 000	30 000 000 partes	$0.10/pieza
Arranque de máquinas	5 400 000	6 000 arranques	$900/arranque
Ensamble de los componentes	21 600 000	27 000 000 ensambles	$0.80/ensable
Soldadura	30 000 000	600 000 tarjetas	$50/tarjeta
Prueba de calidad	3 000 000	150 000 horas	$20/prueba

Cuando se utiliza esta metodología es necesario conocer los requerimientos de actividad de cada producto. En el caso de esta tarjeta los requerimientos de actividad son los siguientes:

Actividad	Requerimiento de actividad
Compra de materiales	50 partes por tarjeta
Arranque de máquinas	100 tarjetas/arranque
Ensamble de componentes	45 ensambles
Soldadura	1 pieza
Prueba de calidad	1/4 hora

6. Al multiplicar los requerimientos de actividad por la tasa de actividad se obtiene el costo total asignado por unidad con base en actividades.

Actividad	Requerimiento por unidad	Tasa	Costo asignado
Compra de materiales	50 piezas	$0.10	$5
Arranque de máquina	1/100 arranque	900	9
Ensamblar los componentes	45 ensambles	0.80	36
Soldar	1 tarjeta	$50	50
Prueba de calidad	1/4 hora	$20	$5
Costo indirecto total por unidad			105
Costo de materia prima			45
Costo unitario total			150

Al terminar de realizar el costeo basado en actividades se llegó a la conclusión de que el costo de cada tarjeta OR7 es de 150 pesos, de los cuales 105 corresponden a costo indirecto y mano de obra en comparación con los 95.33 {[140 pesos por hora máquina*(40min/60min)] + 2 pesos de mano de obra} que recibía al utilizar la tasa de costo indirecto con base en horas-máquina. En este caso existe una diferencia de costos de 9.67 pesos, la cual se aproxima a 10% del costo asignado de manera tradicional, diferencia que podría no parecer significativa. Sin embargo, la diferencia en información llevó a la compañía a tomar acciones que ayudaron a disminuir el costo indirecto y, en consecuencia, el costo unitario de la tarjeta.

a) Se hicieron arreglos para elaborar lotes de producción de 300 unidades en lugar de lotes de 100 unidades. El costo de arranque de máquinas tiene un costo fijo de 3 600 000 pesos al año.

b) De acuerdo con estudios estadísticos, se determinó que para lograr un grado de confiabilidad de 95% era necesario probar 10% de las tarjetas fabricadas, por lo que el total de pruebas de producto terminado se redujo 90%. Se determinó un costo fijo en la actividad de prueba de calidad de 1 000 000 de pesos al año.

Al llevar a cabo las recomendaciones efectuadas por el equipo encargado de implantar el costeo por actividades se obtuvieron los siguientes ahorros para un nivel de producción de 600 000 tarjetas OR7:

a) Al elaborar lotes de 300 unidades, el total de corridas de producción se redujo 66.66%. Los 3 600 000 pesos de costos indirectos fijos de arranque de máquinas se conservan exactamente igual. Sin embargo, la tasa variable de costo indirecto en arranque de máquinas de 300 pesos por arranque aplicada a 2 000 arranques (600 000 unidades/300 unidades por lote). De esta manera, al producir 600 000 tarjetas OR7 al año se consumen 3 600 000 pesos fijos más 600 000 pesos de costo indirecto variable [$300*(600 000 tarjetas/300 unidades por lote)], lo cual ocasiona un ahorro de 1 200 000 pesos al año ($5 400 000 – 4 200 000).

b) Al hacer solamente 60 000 pruebas de calidad esta actividad se redujo 90%. El millón de pesos de costos indirectos fijos de pruebas de calidad se conservan exactamente igual. Sin embargo, los otros 2 000 000 de pesos que correspondían a pruebas de calidad de 600 000 unidades son enteramente variables. Si se decide hacer pruebas a sólo 60 000 unidades (10%), el costo indirecto variable se reducirá a 200 000 pesos (10% de 2 000 000), con lo cual se obtendrá un ahorro de 1 800 000 pesos.

Si el total de costo indirecto y mano de obra tomando en cuenta el ahorro es de 60 000 000 de pesos, el costo total de una tarjeta OR7 será de 145 pesos, esto es, 45 pesos de materiales y 100 pesos de mano de obra y costos indirectos ($60 000 000/600 000 unidades).

Al tomar estas dos medidas se logra un ahorro de 3 000 000 de pesos ($1 200 000 + 1 800 000). Uno de los beneficios del costeo por actividades es que permite cuantificar en detalle el costo del producto y detectar áreas de mejora, que con el sistema tradicional no hubieran sido posible aprovechar.

En el ejemplo anterior observamos parte del proceso de implantación de costeo por actividades, pues se evaluaron sólo las actividades relacionadas con la fabricación de sólo un producto y se hizo la asignación de centros de actividades a productos (objetos de costo). Sin embargo, no se realizó la asignación de recursos a centros de actividades. El proceso completo requiere que primero se realice una asignación de recursos a los centros de actividades para después hacer otra asignación de los centros de actividades a los productos también llamados objetos de costo.

Ejemplo:

Nutribits

A continuación se muestra cómo se realizó la asignación de costo basada en actividades de un negocio que se dedica al procesamiento y empaque de verduras semicongeladas. Nutribits es una empresa que en los últimos años ha tenido pocas utilidades. El estado de resultados del año inmediato anterior se muestra en la ilustración 10.1.

A efectos de evaluar la rentabilidad de los productos de Nutribits, en la ilustración 10.2 se presentan los datos relacionados con precios y costos.

Los administradores de Nutribits estiman que la utilidad de operación a ventas debe ser superior a 15%; sin embargo, en este último año esta razón financiera sólo alcanzó 11.61%. La empresa utiliza un sistema de costeo tradicional que distribuye el costo indirecto y la mano de obra con base en kilogramos procesados. Los administradores de Nutribits desean un sistema de información que les proporcione más y mejor información para mejorar su gestión y aumentar la rentabilidad del negocio, por lo que se decidió adoptar un sistema de costeo por actividades.

Después de efectuar un análisis de actividades se detectaron 6 grupos de recursos, 5 actividades relevantes y 5 objetos de costo, tres de ellos productos y dos, sus más importantes clientes. Los recursos a distribuir son depreciación de edificio y de equipo, sueldos de supervisores y operarios, electricidad y combustible. Las actividades relevantes son: lavar, cortar, empacar, transportar y transacciones administrativas. A continuación se muestra una relación del total de recursos consumidos en el año anterior:

Ilustración 10.1
Estado de resultados de Nutribits.

Nutribits
Estado de resultados
del año terminado en diciembre 31 del 20XX

	Lechuga	Brócoli	Zanahoria	Total
Ventas	634 240	2 000 000	3 217 500	5 851 740
Costo de ventas	474 251	1 592 791	2 466 078	4 533 120
Utilidad bruta	159 989	407 209	751 422	1 318 620
Gastos administrativos				337 000
Gastos de ventas				302 000
Utilidad de operación				679 620
Utilidad bruta a ventas	25%	20%	23%	11.61%

	Lechuga	Brócoli	Zanahoria
Producción (bolsas)	158 560	400 000	247 500
Kilogramos	79 280	400 000	495 000
Precio de ventas	$4	$5	$13
Materiales	2	2	6
Mano de obra	0.21	0.42	0.84
Costo indirecto	0.78	1.56	3.13
Costo unitario (bolsa)	2.99	3.98	9.96
Margen de utilidad	1.01	1.02	3.04

Ilustración 10.2
Precios y costos de
Nutribits.

Recursos	
Depreciaciones	
Edificio	400 000
Equipo	620 000
Sueldos	
Supervisores	432 000
Operarios y asistentes	528 000
Electricidad	500 000
Combustible y refacciones	90 000
Total de recursos	2 570 000

Actividades relevantes   Al llevar a cabo un análisis de actividades se desecharon algunas que no generaban valor agregado para el negocio. Es decir, podían ser omitidas sin afectar negativamente los procesos de operación, la calidad de los productos o el servicio recibido por los clientes y proveedores. Se determinó que las siguientes actividades eran relevantes y se decidió aplicar control sobre ellas y, como consecuencia, asignar los costos.

Actividades

Lavar
Cortar
Empacar
Transportar
Transacciones administrativas

La actividad de lavar consiste en seleccionar la verdura y someterla a un proceso de humidificación, para después pasar al proceso de corte; una vez cortada, la verdura pasa al proceso de *empaque* para después ser *transportada* a los clientes. Todas estas tareas están ligadas a una serie de procesos administrativos, desde realizar las compras, recoger la verdura con los proveedores, procesar los cheques para éstos, procesar las facturas a los clientes hasta realizar la cobranza, etcétera.

Los objetos de costo Los objetos de costo se refieren a aquello que se quiere contabilizar o evaluar. En este negocio se consideró relevante definir como objetos de costo tres productos y dos de los principales clientes.

Objetos de costo
Lechuga
Brócoli
Zanahoria
Cliente 1
Cliente 2

Una vez definidos los recursos, las actividades y los objetos de costo, es necesario definir los **conductores de recursos**, esto es, el criterio para asignar los recursos a las actividades y definir los centros de actividades. La depreciación del edificio fue distribuida entre las actividades de acuerdo con los metros cuadrados del edificio que ocupa cada actividad. En el caso del equipo, se identificó directamente cada una de las máquinas y equipo que se utilizan en cada una de las actividades. Los sueldos fueron asignados a las actividades de manera similar a la maquinaria y equipo. Así, para cada actividad se determinó cuántos y qué tipo de empleados colaboran en la realización de la misma. En el caso de la electricidad se hizo una estimación del consumo de energía de cada actividad. El combustible fue asignado de manera directa a la actividad de transporte, que es en donde se genera su consumo, por lo que todo el costo de este recurso corresponde a la actividad de transporte.

Recursos	Conductor de recurso
Depreciación de edificio	Metros cuadrados de ocupación
Depreciación de equipo	Identificación específica de maquinaria
Sueldos de supervisores	Identificación específica de supervisores
Sueldos de operarios	Identificación específica de operarios
Electricidad	Porcentaje estimado de utilización
Combustible	Porcentaje estimado de utilización

La siguiente tabla muestra las cantidades de conductores de recursos para ser asignados a las actividades. Estos valores serán empleados para la elaboración de tasas o porcentajes utilizados para reagrupar los recursos acumulados en las cuentas de mayor a las actividades.

Actividad	Metros cuadrados	Equipo	Número de supervisores	Número de operarios	Porcentaje de consumo	Consumo gasolina
Lavar	200	$50 000	1	5	15%	0%
Cortar	100	300 000	2	7	50%	0%
Empacar	60	100 000	1	5	20%	0%
Transportar	0	150 000	0	3	5%	100%
Administrar	40	$20 000	2	2	10%	0%
Totales	400	$620 000	6	22	100%	100%

Todos los recursos serán asignados a las actividades con base en el conductor de recursos. A continuación se muestra la manera en la que se distribuye la depreciación del edificio entre las actividades. Del total de metros cuadrados del mismo se obtiene el porcentaje que cada actividad ocupa del total, el cual es multiplicado por la depreciación del edificio para obtener el costo asignado a cada actividad, tal como se muestra en las siguientes ilustraciones.

Ilustración 10.3
Asignación de la depreciación de edificio a las actividades.

Actividad	Metros cuadrados	Porcentaje de asignación	Costo asignado
Lavar	200	50%	200 000
Cortar	100	25%	100 000
Empacar	60	15%	60 000
Transportar	0	0%	0
Administrar	40	10%	40 000
Totales	400	100%	400 000

Ilustración 10.4
Asignación de la depreciación de equipo a las actividades.

Actividad	Equipo	Porcentaje de asignación	Costo asignado
Lavar	50 000	8%	50 000
Cortar	300 000	48%	300 000
Empacar	100 000	16%	100 000
Transportar	150 000	24%	150 000
Administrar	20 000	3%	20 000
Totales	620 000	100%	620 000

Ilustración 10.5
Asignación del sueldo de los supervisores a las actividades.

Actividad	Número de supervisores	Porcentaje de asignación	Costo asignado
Lavar	1	17%	72 000
Cortar	2	33%	144 000
Empacar	1	17%	72 000
Transportar	0	0%	0
Administrar	2	33%	144 000
Totales	6	100%	432 000

Ilustración 10.6
Asignación del sueldo
de los operarios a las
actividades.

Actividad	Número de operarios	Porcentaje de asignación	Costo asignado
Lavar	5	23%	120 000
Cortar	7	32%	168 000
Empacar	5	23%	120 000
Transportar	3	14%	72 000
Administrar	2	9%	48 000
Totales	22	100%	528 000

Ilustración 10.7
Asignación de la
electricidad a las
actividades.

Actividad	Porcentaje de asignación	Costo asignado
Lavar	15%	75 000
Cortar	50%	250 000
Empacar	20%	100 000
Transportar	5%	25 000
Administrar	10%	50 000
Totales	100%	500 000

Ilustración 10.8
Asignación del
combustible a las
actividades.

Actividad	Porcentaje de asignación	Costo asignado
Lavar	0%	0
Cortar	0%	0
Empacar	0%	0
Transportar	100%	90 000
Administrar	0%	0
Totales	100%	90 000

A continuación se presenta una gráfica en donde se muestra la asignación de los recursos a las actividades

Ilustración 10.9
Asignación de los recursos a las actividades.

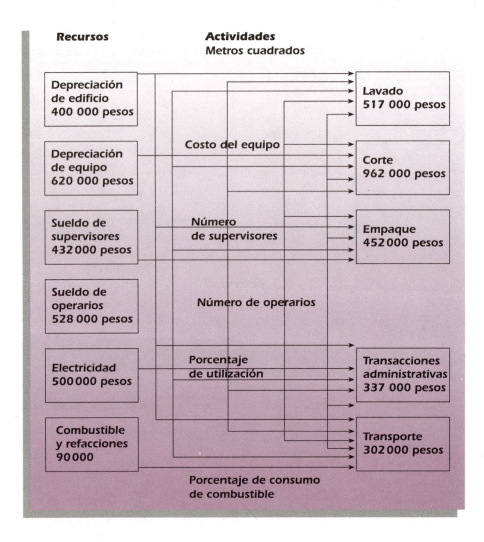

Ilustración 10.10
Costo asignado a las diversas actividades.

	Costo asignado						
Actividad	Depreciación de edificio	Depreciación de equipo	Sueldo de supervisores	Sueldo de operarios	Electricidad	Combustible	Totales
Lavado	200 000	50 000	72 000	120 000	75 000	0	517 000
Corte	100 000	300 000	144 000	168 000	250 000	0	962 000
Empaque	60 000	100 000	72 000	120 000	100 000	0	452 000
Transporte	0	150 000	0	72 000	25 000	90 000	337 000
Administración	40 000	20 000	144 000	48 000	50 000	0	302 000
Totales	400 000	620 000	432 000	528 000	500 000	90 000	2 570 000

Desglose de acumulación de recursos por actividad

Una vez asignados los recursos a las actividades, el siguiente paso es distribuir el costo de las actividades entre los objetos de costo. Para las cinco actividades de este negocio, se seleccionaron los siguientes conductores de actividad:

Actividad	Conductor de actividad
Lavar	Kilogramos en proceso
Cortar	Horas empleadas en la cortadora
Empacar	Unidades empacadas
Transportar	Número de viajes
Administrar	Número de transacciones

La siguiente tabla muestra las cantidades de conductores de actividad asignados a los objetos de costos. Estos valores serán utilizados para la elaboración de tasas o porcentajes utilizados para reagrupar los recursos acumulados en las actividades a los objetos de costo.

Objeto de costo	Lavar (kilogramos)	Cortar (horas)	Empacar (unidades)	Transportar (número de viajes)	Administrar (número de transacciones)
Lechuga	79 280	10 000	158 560	3 600	3 000
Brócoli	400 000	15 000	400 000	2 600	9 000
Zanahoria	495 000	72 000	247 500	6 000	2 800
Cliente 1	0	0	0	18 000	2 100
Cliente 2	0	0	0	24 000	4 100
Totales	974 280	97 000	806 060	54 200	21 000

Los costos de las actividades son asignados a los objetos de costo con base en los conductores de actividad. Las siguientes tablas muestran la acumulación de costos sobre los objetos de costo por la utilización de cada actividad.

Asignación de la actividad de lavar a los objetos de costo

Objeto de costo	Kilogramos	Porcentaje de asignación	Costo asignado
Lechuga	79 280	8%	42 069.80
Brócoli	400 000	41%	212 259.31
Zanahoria	495 000	51%	262 670.90
Cliente 1	0	0%	0
Cliente 2	0	0%	0
Totales	974 280	100%	517 000.00

La actividad de lavar la verdura implica lavarla y dejarla reposar en un ambiente húmedo. Los operadores inspeccionan la verdura y la cargan en la máquina de lavado. La tasa utilizada para distribuir el recurso de esta actividad entre los productos es de 0.53 pesos/kg (517 000/974 280).

Asignación de la actividad de corte a los objetos de costo

Objeto de costo	Horas	Porcentaje de asignación	Costo asignado
Lechuga	10 000	10.31%	$ 99 175.26
Brócoli	15 000	15.46%	148 762.89
Zanahoria	72 000	74.23%	714 061.86
Cliente 1	0	0.00%	0
Cliente 2	0	0.00%	0
Totales	97 000	100.00%	962 000

La actividad de cortar la verdura se realiza a máquina. Los operadores se encargan de cargar la máquina y transportar la verdura cortada para iniciar la actividad de empaque. La tasa utilizada para repartir el recurso de esta actividad a los productos es de 9.92 pesos/hora-máquina (962 000/97 000).

Asignación de la actividad de empaque a los objetos de costo

Objeto de costo	Unidades	Porcentaje de asignación	Costo asignado
Lechuga	158 560	19.67%	$ 88 912.88
Brócoli	400 000	49.62%	224 300.92
Zanahoria	247 500	30.70%	138 786.19
Cliente 1	0	0.00%	0
Cliente 2	0	0.00%	0
Totales	806 060	100.00%	452 000

La actividad de empaque implica alimentar a una máquina con la verdura y bolsas de plástico de diferentes dimensiones según sea el producto a empacar. Aunque las diversas cantidades que deben empacarse consumen diferentes tiempos, no se considera que el tiempo de empaque pueda afectar significativamente el costo, por lo que se decidió asignar el costo de esta actividad con base en el total de bolsas terminadas con verdura, a las cuales se consideran unidades terminadas. La tasa utilizada para repartir el recurso de la actividad de empaque a los objetos de costo es de 0.56 pesos/unidad ($452 000/ 806 060).

Asignación de la actividad de transporte a los objetos de costo

Objeto de costo	Número de viajes	Porcentaje de asignación	Costo asignado
Lechuga	3 600	6.64%	$ 22 383.76
Brócoli	2 600	4.80%	16 166.05
Zanahoria	6 000	11.07%	37 306.27
Cliente 1	18 000	33.21%	111 918.82
Cliente 2	24 000	44.28%	149 225.09
Totales	54 200	100.00%	337 000.00

La actividad de transporte consiste en traer insumos a la planta, así como entregar el producto terminado a los clientes. Para distribuir el costo de esta actividad se estimaron los viajes necesarios para traer insumos y entregar a clientes de acuerdo con el nivel de actividad observado. La tasa utilizada para distribuir el recurso de esta actividad entre los objetos de costo es de 6.22 pesos/viaje (337 000/54 200).

Asignación de la actividad de administrar a los objetos de costo

Objeto de costo	Número de transacciones	Porcentaje de asignación	Costo asignado
Lechuga	3 000	14.29%	$ 43 142.86
Brócoli	9 000	42.86%	129 428.57
Zanahoria	2 800	13.33%	40 266.67
Cliente 1	2 100	10.00%	30 200.00
Cliente 2	4 100	19.52%	58 961.90
Totales	21 000	100.00%	302 000.00

Las transacciones administrativas son principalmente órdenes de compra, generación de cheques a proveedores, facturas a clientes y recepción de cobros a clientes. La tasa utilizada para distribuir el recurso de la actividad administrativa entre los objetos de costo es de 14.38 pesos/transacción. A continuación se muestra un resumen de los costos asignados a cada uno de los objetos de costo:

Actividades

Objeto de costo	Lavar (kilogramos)	Cortar (horas)	Empacar (unidades)	Transporte (número de viajes)	Administrar (número de transacciones)	Totales
Lechuga	42 069.80	99 175.26	88 912.88	22 383.76	43 142.86	295 684.56
Brócoli	212 259.31	148 762.89	224 300.92	16 166.05	129 428.57	730 917.74
Zanahoria	262 670.90	714 061.86	138 786.19	37 306.27	40 266.67	1 193 091.89
Cliente 1	0	0	0	111 918.82	30 200.00	142 118.82
Cliente 2	0	0	0	149 225.09	58 961.90	208 186.99
Totales	$517 000.00	$962 000.00	$452 000.00	$337 000.00	$302 000.00	2 570 000.00

La tabla anterior muestra la cantidad de recursos distribuidos de las actividades entre los objetos de costo. Observe que las primeras tres de ellas están asignadas exclusivamente a los productos, pues son actividades relacionadas con la producción. De acuerdo con el sistema tradicional de costos, el costo de las actividades de transporte y administración no debería ser asignado a los productos, pues para efectos de contabilidad financiera, sólo puede ser contabilizado al producto la materia prima, la mano de obra y el costo indirecto. En cambio, en un sistema de costeo por actividades, se pretende generar información para uso administrativo, más que para valuar inventarios, motivo por el cual es factible relacionar con los productos todo consumo de recursos, independientemente de la clasificación que éstos reciban en contabilidad financiera.

Una vez que ha sido distribuido el costo de las actividades entre los objetos de costo se ha completado el proceso de costeo. La ilustración 10.11 resume la asignación completa de este proceso.

Ilustración 10.11
Asignación completa
del proceso de costos.

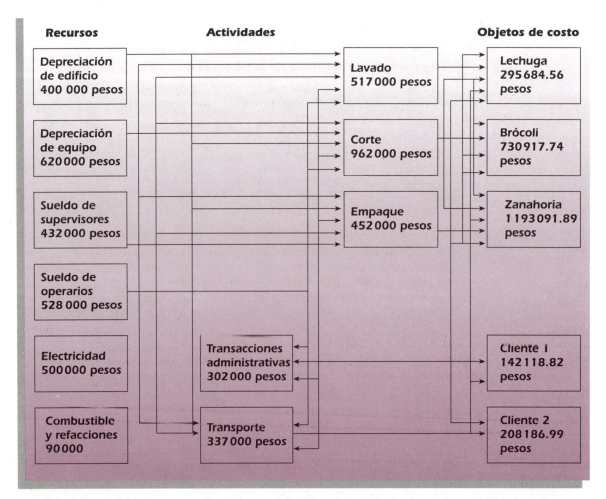

Con la información obtenida del costeo por actividades de Nutribits es posible generar un estado de resultados por actividades, que permitirá evaluar el costo total de cada uno de los objetos de costo. Además de poder relacionar las actividades de producción con los objetos de costo, es posible vincular los recursos consumidos por los clientes con los productos comprados por ellos. De esta manera es posible determinar con qué productos y con qué clientes se optimizó la utilidad del negocio. A efectos de comparar el costo de los tres productos vendidos por Nutribits, se presenta el siguiente estados de resultados.

En este estado de resultados se observa que la lechuga sólo genera una rentabilidad de 3.38% con respecto a ventas, mientras que el brócoli y la zanahoria presentan 23.45% y 16.76%, respectivamente, tal como se muestra en la ilustración 10.12. Se observa que se puede disminuir el costo asignado de corte a la zanahoria, para lo cual podría disminuirse la cantidad de cortes para reducir la cantidad de horas invertidas en dicho proceso. Otra área de oportunidad es el costo de transacciones administrativas asignado al brócoli.

Aunque con base en la información obtenida es posible tomar medidas para mejorar la rentabilidad de los tres productos, también se puede determinar la rentabilidad por producto incluyendo los recursos invertidos en cada cliente para poder generar la venta de los mismos. A continuación se muestra la asignación del costo de los clientes a los productos. En este caso se identificó el número de transacciones que se llevaron a cabo con los clientes para comprar cada uno de los productos. Como puede observarse en la ilustración 10.13, la mayor parte de las transacciones fueron hechas a favor del cliente 2. Si relacionamos la cantidad de productos comprados por cada uno de ellos será posible determinar cuánto se gana o se pierde con cada uno de ellos.

Ilustración 10.12
Rentabilidad de los distintos productos con respecto a ventas.

Nutribits
Estado de resultados
del año terminado en diciembre 31 del 20XX

	Lechuga	Brócoli	Zanahoria	Totales
Ventas	634 240.00	2 000 000.00	3 217 500.00	5 851 740.00
Materiales	317 120.00	800 000.00	1 485 000.00	2 602 120.00
Lavar	42 069.80	212 259.31	262 670.90	517 000.00
Cortar	99 175.26	148 762.89	714 061.86	962 000.00
Empacar	88 912.88	224 300.92	138 786.19	452 000.00
Viajes	22 383.76	16 166.05	37 306.27	75 856.09
Transacciones	43 142.86	129 428.57	40 266.67	212 838.10
Costo total	612 804.56	1 530 917.74	2 678 091.89	4 821 814.19
Margen Cont.	21 435.44	469 082.26	539 408.11	1 029 925.81
Margen de contribución a ventas	3.38%	23.45%	16.76%	17.60%

Transacciones por producto	Lechuga	Brócoli	Zanahoria	Total
Cliente 1	700	2 000	6 000	8 700
Cliente 2	13 300	25 000	15 000	53 300

	Lechuga	Brócoli	Zanahoria	Total
Margen cont.	21 435.44	469 082.26	539 408.11	1 029 925.81
Cliente 1	11 434.85	32 670.99	98 012.98	142 118.82
Cliente 2	51 949.10	97 648.69	58 589.21	208 187.00
Utilidad neta	(41 948.51)	338 762.58	382 805.92	679 620.00
Utilidad neta a ventas	–6.61%	16.94%	11.90%	11.61%

Ilustración 10.13
Asignación del costo de los clientes a los productos.

Como puede observarse en el estado de resultados, en total se pierde dinero con la lechuga, producto que en el estado de resultados tradicional aparecía como el más rentable. Se observa que sólo en el caso del brócoli se obtiene una rentabilidad final mayor al 15% mínimo esperado. Cuando se utiliza el costeo por actividades es posible generar un estado de resultados por cliente, que ayuda a saber qué porcentaje de la utilidad genera cada uno de los mismos.

Ventas por producto (bolsas)	Lechuga	Brócoli	Zanahoria
Cliente 1	95 136	300 000	136 125
Cliente 2	63 424	100 000	111 375
Totales	158 560	400 000	247 500

Con la relación de ventas de producto por cliente es posible generar estados de resultados por cliente. Con estos reportes es posible determinar la utilidad que Nutribits obtiene de cada producto con cada cliente. En este periodo Nutribits perdió 43 374.92 pesos en la venta de lechuga al cliente 2. Por lo tanto, será necesario reconsiderar los precios y condiciones de venta con cada uno de los clientes para poder aumentar la rentabilidad de los productos.

Utilidad neta	Lechuga	Brócoli	Zanahoria	Total
Cliente 1	1 426.42	319 140.70	198 661.48	519 228.60
Cliente 2	(43 374.92)	19 621.88	184 144.44	160 391.40
Total	(41 948.51)	338 762.58	382 805.92	679 620.00

Administración de actividades

La administración basada en actividades genera un sistema de evaluación del desempeño alrededor de ellas, que al combinarse con el costeo por actividades distribuye el costo de las actividades entre los objetos de costo, conformándose la cruz de CAM-I (Council for Advanced Manufacturing International), tal como se muestra en la ilustración 10.14.

Como se ha mencionado, las actividades generan el consumo de recursos. Esto implica que si se reduce el consumo de actividades, finalmente se generará un ahorro de recursos. Para que este objetivo se logre, es necesario conocer las causales de actividad. Cuando el conocimiento de la causal de actividad estimula la reducción de actividades y ésta se refleja favorablemente en la evaluación del desempeño, quienes tienen control sobre las actividades serán los principales promotores del ahorro de recursos.

La administración de actividades ayuda a alinear los objetivos de la empresa y los trabajadores, pues aunque el costeo por actividades genera información

Ilustración 10.14
Distribución del costo de las actividades entre los objetos de costo (modelo CAM-I).

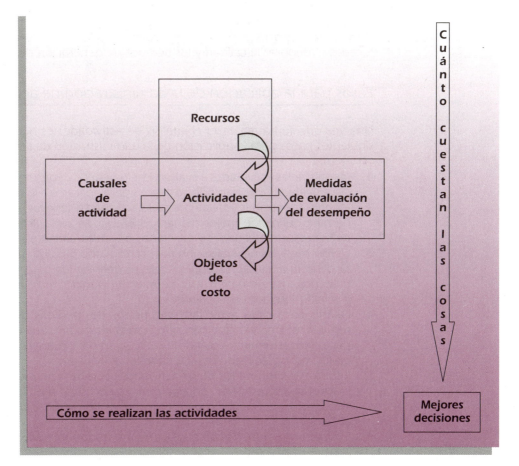

útil para la toma de decisiones, ello será inútil si no logra generar un cambio en la manera de trabajar. Es decir, todas las actividades que genera un negocio son influidas por personas. Cuando la evaluación del desempeño de las personas está alineado con los intereses del negocio en el que operan, se genera una relación de ganar-ganar. Una vez que se ha realizado el análisis de actividades necesario para implantar el costeo por actividades, será relativamente sencillo implantar la administración de actividades.

Para cada actividad relevante es necesario encontrar por lo menos una **causal de actividad**, que representa aquel hecho, documento o circunstancia que provoca la realización de la misma. En el departamento de compras de materiales, una causal de actividad sería la orden de compras, pues cada vez que se genera una orden de compras se inicia una serie de actividades asociadas con la compra de materiales. Si se reduce la cantidad de órdenes de compra se reducirá la frecuencia de realización de actividades.

Una vez que se conocen las actividades y las causales de éstas es necesario fijar una o más medidas de evaluación del desempeño. Estas medidas deben ser fijadas en función de variables de costo, tiempo y calidad. Parece evidente que un objetivo es evitar o reducir los costos, pero evaluar las operaciones de un negocio sólo con base en el factor costo puede ocasionar problemas de calidad en los productos o servicios. Es por ello que es necesario incluir medidas de evaluación enfocadas a asegurar la calidad y los tiempos de generación de procesos.

Pasos para la aplicación de la administración de actividades

Una vez que se ha realizado el análisis de actividades es necesario seguir los siguientes pasos para la aplicación de la administración de las mismas:

1. Identificar las actividades a evaluar. Por lo general deben ser evaluadas todas las actividades que han sido costeadas para aplicarse a los objetos de costo.
2. Identificar entradas y salidas de cada actividad a ser evaluada. Este proceso permite definir de mejor manera el efecto de cada actividad y ayuda a definir responsabilidades y relaciones de causa/efecto en los procesos.
3. Definir medidas de evaluación para el resultado de cada actividad (financiera o no financiera). Es aquí donde se definen los parámetros que serán utilizados para evaluar las actividades en función de costo (financiera), tiempo y calidad (medidas no financieras).
4. Definir para cada actividad parámetros de medidas de evaluación de resultados. Una vez que han sido fijados los parámetros de evaluación, es necesario determinar escalas de evaluación para cuantificar el desempeño de los responsables de llevar a cabo las actividades.
5. Registrar los resultados de las actividades con base en las medidas de evaluación del desempeño. En este paso es necesario modificar el sistema de información del negocio para contabilizar las medidas de evaluación del desempeño.
6. Evaluar el desempeño con base en los resultados obtenidos y retroalimentar a los responsables.

Actividad	Costo	Tiempo	Calidad
Compra de materiales	Costo unitario de unidad comprada	Tiempo para hacer llegar las piezas a quien las requiere	Número de defectos detectados en las piezas compradas
Arranque de máquinas	Costo unitario asignado al lote de producción	Tiempo invertido en arranque de máquinas	
Ensamblar los componentes	Costo unitario por ensamble	Tiempo invertido por unidad ensamblada	Número de piezas defectuosas
Soldadura	Costo por punto de soldadura o por unidad soldada	Tiempo de soldadura	Número de piezas defectuosas
Prueba de calidad	Costo unitario asignado al lote de producción	Tiempo invertido en inspección de calidad	Cantidad de piezas defectuosas después de la inspección de calidad

Ilustración 10.15
Medidas de evaluación del desempeño aplicadas a las cinco actividades relevantes detectadas.

Al inicio de este capítulo se ejemplificó la aplicación del costeo por actividades en Componentes AC, empresa que fabrica componentes para aparatos electrónicos. En la ilustración 10.15 se muestra un cuadro en el que se sugieren medidas de evaluación del desempeño aplicadas a las cinco actividades relevantes detectadas en Componentes AC.

Resumen conceptual

El costeo por actividades es una herramienta para asignación de costos indirectos. A diferencia de los costos directos, fácilmente identificables con los productos, los indirectos deben ser asignados a los mismos con base en diferentes criterios.

Tradicionalmente el criterio de asignación se basaba en el costo de la mano de obra, pero el mismo resultó rebasado por las nuevas necesidades de la profesión contable. Por lo tanto, se ideó el costeo por actividades, que es un método que distribuye los costos entre las actividades para después asignarlos a los productos o los servicios basado en el consumo de dichas actividades.

Los diferentes sistemas de costos generan diferentes costos de producción asignados a los productos,

Los *cost driver* o conductos de actividad son un evento que hace que una actividad se genere y que, como consecuencia, afecta al costo asociado con ella.

Los factores que generan costos son el volumen de producción y la complejidad.

El análisis de actividades tiene por objetivo detectar las actividades críticas de los procesos de producción o generación de servicios.

Un centro de actividades es una unidad organizacional que incluye todos los recursos necesarios para que la actividad pueda ser llevada a cabo.

Cuestionario integral

C.10.1 Un conductor de actividad es aquel que:

a) Se utiliza para repartir el costo de un recurso.
b) Se utiliza para repartir el costo de una actividad.
c) Provoca una actividad.
d) Determina cómo se evalúa una actividad.

C.10.2 Una causal de actividad es aquella que:

a) Se utiliza para repartir el costo de un recurso.
b) Se utiliza para repartir el costo de una actividad.
c) Provoca una actividad.
d) Determina cómo se evalúa una actividad.

C.10.3 Un conductor de recurso es aquel que:

a) Se utiliza para repartir el costo de un recurso.
b) Se utiliza para repartir el costo de una actividad.
c) Provoca una actividad.
d) Determina cómo se evalúa una actividad.

C.10.4 El costeo por actividades es la herramienta que mejor ayuda a:

a) Repartir el costo indirecto de fábrica.
b) La valuación de inventarios.
c) Acumular recursos a objetos costo.
d) Determinar cómo se evalúa una actividad.

C.10.5 La administración por actividades es la herramienta que mejor ayuda para:

a) Determinar cómo se evalúa una actividad.
b) La valuación de inventarios.
c) Acumular recursos a objetos de costo.
d) Repartir el costo indirecto de fábrica.

C.10.6 La frase que mejor describe a un objeto de costos es:

a) Servicios prestados por un negocio.
b) Todo aquello que se quiera evaluar.
c) Productos que son inventariables.
d) Clientes, proveedores y contratos.

C.10.7 La situación en la que es más recomendable aplicar el costeo por actividades es:

a) Cuando el costo indirecto es muy alto en relación con los demás elementos de costo.

b) Cuando se elaboran productos muy diferentes entre sí.

c) Cuando se presentan las situaciones descritas en los incisos *a)* y *b)*.

d) Cuando se llevan a cabo procesos altamente automatizados.

C.10.8 Para que un sistema de costeo por actividades sea aplicado exitosamente se requiere:

a) Un equipo de especialistas externos.

b) Un equipo multidisciplinario en los niveles operativos.

c) Que el departamento de costos utilice un sistema computacional adecuado.

d) Que los miembros de la organización lo adopten como una herramienta de mejora.

C.10.9 Indique cuál de las siguientes afirmaciones relacionadas con el costeo por actividades es falsa:

a) Asigna los costos de manera más justa a los objetos de costo.

b) Genera más y mejor información para uso administrativo.

c) Es adecuado aplicarlo en todos los negocios de manufactura.

d) Es una excelente herramienta para costear en negocios de servicios.

C.10.10 Indique cuál de las siguientes afirmaciones relacionadas con la administración por actividades es falsa. La administración de actividades es una herramienta que:

a) Compite con el costeo por actividades.

b) Liga los objetivos del negocio con los de los operadores.

c) Garantiza los atributos de costo, tiempo y calidad en los productos y servicios.

d) Ayuda a entender por qué cuestan las cosas.

Problemas

P.10.1 Hojas, S.A. tiene muchos años en el negocio de hojas metálicas. Actualmente analiza alternativas para modernizar su proceso productivo. El gerente de producción presentó una propuesta para automatizar el departamento de secado. La propuesta consiste en comprar dos robots con valor de 12 000 000 de pesos con vida útil de 10 años que reemplazarían a los diez empleados del departamento de secado con la consecuente eliminación de los costos indirectos asignados, pues al no haber mano de obra no se recibiría ningún cargo por concepto de costo indirecto en este departamento, pues éste se carga sobre la base de pesos de mano de obra directa como base de asignación. El presidente de la empresa rechazó la explicación del gerente de producción, argumentando que no tiene sentido el hecho de que al hacer una inversión adicional se pueda eliminar el costo indirecto. El gerente de producción aseguró que si ésta se carga con base en la mano de obra, y ésta es eliminada, se elimina el costo indirecto.

Se llegó a la conclusión de que a causa de la automatización debería replantearse el sistema de costeo utilizado. El contralor obtuvo la siguiente información de las tasas de costo indirecto que presentó Hojas, S.A. en años anteriores.

Información histórica

Década	Costo de mano de obra directa promedio anual	Costo indirecto promedio anual	Tasa promedio de aplicación de costo indirecto
1950	$ 600 000	$ 420 000	70%
1960	900 000	1 080 000	120%
1970	1 800 000	3 240 000	180%
1980	2 800 000	7 560 000	270%
1990	6 000 000	19 200 000	320%

El contralor estimó los siguientes promedios anuales de mano de obra y costo indirecto de cada departamento de manufactura en los siguientes años sin considerar la propuesta de compra de robots.

	Departamento de corte	Departamento de tallado	Departamento de secado
Mano de obra directa	$ 3 600 000	$1 920 000	$ 480 000
Costo indirecto	14 400 000	3 072 000	1 728 000

Se pide:

a) ¿Está usted de acuerdo con la premisa de que al eliminar la mano de obra se elimina el costo indirecto cuando éste se aplica con base en la mano de obra?

b) ¿Cuál sería la nueva tasa de mano de obra si se acepta la propuesta del gerente de producción?

c) ¿Cómo afectaría la nueva propuesta al costo asignado a los productos que pasan por los otros dos departamentos?

d) Efectúe recomendaciones para aplicar el costo, si se decide el uso de robots en el departamento de secado.

e) Recomiende alternativas para mejorar el sistema de costeo de Hojas, S.A.

P.10.2. El contralor de Proveedora Fotográfica, S.A. ha establecido las siguientes actividades con sus respectivos conductores de actividad. Una orden de 800 cajas de un químico desarrollado para películas presenta los siguientes requerimientos de producción:

Arranque de máquinas	8	Arranques
Materia prima	9 000	Libras
Desperdicios peligrosos	3 000	Libras
Inspecciones	20	Inspecciones
Horas-máquina	600	Horas-máquina

Las tasas de costo indirecto basadas en actividades y la información necesaria para calcularlas se presenta a continuación:

	Costos indirectos presupuestados	Conductores de actividad	Nivel presupuestado	Tasa de asignación
Arranque de máquinas	$150 000	Número de arranques	300	$500.00/arranque
Manejo de materiales	75 000	Peso de la materia prima	50 000	$1.50/kilogramo
Control de desperdicios peligrosos	60 000	Peso de los químicos peligrosos	12 000	$5.00/kilogramo
Control de calidad	75 000	Número de inspecciones	1 500	$50.00/inspección
Otros costos indirectos	120 000	Horas-máquina	40 000	$3.00/hora-máquina
Total	$480 000			

Se pide:

a) Calcule el costo indirecto total que debería ser asignado a la orden del químico desarrollado

b) ¿Cuál es el costo indirecto por caja de los químicos?

c) Suponga que Proveedora Fotográfica, S.A. fuera a utilizar una tasa predeterminada de costos indirectos basada en las horas máquina. Calcule la tasa por hora.

d) Con base en el supuesto del inciso *c)*, ¿cuál sería el costo indirecto asignado a la orden del químico desarrollado y cuánto a cada caja?

P.10.3. Como su nombre lo indica, Jardinería, S.A. es un negocio de servicio de cuidado de jardines. La compañía se especializaba en servicio a residencias pero recientemente ha iniciado trabajos a negocios. El dueño considera que debe enfocarse en atender a los clientes comerciales pues es el tipo de servicio que ha crecido más en los últimos meses.

Cinco empleados trabajaron 6 000 horas en trabajos residenciales y 6 800 en trabajos comerciales el año pasado. Los sueldos se pagaron a razón de 9 pesos la hora, sin importar el tipo de cliente. El costo de los materiales directos es bajo en relación con los demás gastos del negocio, por lo que se contabilizan como materiales indirectos en la cuenta de abastecimientos. Todos los costos indirectos están asignados sobre la base de horas-hombre trabajadas, que también sirve como base para los cargos a los clientes. Este negocio cobra a sus clientes a razón de 40 pesos/hora.

a) Si los costos indirectos en el año fueron de 320 000 pesos, calcule la utilidad del servicio a comercios y a residencias usando horas hombre como base de asignación del costo indirecto.

Los costos indirectos son generados por las actividades de transporte, uso de equipo y abastecimientos:

Actividad	Costo	Conductor de actividad	Comercial	Residencial
Transporte	$ 21 000	Número de viajes	100	20
Uso equipo	224 000	Horas equipo	600	1 000
Abastecimientos	75 000	Metros cuadrados	180 000	120 000
Total de costos indirectos	$320 000			

b) ¿Cuál sería la utilidad de cada servicio si se distribuyera el costo con base en actividades?
¿Cuál de los dos clientes es más rentables?
¿Debe este negocio enfocarse en los clientes comerciales?

P.10.4. Zapatos Cómodos, produce dos tipos de zapatos: Kala y Aprieta. Kala tiene un complejo diseño que emplea relleno de gel en compartimentos para proveer soporte. Aprieta tiene una manufactura simple, pues en su mayoría es apoyada por procesos manuales. El año pasado, Cómodos, preparó el siguiente estado de resultados:

Zapatos Cómodos
Estado de resultados

	Kala	Aprieta	Total
Ventas	$330 000	$270 000	$600 000
Materiales directos	140 000	60 000	200 000
Mano de obra directa	25 000	75 000	100 000
Costos indirectos	30 000	90 000	120 000
Costo de ventas	195 000	225 000	420 000
Utilidad bruta	135 000	45 000	180 000
Gastos de operación:			
Publicidad			90 000
Administrativos			70 000
Utilidad de operación			20 000

Cómodos aplica los costos indirectos con base en la mano de obra, pero la administración considera implantar el sistema de costeo basado en actividades. Después de entrevistar al personal de producción y ventas, el administrador decidió asignar gastos administrativos con base en los costos de mano de obra pero usa la siguiente base de asignación para los demás gastos.

Actividad	Conductor de actividad	Nivel de actividad	
		Kala	Aprieta
Arranques de máquinas	Número de arranques	480	120
Control calidad	Número de inspecciones	300	200
Publicidad	Número de anuncios	162	18

Se pide:

a) Prepare un estado de resultados basado en actividades
b) Elabore un reporte que contenga acciones para aumentar la utilidad utilizando la información contenida en el estado de resultados preparado con base en actividades.
c) Explique por qué la utilidad de los productos es diferente si se calcula utilizando costeo basado en actividades o mediante el enfoque tradicional y cuál de ellos es más apropiado para Cómodos.

P.10.5. Gafas fabrica tres tipos de anteojos: Sol, Visión y Gala. La empresa ha aplicado los costos indirectos utilizando una tasa predeterminada basada en horas de mano de obra directa. Al final del año 20X1, la administración presupuestó 16 000 horas de mano de obra directa para el año siguiente. Un grupo de empleados de la compañía recomienda que Gafas adopte un sistema de costeo basado en actividades, para lo cual presentó la siguiente tabla con información de actividades presupuestada para el año 20X2:

Actividad	Costos estimados	Conductor de actividad	Presupuesto de actividades
Producción	$120 000	Número de corridas de producción	1 200
Procesamiento orden	80 000	Número de órdenes	20 000
Acarreo Kilogramos de materiales	60 000	Kilogramos de materiales	8 000
Depreciación de equipo y mantenimiento	120 000	Horas-máquina	200 000
Administración de la calidad	40 000	Número de inspecciones	160 000
Embarques	60 000	Número de embarques	6 000
Total	$480 000		

En el mes de febrero de 20X2 la mano de obra directa se pagó a 20 pesos la hora y se llevaron a cabo las siguientes actividades relacionadas con los tres productos de la compañía:

	Sol	Visión	Gala
Unidades producidas	600	800	1 000
Materiales directos	$2 400	$4 000	$6 000
Mano de obra directa	240 horas	360 horas	600 horas
Corridas producción	50	20	30
Número de órdenes	60	30	60
Kilogramos de materiales	400	100	200
Horas-máquina	7 500	3 750	3 750
Inspecciones	2 400	4 800	5 000
Número de embarques	125	100	275

Se pide:

a) Calcule una tasa predeterminada mediante el empleo de horas de mano de obra directa como base de asignación para el año 20X2.
b) Calcule los costos de producción de cada producto utilizando la tasa calculada con base en horas de mano de obra.
c) Calcule una tasa predeterminada con base en actividades para el año 20X2.
d) Calcule el costo de producción para cada producto con base en actividades para el mes de febrero de 20X2.

P.10.6. Industria Benito fabrica tres modelos de bicicletas: Carrera, Montaña y Campeón. El modelo Carrera está hecho de aleación de aluminio y titanio, el Montaña de aluminio, mientras que el marco de la bicicleta Campeón es de acero. Debido a los diferentes materiales usados, el proceso de producción difiere significativamente en términos de tipos de máquinas y tiempo requerido. Una vez que las partes están producidas, el tiempo de ensamble es similar para cada tipo de bicicleta. Por esta razón, la empresa asigna costos indirectos sobre la base de horas máquina. A continuación se presentan datos relacionados con las operaciones de Bicicletas Benito durante el año inmediato anterior:

	Carrera	Montaña	Campeón
Unidades producidas	1 500	2 000	5 500
Precio de venta	$350	$300	$ 100
Costos directos:			
Materiales directos	$150	$120	$50
Mano de obra directa	$14.40	$12	$10.80

Costos indirectos variables:

Arranque de máquina	45 000
Órdenes de compra de materiales	64 000
Costos de almacén	90 000
Electricidad para maquinaria	75 000
Empaque	36 000
Costos indirectos fijos:	
Depreciación de maquinaria	90 000
Otros costos indirectos fijos	140 000
Total costo indirecto	**$540 000**

El gerente de finanzas contrató un consultor que recomienda el costeo basado en actividades. Después de un análisis de actividades se obtuvo la siguiente información:

Actividad	Conductor de actividad	Nivel de actividad		
		Carrera	**Montaña**	**Campeón**
1. Arranque de máquina	Número de corridas de producción	15	30	55
2. Órdenes de compra	Número de órdenes compra de materiales	200	400	1000
3. Almacenamiento	Número unidades en inventario	100	200	600
4. Electricidad	Horas-máquina	12 000	5 000	8 000
5. Empaque	Número de unidades empacadas	1 500	2 000	5 500

El consultor recomienda no distribuir los costos fijos entre los productos, por lo que se le requiere:

a) Con base en horas-máquina para asignar los costos indirectos de producción, calcule el costo unitario de Carrera, Montaña y Campeón

b) Calcule el costo unitario de Carrera, Montaña y Campeón con base en las tasas de actividad.

c) Prepare un estado de resultados basado en actividades

d) Después de escuchar las recomendaciones del consultor, el gerente de finanzas decidió adoptar el costeo basado en actividades, pero expresó su inquietud acerca de no asignar algunos costos fijos a los productos (administración de la planta y otros costos indirectos fijos). Desde el punto de vista del gerente de finanzas, los productos tienen que compartir una parte justa del costo indirecto, o no será posible cubrirlos. ¿Cómo respondería usted a este comentario?

P.10.7. Electrónicos se dedica a la fabricación de aparatos electrónicos. Tiene seis departamentos funcionales: finanzas, mercado-tecnia, personal, producción, investigación y desarrollo y sistemas de información (DIS). Este último fue establecido hace un par de años cuando la empresa adquirió una nueva computadora y desarrolló un nuevo sistema de información. Se considera que en el año en curso pueden ser determinados con un alto grado de precisión los costos de este departamento. El presidente de la empresa desea que los otros cinco departamentos funcionales conozcan la magnitud de los costos del DSI para reflejarlos en los reportes preparados al final del primer trimestre de este año. La distribución de los costos del DSI entre cada uno de los otros departamentos está basada en el número de páginas de los reportes impresos. Esta base fue sugerida porque los departamentos imprimen y utilizan reportes para evaluar sus operaciones y tomar sus decisiones.

Después de que se distribuyeron los reportes trimestrales, los directores de finanzas y de mercadotecnia se opusieron a la asignación con base en reportes impresos. Ambos reconocieron que en sus departamentos se generan la mayor parte de los reportes. Sin embargo, opinan que la generación de reportes no representa de la mejor manera la forma en la que se consumen los recursos del departamento de sistemas de información, por lo que solicitan se revise la base de asignación.

El contralor concluyó que el DSI producía tres distintas actividades y recomendó que el sistema de costeo basado en éstas fuera utilizado para distribuir los costos de cada una de estas tres actividades. Cualquier diferencia entre los costos reales incurridos y los costos asignados a otros departamentos sería absorbida por el DSI.

Actividad	**Conductor de actividad**
Desarrollo de sistemas	Horas programador o analista
Proceso de computadora	Horas de CPU utilizadas
(representado por el tiempo de CPU)	
Generación de reportes	Páginas impresas

La compra de software consume recursos del departamento de sistemas, por lo que todos los recursos identificados con esta actividad deberán ser cargados al departamento que solicita la compra de software. Al revisar el primer trimestre de prorrateo, el contralor encontró la siguiente información de costos del DSI y sus actividades.

Costos del departamento de sistemas de información

	Costos anuales presupuestados	Costos reales primer trimestre	Conductores de recursos		
			Desarrollo de sistemas	Proceso de computadora	Generación de reportes
Salarios y percepciones:					
Administración	$200 000	$56 000	80%	13.2%	6.8%
Operaciones de computadora	90 000	22 500		20%	80%
Analistas /programadores	320 000	83 200	100%		
Mantenimiento:					
Hardware	36 000	10 800		60%	40%
Software	30 000	7 500		100%	
Papelería	60 000	15 000			100%
Software comprado	55 000	11 000 *	0%	0%	0%
Utilerías	34 000	6 800		100%	
Depreciación:					
Mainframe	540 000	135 000		100%	
Impresoras	90 000	22 500			100%
Mejoras a las instalaciones	25 000	10 000		100%	
Costos totales del departamento	$1 480 000	380 300			

*Nota: Todo el software comprado durante el primer trimestre de 20XX fue para beneficio del departamento de producción.

Actividades del departamento de sistemas de información
Utilización real durante el primer trimestre

	Desarrollo de sistemas	Proceso de computadora	Generación de reportes
Finanzas	120 horas	100 horas	60 000 páginas
Mercadotecnia	240 horas	140 horas	36 000 páginas
Personal	160 horas	150 horas	10 800 páginas
Producción	640 horas	360 horas	7 200 páginas
Investigación y desarrollo	80 horas	150 horas	6 000 páginas
Total de utilización	1 240 horas	900 horas	120 000 Páginas
Capacidad anual de sistemas de información	4 500 horas	3600 horas	500 000 Páginas

Se pide:

a) Calcule el costo asignado a los departamentos funcionales si el costo de DSI se reparte sólo con base en la generación de reportes.

b) Con base en los conductores de recursos, asigne los costos de los recursos a las actividades para generar los centros de actividad.

c) Desarrolle las tasas de actividades del departamento de sistemas de información mediante el empleo de los conductores de actividades.

d) Utilice las tasas de actividades para asignar el costo indirecto a los cinco departamentos funcionales por concepto de los servicios utilizados del DSI durante el primer trimestre del año.

e) Con base en la diferencia entre el costo asignado a los departamentos y el costo incurrido en el primer trimestre del año, calcule el costo que no podrá asignar el departamento de sistemas de información.

P.10.8. Bytes fabrica los productos G, T y R. Normalmente las ventas de G se aproximan a 10 000 unidades, las de T a 15 000 y las de R a 6 000 unidades. La compañía utiliza un tradicional sistema de costeo basado en el volumen. Aplicando los costos indirectos sobre la base del costo de la mano de obra directa, el costo indirecto presupuestado fue de 3 042 000 pesos.

Mano de obra directa presupuestada

	Ventas presupuestadas				Costo/hora de mano de obra
Producto G	10 000	×	$42.00	=	$ 420 000
Producto T	15 000	×	30.00	=	450 000
Producto R	6 000	×	24.00	=	144 000
Total mano de obra presupuesto				=	1 014 000

$$\text{Tasa costo indirecto} = \frac{\text{CI presupuesto } 3\,042\,000}{\text{MOD presupuesto } 1\,014\,000} = 300\%$$

Los costos de los productos han sido calculados de la siguiente manera:

Producto	G	T	R
Horas por unidad	0.7	0.5	0.4
Materia prima	$40	$50	$20
Mano de obra directa	42	30	24
Costo indirecto*	126	90	72
Costo total del producto	$208	$170	$92

El método de fijación de precio tuvo por objeto determinar un precio objetivo de 120% del costo total del producto. Sin embargo, solamente el producto T ha sido vendido a este precio. Los precios actuales y los precios objetivos de cada uno de estos tres productos son los siguientes:

Producto	G	T	R
Costo del producto	$208	$170	$116
Precio objetivo	249	204	139
Precio de venta actual	250	210	160

Byte ha sido forzada a bajar el precio de producto G con la finalidad de obtener un mayor número de pedidos. En contraste, ha incrementado el precio de R en diferentes ocasiones, pero no ha habido pérdida de ventas. Byte ha sufrido constantemente presiones para reducir aún más el precio del producto G. En contraste, los competidores de la empresa no parecen estar interesados en el mercado del producto R. Por ello, aparentemente la empresa tiene este mercado para ella sola.

Se pide:

a) De acuerdo con la información del sistema tradicional, clasifique los productos de acuerdo con su nivel de rentabilidad.

Byte está en el proceso de implantar el costeo por actividades. En la primera etapa del proyecto se agruparon los recursos con base en las actividades para crear los centros de actividad y se identificaron los conductores de actividad de cada una de éstas. Esta información se resume de la siguiente manera:

Actividad	Costo indirecto presupuesto	Conductor de actividad	Producto G	Producto T	Producto R
Arranque de la máquina	$47 000	Número de arranques	25%	30%	45%
Maquinaria	1 470 000	Horas máquina	30%	40%	30%
Inspección	560 000	Número de inspecciones	25%	45%	30%
Manejo de materiales	620 000	Costos de materia prima	30%	60%	10%
Ingeniería	345 000	Número de cambio de órdenes	35%	15%	50%

b) Calcule el costo de cada uno de los tres productos utilizando costeo por actividades.

c) Calcule el precio objetivo de cada producto, de acuerdo con los costos calculados de acuerdo actividades

d) Compare los nuevos precios objetivo con los precios de venta actuales y los costos de los productos previamente reportados. Analice las reacciones de los competidores de Byte con respecto a la estrategia de precios de la compañía. ¿Qué tan peligroso es ello para Byte?

Glosario

Acumulación de costos.   Colección de todos los datos de costos con base en una serie de procedimientos o sistemas.

Balance general.   Estado financiero que muestra los activos (recursos) que posee el negocio a una fecha determinada, así como las fuentes de obtención de esos recursos (pasivos y capital contable).

Boleta de trabajo.   Documento en el que se registra el tiempo que un trabajador invirtió en una orden de trabajo.

Contabilidad administrativa.   Es el conjunto de técnicas y procedimientos utilizados para generar información de apoyo a la planeación, desempeño y control administrativo.

Contabilidad de costos.   Es el conjunto de técnicas y procedimientos que se utilizan para cuantificar el sacrificio económico incurrido por un negocio para generar ingresos y fabricar inventarios.

Coproducto.   Producto principal que surge en el punto de separación.

Costeo absorbente.   Es el criterio aplicado para costear la producción donde se acumula a los inventarios tanto el costo fijo como el costo variable. Esta forma de costear enfatiza el hecho de que los costos fijos son parte relevante a la hora de calcular el costo de producción, pues de no considerarse el costo de infraestructura, se corre el peligro de tomar decisiones que impidan la capitalización del negocio en el largo plazo.

Costeo por actividades.   Es una herramienta orientada a generar información para la toma de decisiones. El costeo por actividades se encarga de hacer la asignación de los objetos de costo en función a las actividades relevantes necesarias para su realización. Para su aplicación es necesario acumular los costos y generar tasas de asignación de acuerdo con las actividades, además de asignar los recursos a los objetos de costo.

Costeo variable.   Criterio para costear la producción en donde se acumula a los inventarios el costo variable, mientras que los costos fijos son enviados a los resultados independientemente del destino que corran las unidades producidas. Este criterio enfatiza el hecho de que los costos fijos no deben afectar decisiones de corto plazo y, por lo tanto, deben ser excluidos del costo de producción.

Costo.   Valor de los recursos que se consumen para fabricar un producto.

Costo de oportunidad.   Se refiere a aquello a lo que se renuncia por el hecho de elegir entre dos o más alternativas.

Costo estándar.   Es el costo que se asigna a la producción para ser utilizado en un sistema de costos estándar con el objetivo de calcular variaciones.

Costos conjuntos.   Costos acumulados en uno a más procesos a que se somete a una materia prima común que genera más de un producto que es posible identificar durante o hasta la terminación del proceso.

Costos de conversión.   Costo de mano de obra y costos indirectos que son aplicados a la producción.

Costos fijos.   Son aquellos costos que al ser cuantificados globalmente no cambian aunque existan variaciones en el volumen de producción dentro de un periodo determinado.

Costos indirectos.   Acumulación de todos los materiales indirectos, la mano de obra indirecta y todos los otros costos de manufactura que tienen como características no ser directamente identificables o atribuibles a unidades específicas de producción.

Costos indirectos aplicados.   Costos indirectos que se aplican a medida que la producción se desarrolla, cargándose al inventario de productos en proceso a través de la tasa predeterminada de costos indirectos.

Costos indirectos reales.   Costos indirectos que incurren en una empresa casi todos los días y que se registran periódicamente en los libros mayor general y auxiliares.

Costos no relevantes.   Los también llamados costos sumergidos son aquellos en los que, independientemente de las decisiones que se tomen, su resultado o comportamiento será el mismo. De manera que en el momento de tomar o analizar una decisión da lo mismo considerarlos o no.

Costos relevantes.   Costos sujetos a ser modificados como consecuencia de la toma de una decisión.

Costos variables.   Son los costos que cuantificados de una manera global, aumentan o disminuyen en proporción directa al volumen de producción.

Desperdicio.   Se considera desperdicio a aquellos recursos que por alguna razón no llegarán a ser producto terminado. Diferencia entre el total de unidades que debieron haber sido producidas con los recursos invertidos y la cantidad de unidades que realmente salió del proceso de producción, por la pérdida de producto cuando aparecen unidades dañadas o se evaporan ciertos materiales.

Desperdicio anormal.   Diferencia entre el desperdicio total y el desperdicio normal. Cantidad de producto perdido por unidades dañadas o evaporadas que puede ser evitable en el proceso de producción, pues es ocasionada por el descuido o falta de experiencia de la mano de obra, por materiales defectuosos u otras causas ajenas al proceso de producción.

Desperdicio final.   Cantidad de producto perdido por unidades dañadas o evaporación de materiales que se presenta al final de la producción. Cuando se considera normal, el costo de estas unidades se distribuye únicamente entre las unidades terminadas en buen estado en el ejercicio. Cuando se considera anormal, su costo proporcional es restado a las unidades terminadas para no cargarlo a las unidades transferidas.

Desperdicio inicial.   Cantidad de producto perdido por unidades dañadas o evaporación de material que se presenta al iniciar la producción. Cuando se considera normal, el costo de estas unidades se reparte entre las unidades de materia prima. Cuando se considera anormal, su costo es restado del costo del periodo de la materia prima que corresponda.

Desperdicio intermedio.   Cantidad de producto perdido por unidades dañadas o evaporación de materiales de unidades identificable en el proceso de producción no al principio ni al final.

Desperdicio normal.   Desperdicio que no puede ser evitado en el proceso de producción, pues es ocasionado por la naturaleza misma del proceso. Representa el desperdicio inevitable o programado. Este desperdicio se considera costo de producción, pues sin él no es posible elaborar el producto.

Estado de resultados.   Estado financiero que resume y detalla los resultados de las operaciones de negocio para un periodo determinado.

Estándar.   Parámetro utilizado para la evaluación del desempeño en una empresa; debe ser razonablemente alcanzable y se fija con la finalidad de compararlo con el costo realmente incurrido y evaluar el desempeño.

Estándares alcanzables en el periodo actual.   Para la fijación de estos estándares se cuestiona periodo a periodo la cantidad de insumos requeridos y con base en esto se determina el estándar, que debe reflejar los cambios que existan en relación con los insumos.

Estándares ideales.   Estándares difícilmente alcanzables; lo que debería ocurrir en condiciones óptimas.

Gasto.   Es el decremento bruto de activos o incremento de pasivos que experimenta una entidad como resultado de las operaciones que constituye sus actividades normales encaminadas a la generación de recursos.

Grado de avance.   Punto del proceso productivo en el que se encuentran las unidades de inventario al hacer un corte normalmente al final del periodo. Es utilizado para hacer equivalencias en el uso de recursos de unidades no terminadas a unidades terminadas.

Hoja de costos.   Documento que contiene el valor de la materia prima directa, la mano de obra directa y los costos indirectos para una orden específica de trabajo.

Ingreso.   Representa el beneficio económico que obtiene una persona física o moral a cambio de la prestación de servicios o un artículo. Este beneficio por lo general está representado en dinero o en el derecho a recibirlo.

Inventario de materia prima.   Todas las materias primas y abastecimientos adquiridos que aún están disponibles para utilizarse en la producción del periodo.

Inventario de producto terminado.   Todas las unidades de producción terminadas, las cuales no se han enviado a los clientes.

Inventario de productos en proceso.   Unidades de producción parcialmente terminadas al finalizar el periodo.

Mano de obra directa.   Todos los salarios del personal relacionado con la producción de un artículo determinado que se puede identificar fácilmente con el producto y que representa el principal costo de mano de obra en la fabricación del mismo.

Mano de obra indirecta.   Salarios al personal de producción no directamente asociados con el producto terminado o que no resulta conveniente o costeable asignar a las unidades específicas de producción.

Materia prima.   Materiales y abastecimientos, tanto directos como indirectos, que forman parte íntegra del producto terminado.

Materia prima directa.   Todos los materiales directamente utilizados en la fabricación de un producto terminado, que se puede identificar fácilmente con el producto y que representan el principal costo de la materia prima en la fabricación del mismo.

Materia prima indirecta.   Todos los materiales involucrados en la fabricación de un producto, que no se consideran materiales directos, ya que no se pueden identificar directamente con el mismo.

Método de recuperación del costo.   Método que acredita a las cuentas de productos en proceso la cantidad, equivalente a la utilidad neta obtenida por la venta del subproducto.

Método de unidades físicas.   Método que asigna los costos conjuntos con base en las unidades físicas que tomaron los coproductos de la materia prima en la producción conjunta.

Método de valor relativo de ventas.   Método en el cual los costos se asignan de acuerdo con la capacidad de cada producto de generar ingresos.

Objetos de costo.   Es todo aquello sujeto a evaluación dentro de un negocio, como por ejemplo los productos, servicios, clientes, proveedores y contratos.

Punto de adición.   Es el momento o nivel de avance del proceso en el que se agrega cada material.

Punto de separación.   Punto donde es posible identificar los productos que surgen del proceso de producción conjunta.

Reporte de evaluación del desempeño.   Reporte formal en el que se vacían los resultados de las valoraciones obtenidas en un periodo dado y que sirve como herramienta de análisis de las razones que ocasionaron dichas variaciones.

Sistema de costos por proceso.   Utilizado por los negocios de producción en serie que acumula los costos por departamento de producción para ser distribuidos entre los productos.

Sistemas de costos por órdenes.   Este sistema se aplica a productos específicos o pedidos especiales, con la finalidad de asignar los costos de manufactura a órdenes específicas de producción.

Subproducto.   Producto secundario que surge como consecuencia del proceso de producción conjunta sin ser una parte deseada del proceso; posee un valor de venta significativamente inferior al de un coproducto.

Tarjeta de tiempo.   Documento que se utiliza para comprobar el tiempo que el trabajador estuvo en la planta. Es introducido por el empleado en un reloj de control de tiempo con el fin de registrar sus horas de entrada y de salida, de esta manera se cuenta con una constancia de tiempo trabajado y los elementos para calcular la nómina.

Tasa predeterminada de CI $= \dfrac{\text{Total de CI estimados}}{\text{Base de aplicación}}$

Unidad equivalente.   Unidad imaginaria utilizada para distribuir el costo entre los inventarios finales en términos de unidades completas.

Unidades aumentadas.   Incremento de las unidades de producción ocasionado por agregar un nuevo material.

Unidades equivalentes.   Unidades completas que pudieron haber sido terminadas con los recursos invertidos.

Utilidad.   Representa el aumento en los recursos del negocio generados por la operación del mismo en un periodo.

Variación.   Diferencia que surge al comparar los resultados reales con los esperados con base en estándares.

Variación desfavorable.   Se presenta cuando el valor real del insumo utilizado en la producción es mayor que el valor estándar del mismo.

Variación en cantidad de materiales.   Surge al comparar la cantidad de unidades de materia prima que debieron haberse utilizado contra la cantidad de materia prima que realmente se utilizó. Ambas cantidades se valúan al precio estándar.

Variación en eficiencia de mano de obra.   Surge al comparar el tiempo que se esperaba trabajar en el nivel de producción real con el tiempo que realmente se invirtió en la producción, de acuerdo con la tarifa estándar de mano de obra.

Variación en precio de materiales.   Surge al comparar la cantidad real comprada de materiales al precio real con el precio que debió haberse pagado por la misma cantidad de materiales (precio estándar).

Variación en tarifa de mano de obra.   Surge al comparar la cantidad realmente pagada a los trabajadores con la que se tenía presupuestado pagar de acuerdo con el nivel de actividad que se trabajó (horas reales).

Variación favorable.   Se logra cuando el valor real del insumo utilizado en la producción es menor que el valor estándar del mismo.

Índice analítico